Die Autoren

Dr. phil. Annegret Boll-Klatt, Dipl.-Psych., Psychologische Psychotherapeutin, leitet die Ambulanz des Instituts für Psychotherapie des Universitätsklinikums Hamburg-Eppendorf. Sie ist Dozentin, Supervisorin und Selbsterfahrungsleiterin an diversen psychodynamischen Instituten. Schwerpunkte ihrer Publikationen, Vorträge und Seminare sind die Vermittlung psychodynamischer Theoriekonzeptionen im Kontext moderner Behandlungstechnik sowie die Psychokardiologie.

Mathias Kohrs, Dipl.-Psych., Psychologischer Psychotherapeut, ist Psychoanalytiker (DGPT) in eigener Praxis in Hamburg. Auch er ist Dozent, Supervisor und Selbsterfahrungsleiter an diversen psychodynamischen Instituten. Schwerpunkt seiner Publikationen, Vorträge und Seminare ist die Vermittlung psychodynamischer Theoriekonzeptionen im Kontext moderner Behandlungstechnik, auch mittels Nutzung psychoanalytischer Filminterpretationen.

Beide Autoren arbeiten seit über 10 Jahren eng zusammen und bringen ihre Kenntnisse aus ihren unterschiedlichen Ausbildungen und ihre Erfahrungen aus verschiedenen Tätigkeitsfeldern erfolgreich in gemeinsame Publikationen und Veranstaltungen ein.

Annegret Boll-Klatt
Mathias Kohrs

Tiefenpsychologisch fundierte Psychotherapie

Verlag W. Kohlhammer

Dieses Werk einschließlich aller seiner Teile ist urheberrechtlich geschützt. Jede Verwendung außerhalb der engen Grenzen des Urheberrechts ist ohne Zustimmung des Verlags unzulässig und strafbar. Das gilt insbesondere für Vervielfältigungen, Übersetzungen und für die Einspeicherung und Verarbeitung in elektronischen Systemen.

Pharmakologische Daten verändern sich ständig. Verlag und Autoren tragen dafür Sorge, dass alle gemachten Angaben dem derzeitigen Wissensstand entsprechen. Eine Haftung hierfür kann jedoch nicht übernommen werden. Es empfiehlt sich, die Angaben anhand des Beipackzettels und der entsprechenden Fachinformationen zu überprüfen. Aufgrund der Auswahl häufig angewendeter Arzneimittel besteht kein Anspruch auf Vollständigkeit.

Die Wiedergabe von Warenbezeichnungen, Handelsnamen und sonstigen Kennzeichen berechtigt nicht zu der Annahme, dass diese frei benutzt werden dürfen. Vielmehr kann es sich auch dann um eingetragene Warenzeichen oder sonstige geschützte Kennzeichen handeln, wenn sie nicht eigens als solche gekennzeichnet sind.

Dieses Werk enthält Hinweise/Links zu externen Websites Dritter, auf deren Inhalt der Verlag keinen Einfluss hat und die der Haftung der jeweiligen Seitenanbieter oder -betreiber unterliegen. Zum Zeitpunkt der Verlinkung wurden die externen Websites auf mögliche Rechtsverstöße überprüft und dabei keine Rechtsverletzung festgestellt. Ohne konkrete Hinweise auf eine solche Rechtsverletzung ist eine permanente inhaltliche Kontrolle der verlinkten Seiten nicht zumutbar. Sollten jedoch Rechtsverletzungen bekannt werden, werden die betroffenen externen Links soweit möglich unverzüglich entfernt.

1. Auflage 2018

Alle Rechte vorbehalten
© W. Kohlhammer GmbH, Stuttgart
Gesamtherstellung: W. Kohlhammer GmbH, Stuttgart

Print:
ISBN 978-3-17-032007-9

E-Book-Formate:
pdf: ISBN 978-3-17-032008-6
epub: ISBN 978-3-17-032009-3
mobi: ISBN 978-3-17-032010-9

Geleitwort zur Reihe

Die Psychotherapie hat sich in den letzten Jahrzehnten deutlich gewandelt: In den anerkannten Psychotherapieverfahren wurde das Spektrum an Behandlungsansätzen und -methoden extrem erweitert. Diese Methoden sind weitgehend auch empirisch abgesichert und evidenzbasiert. Dazu gibt es erkennbare Tendenzen der Integration von psychotherapeutischen Ansätzen, die sich manchmal ohnehin nicht immer eindeutig einem spezifischen Verfahren zuordnen lassen.

Konsequenz dieser Veränderungen ist, dass es kaum noch möglich ist, die Theorie eines psychotherapeutischen Verfahrens und deren Umsetzung in einem exklusiven Lehrbuch darzustellen. Vielmehr wird es auch den Bedürfnissen von Praktikern und Personen in Aus- und Weiterbildung entsprechen, sich spezifisch und komprimiert Informationen über bestimmte Ansätze und Fragestellungen in der Psychotherapie zu beschaffen. Diesen Bedürfnissen soll die Buchreihe »Psychotherapie kompakt« entgegenkommen.

Die von uns herausgegebene neue Buchreihe verfolgt den Anspruch, einen systematisch angelegten und gleichermaßen klinisch wie empirisch ausgerichteten Überblick über die manchmal kaum noch überschaubare Vielzahl aktueller psychotherapeutischer Techniken und Methoden zu geben. Die Reihe orientiert sich an den wissenschaftlich fundierten Verfahren, also der Psychodynamischen Psychotherapie, der Verhaltenstherapie, der Humanistischen und der Systemischen Therapie, wobei auch Methoden dargestellt werden, die weniger durch ihre empirische, sondern durch ihre klinische Evidenz Verbreitung gefunden haben. Die einzelnen Bände werden, soweit möglich, einer vorgegeben inneren Struktur folgen, die als zentrale Merkmale die Geschichte und Entwicklung des Ansatzes, die Verbindung zu anderen Methoden, die empirische und klinische Evidenz, die Kernelemente von Diagnostik und Therapie sowie Fallbeispiele umfasst. Darüber hinaus möchten wir uns mit verfahrensübergreifenden Querschnittsthemen befassen, die u. a. Fragestellungen der Diagnostik, der verschiedenen Rahmenbedingungen, Settings, der Psychotherapieforschung und der Supervision enthalten.

Harald J. Freyberger (Stralsund/Greifswald)
Rita Rosner (Eichstätt-Ingolstadt)
Günter H. Seidler (Dossenheim/Heidelberg)
Rolf-Dieter Stieglitz (Basel)
Bernhard Strauß (Jena)

Inhalt

Geleitwort zur Reihe 5

1 Ursprung und Entwicklung des Verfahrens 11
   1.1 »There is no such thing ...« oder »So was wie eine tiefenpsychologisch fundierte Therapie gibt es eigentlich nicht« 11
   1.2 Ursprung und Geschichte 14
   1.3 TP oder Psychodynamische Psychotherapie? 17
   1.4 Methode oder Verfahren? 19
   1.5 TP als spezifisches Verfahren der Psychodynamischen Therapieverfahren 21

2 Verwandtschaft mit anderen Verfahren und Methoden ... 24
   2.1 Das Unbewusste – ein Plädoyer für das unverzichtbare Paradoxon der Psychodynamischen Psychotherapieverfahren (PDT) 24
   2.2 TP als spezifisches psychodynamisches Therapieverfahren und ihr Verhältnis zur AP 28
   2.3 Besondere Methoden bzw. Sonderformen der TP laut Richtlinien 31

3 Wissenschaftliche und therapietheoretische Grundlagen ... 36
   3.1 Philosophische Grundlagen des Unbewussten 36
   3.2 Psychoanalytische Krankheitslehre – die vier Pathologien der Psychodynamischen Therapieverfahren 38
      3.2.1 Die Anfänge – Trieb, Konfliktpathologie und das dynamische Unbewusste 38

		3.2.2	Übertragung und Widerstand – die Störungen werden zum Werkzeug	43
		3.2.3	Konfliktpathologie und die Weiterentwicklung der Metapsychologie – Trieb und Abwehr	49
		3.2.4	Strukturpathologie, das Selbst und seine Objekte, »falsche« Patienten	62
	3.3	Traumapathologie – die Diskussion um die Bedeutung des Innen und des Außen		76
		3.3.1	Das Außen – das Trauma als Ereignismerkmal und seine Pathogenität ...	77
		3.3.2	Traumatisierung und Traumaverarbeitung	80
		3.3.3	Traumabewältigung	81
		3.3.4	Unterschiedliche Traumapathologien	82
		3.3.5	Die psychoökonomische ergänzt um die objektbeziehungstheoretische Perspektive ...	85
4	Kernelemente der Diagnostik			88
	4.1	Einführung		88
	4.2	Explorativ oder beziehungsdynamisch?		91
	4.3	Das Interview der OPD – eine Synthese?		99
	4.4	Durchführung und Ablauf eines Erstgespräches ...		103
	4.5	Deskriptive Diagnostik		107
	4.6	Explanatorische Diagnostik		109
		4.6.1	Konfliktpathologische Diagnostik auf Achse III der OPD	110
		4.6.2	Die OPD-Konfliktachse im Vergleich mit der herkömmlichen psychoanalytischen Konfliktdiagnostik	113
		4.6.3	Neurosenstruktur	115
		4.6.4	Strukturpathologische Diagnostik	117
		4.6.5	Traumapathologische Diagnostik	123
5	Kernelemente der Therapie			127
	5.1	TP als konfliktorientierte Methode		127
		5.1.1	Therapeutische Grundhaltung: Abstinenz und technische Neutralität	129

		5.1.2	Einsicht des Patienten und Techniken des Therapeuten	131
		5.1.3	Gegenübertragung und die »korrigierende emotionale Erfahrung«	134
		5.1.4	Arbeit mit den reaktualisierten Konflikten in der aktualgenetischen Dimension	139
		5.1.5	Arbeit mit Außen- und Binnenübertragungen und Begrenzung der Regression	142
		5.1.6	Der »klassische« Umgang mit der Übertragung in der TP	144
		5.1.7	Die Übertragungsanalyse im Hier und Jetzt	149
		5.1.8	Klärung und Reflexion der genetischen Anteile	151
		5.1.9	Ziele und Interventionen nach Rudolf	154
		5.1.10	Der prototypische Verlauf einer TP	155
	5.2		Strukturorientierte Behandlungsmethoden	162
		5.2.1	Strukturbezogene Psychotherapie nach Rudolf	164
		5.2.2	Übertragungsfokussierte Psychotherapie (TFP)	170
		5.2.3	Mentalisierungsbasierte Therapie nach Fonagy	177
		5.2.4	Zusammenfassung und Fazit	182
	5.3		Traumazentrierte Psychotherapie oder »Does anything go?«	184
6	Klinisches Fallbeispiel			190
	6.1	Erstgespräch und Probatorik		190
	6.2	Wichtiges aus der Biografie		192
	6.3	Der psychodynamische Reflexionsrahmen		194
	6.4	Charakteristische Sequenzen des Behandlungsverlaufes		196
7	Hauptanwendungsgebiete und Fragen zur Indikation			207
	7.1	Störungsbilder, bei denen das Verfahren hauptsächlich eingesetzt wird		207

	7.2	Allgemeine Überlegungen zur Indikationsfrage	208
	7.3	Indikative Entscheidungen zur TP und Kontraindikationen	213

8 Settings: ambulant – teilstationär – stationär 217
    8.1   Die psychotherapeutische Versorgungslage in Deutschland 217
    8.2   Indikation für stationäre und teilstationäre Maßnahmen 219

9 Klinische und wissenschaftliche Evidenz 226
    9.1   Empirische Forschung und Psychodynamische Psychotherapie: Geht das? 226
    9.2   Naturalistische vs. randomisierte Studien 228
    9.3   TP als Kurzzeit- und Langzeittherapie 230
        9.3.1 Wirksamkeit der TP als Kurzzeittherapie ... 231
        9.3.2 Wirksamkeit der TP als Langzeittherapie ... 233
    9.4   Prozess-Outcome-Forschung: Wirkfaktoren 236
    9.5   Wirksamkeit störungsorientierter psychodynamischer Therapiemethoden 238
    9.6   Fazit 240

10 Institutionelle Verankerung 241

11 Informationen zu Aus-, Fort- und Weiterbildung 243
    11.1   Weiterbildungen für Ärztliche Psychotherapeuten 244
    11.2   Ausbildung zum Psychologischen Psychotherapeuten 245
    11.3   Fortbildung für Ärztliche und Psychologische Psychotherapeuten 246
    11.4   Zukünftige Entwicklungen 247

Literatur 250

Sachwortregister 273

1 Ursprung und Entwicklung des Verfahrens

1.1 »There is no such thing …« oder »So was wie eine tiefenpsychologisch fundierte Therapie gibt es eigentlich nicht«

Die Adaption des weit und tief tragenden Satzes von Winnicott (»There is no such thing as a baby!«) verweist zunächst auf die Verzweiflung der Autoren, als sie versuchten, das Objekt dieses Buches zu definieren oder auch nur einzugrenzen. Es schien so einfach: Eine Tiefenpsychologisch fundierte Psychotherapie – im Folgenden als TP abgekürzt[1] – existiert in dieser Weise (welcher denn?) nur in Deutschland und ist auch nur hier Leistungsbestandteil der Gesetzlichen Krankenversicherung (GKV) sowie der privaten Krankenversicherungen. Statistiken zeigen, dass sich krankenkassenfinanzierte psychotherapeutische Behandlungen mit etwa 47 % auf die TP und mit etwa 6 % auf die höherfrequenten Analytischen Psychotherapien (abgekürzt AP) verteilen; die übrigen 47 % entfallen auf die Verhaltenstherapie (Rüger 2007). Die Ausbildung in TP ist sowohl für Psychologen als auch für Ärzte gut etabliert. Seit 1999 definiert ein Gesetz die Ausbildung in TP für Psychologische Psychotherapeuten (▶ Kap. 11) und hat sich seit 16 Jahren weitgehend bewährt. Ausgelöst durch das Bundesgesundheitsministerium, gibt es unter der Überschrift »Direktaus-

---

1 Wir bevorzugen die Abkürzung »TP« und verwenden nicht die auch gebräuchliche Form »TfP«, um keine Verwechslungen mit der Übertragungsfokussierten Psychotherapie, abgekürzt TFP, aufkommen zu lassen. AP steht als Abkürzung für die Analytische Psychotherapie.

bildung« zurzeit einen intensiven Diskussionsprozess, Psychologische Psychotherapie als Studiengang an den Universitäten zu implementieren, der dann – vergleichbar dem Medizinstudium – mit der Approbation abgeschlossen werden könnte. Auch für die Ärztlichen Psychotherapeuten existiert ein komplexes Weiterbildungsreglement in Form der Weiterbildungsordnungen der Landesärztekammern, so dass insgesamt der Eindruck überwiegt, es sei recht klar, was unter TP zu verstehen sei, wie man sie lehren und lernen und ausüben müsse. Letzteres scheinen auch die Psychotherapie-Richtlinien sehr klar zu regeln (Rüger et al. 2015; Diekmann et al. 2018).

Ab hier wird es allerdings schwierig, denn im Hintergrund krankt das Konzept der TP wohl vor allem an ihrem Geburtsfehler: Sie entwickelte sich nicht, sie wurde erfunden (Ermann 2004). Sie war also ein Kind, das man in psychoanalytischen Kreisen nicht unbedingt liebte, das man eigentlich gar nicht so recht wollte, das man aber brauchte, und das bekommt, wie wir aus zahllosen Therapien wissen, dem Kind nicht gut und dem späteren Erwachsenen noch weniger! Es entstand das Modell einer ›kleinen psychoanalytischen Ausbildung‹ und in diesem nur scheinbar unverfänglichen Wort steckt schon das ganze Problem, wie im Weiteren gezeigt werden soll. Anders als von manchen Gründungsvätern und -müttern gedacht, wuchs die TP wie manches ungeliebte Kind in vielerlei Hinsicht über die Eltern hinaus und wurde nach verlängerter Adoleszenz im Alter von etwa 30 Jahren durchaus rebellisch, indem es sich zunehmend weiter vom Hintergrund der klassischen psychoanalytischen Theorie und Praxeologie entfernte (▶ Kap. 5). Der Erfolg und die enorme Verbreitung der TP führten nämlich dazu, dass inzwischen die Anwendungsgebiete in einer Weise ausgedehnt wurden, die eine scharfe Definition »was ist Tiefenpsychologisch fundierte Psychotherapie« heutzutage noch weniger möglich macht als zur Zeit ihrer Etablierung als kassenfinanzierte Behandlungsmethode. Ähnlich wie auch die Psychoanalyse in ihren zahlreichen Schulen und Diversifizierungen, theoretischen und behandlungstechnischen Verästelungen kaum noch auf einen gemeinsamen Nenner, den berühmten »common ground« (vgl. Tuckett 2007; Boll-Klatt und Kohrs 2018), zu bringen ist, verhält es sich auch mit der modernen TP.

Dieser aktuellen Pluralität bzw. den daraus resultierenden Verwerfungen begegnet man spätestens, wenn man die tiefenpsychologischen

Ausbildungen an verschiedenen Institutionen, unterschiedliche Lehrbücher oder auch die Anforderungen in den mündlichen Approbationsprüfungen der Psychologischen Psychotherapeuten in den zahlreichen Bundesländern vergleicht. Zwei Polarisierungen seien exemplarisch genannt.

1. Tiefenpsychologische Ausbildungen an eher orthodoxen psychoanalytischen Instituten betonen nach wie vor die zentrale Bedeutung der Arbeit am unbewussten intrapsychischen Konflikt unter Berücksichtigung der klassischen Dimensionen der Übertragungs-/Gegenübertragungsanalyse sowie der Widerstandsdeutungen. Die Ausweitung der therapeutischen Konzeption z. B. in Richtung auf trauma- oder strukturorientierte Modifikationen in der Krankheits- und Behandlungstheorie werden hier eher skeptisch, oft sogar immer noch ablehnend betrachtet. Die hier skizzierte Haltung beinhaltet u. a. auch die Gefahr, substanzielle Befunde evidenzbasierter Forschung zu ignorieren. In Kapitel 9 findet sich eine ausführliche Auseinandersetzung zum Verhältnis von Psychoanalyse und empirischer Psychotherapieforschung. Lehnen aber die psychoanalytischen Verfahren den Anschluss an die Nachbarwissenschaften ab (vgl. z. B. Green 2000) und/oder verweigern sogar die Auseinandersetzung mit wissenschaftlichen Ergebnissen zu ihrer Wirksamkeit, können die berufs- und gesundheitspolitischen Konsequenzen nicht nur ungünstig, sondern durchaus gefährlich sein.

2. Andererseits gibt es Ansätze, die sich sehr betont diesen neuen wissenschaftlichen Befunden zuwenden und daraus störungsspezifische Krankheits- und Behandlungstheorien entwickelt haben, die z. T. sehr weit vom psychoanalytischen Standard abweichen. »Does anything go?«, fragt Tuckett (2007), bezieht diese Frage allerdings auf die Pluralität der psychoanalytischen Schulen und deren unterschiedliche Behandlungstheorien. Dieselbe Frage müsste sich auch die TP stellen, wenn heutzutage zunehmend mehr von integrativen Ansätzen und importierten Methoden gesprochen wird (▶ Kap. 5.3). Werden aber unter dieser Prämisse basale psychoanalytische Positionen aufgegeben, insbesondere das zentrale Axiom der Arbeit mit dem (dynamischen) Unbewussten, verlieren die psychodynamischen Verfahren u. U. ihre identitäts- und konturstiftende Klammer (vgl. Boll-Klatt und Kohrs 2018). Altmeyer (2016) drückt es sehr prägnant aus: »Das Fehlen einer Kerntheorie, als Pluralismus gefeiert, ist verheerend für eine Wissenschaft.«

1.2 Ursprung und Geschichte

Der Begriff »Tiefenpsychologie« wurde von Eugen Bleuler eingeführt und ab 1913 von Freud verwendet, um zwischen seiner tiefenpsychologisch geprägten Schule, der Psychoanalyse, und der damals vorherrschenden bewusstseinspsychologisch geprägten akademischen Psychologie zu unterscheiden. Die zentrale Vorstellung der Tiefenpsychologie bezieht sich auf unbewusste Prozesse, die unter der Oberfläche des Bewusstseins in tieferen Schichten der Psyche ablaufen und menschliches Erleben, Denken und Verhalten maßgeblich beeinflussen. Freud definierte die Tiefenpsychologie als »Wissenschaft von den unbewussten seelischen Vorgängen« (Freud 1913, S. 300). Bereits hier deutet sich an, dass die Begriffe »Tiefenpsychologie« und »das Unbewusste« von Beginn an untrennbar miteinander verbunden sind. Freuds herausragende Leistung besteht vor allem darin, dass er mit der Einführung der Psychoanalyse, die er zwischen 1890 und 1920 zusammen mit seinen Schülern zunächst aus der Hypnosebehandlung heraus entwickelte, das Konzept des Unbewussten für die Therapie bestimmter Patienten nutzbar gemacht hat (vgl. Gödde 2005). Am Anfang stand die Behandlung der Hysterie mit der »tendenzlosen Psychoanalyse« (zit. n. Rüger und Reimer 2012a, S. 4), die strengen Regeln unterworfen war: Liegen auf der Couch, freie Assoziation und Beschäftigung mit Träumen auf Seiten des Patienten und Abstinenz, Neutralität und Anonymität auf Seiten des Therapeuten. Zwischen 1911 und 1919 veröffentlichte Freud eine Reihe von Abhandlungen, die sog. Technischen Schriften, in denen er Vorschriften zur Behandlungstechnik festlegte, um sich von einer missbräuchlichen Anwendung der Psychoanalyse abzugrenzen. Aber bereits 1918 veränderte er seine Haltung und revidierte die sehr strikten Regeln. Ausdrücklich betonte er 1918 auf dem Budapester Kongress: »Wir sind … immer bereit, die Unvollkommenheiten unserer Erkenntnis zuzugeben, Neues dazuzulernen und in unserem Vorgehen abzuändern, was sich durch Besseres ersetzen lässt« (Freud 1919, S. 183). Vergleichbar der heutigen Entwicklung einer zunehmenden Störungsorientierung in den Psychodynamischen Therapieverfahren räumte auch Freud ein, dass »… die verschiedenen Krankheitsformen nicht durch die nämliche Technik erledigt werden können« (ebd., S. 191). So hielt er es z. B.

1.2 Ursprung und Geschichte

für nötig, bei »haltlosen und existenzunfähigen Patienten«, die wir heute als strukturell gestört bezeichnen würden, die psychoanalytische Behandlung durch erzieherische Interventionen zu ergänzen (ebd., S. 190). Auch im Hinblick auf das Vermeidungsverhalten bei Patienten mit Phobien empfahl er ein nicht-orthodoxes Vorgehen, das sehr an verhaltenstherapeutische Methodik erinnert. In ihrem sehr lesenswerten Abschnitt (Rüger und Reimer 2012a, S. 4 ff) zur historischen Entwicklung von der Standardtechnik der Psychoanalyse, der »normativen Idealtechnik« (Eissler 1953), hin zu den sog. abgewandelten Verfahren verdeutlichen die Autoren, dass Freud hinsichtlich seiner eigenen Methode durchaus ambivalent war, was Cremerius (1993) auf einen Konflikt in seiner eigenen Person zurückführt: Als Forscher propagierte er die tendenzlose Psychoanalyse mit einem sehr strikten Reglement. Als Therapeut war er alles andere als tendenzlos, wie viele Berichte seiner Patienten und Analysanden erkennen lassen. Nach 1918 führte Freud die Diskussion über Änderungen und Weiterentwicklungen seiner Methode nicht weiter fort. Allerdings führte ein Buch von Ferenczi und Rank (1924), die die starke Intellektualisierung und den aus ihrer Sicht wirkungslosen »Deutungsfanatismus« kritisierten, zu einer krisenhaften Zuspitzung in der Technikdebatte. Einen weiteren Meilenstein markiert das Buch von Alexander und French (1946); die Autoren propagierten, dass jeder Behandlung, ob orthodox oder abgewandelt, die gleichen psychodynamischen Prinzipien zugrunde lägen. 1953 kam es dann in den USA zu einer mehr oder weniger strikten konzeptuellen Unterscheidung zwischen dem analytischen Standard- und den abgewandelten Verfahren (z. B. Bibring 1954), die jetzt als »dynamic psychiatry« (Bibring 1954) oder »psychodynamic psychotherapy« (Strupp 1996) bezeichnet wurden. Es ist eindrucksvoll, in diesem kurzen Abriss über die Entwicklung der letzten 100 Jahre vieles aus den heutigen Diskussionen und Kontroversen wiederzuerkennen. So stellt sich durchaus die Frage, ob die viel zitierte Metapher des Goldes der Psychoanalyse (Freud 1918/1919, S. 194) durch die Beimischung von Kupfer in ihrem Wert geschmälert wird oder ob das zusätzliche Kupfer erst eine handwerkliche Verwendung des Goldes ermöglicht (Rüger und Reimer 2012a, S. 22). Positiv formuliert, könnte man sagen, dass Neuerungen anscheinend nur in einem beständigen Ringen an der Grenze zur gegenseitigen Entwertung und Ausgrenzung erzielt werden können.

Tiefenpsychologisch fundierte Psychotherapie als Begriff wurde erstmals auf dem Ärztetag 1966 von Walter Theodor Winkler verwendet. Die TP wurde definiert als »eine Anwendungsform der Psychoanalyse«; allerdings wurde die TP als Behandlungsform anhand fach- und berufspolitischer Aspekte konzeptualisiert, nicht auf der Basis einer fachwissenschaftlichen Diskussion. Diese Ausgangsmodalität bzw. das Fehlen einer spezifischen theoretischen Fundierung hat viel dazu beigetragen, die TP lange Jahre nur als verkürzte Variante oder als »kleine Schwester« der AP zu betrachten. Die Anerkennung der TP als eigenständige Therapieform, die gleichzeitig die Nähe zur Psychoanalyse behielt, sollte es ermöglichen, dass psychotherapeutisch ausgebildete Ärzte, die nicht die Anforderungen einer klassischen großen psychoanalytischen Ausbildung erfüllten, aber einen wesentlichen Teil der Patientenversorgung abdeckten, in die Behandlung psychisch Kranker mit einbezogen werden konnten. Dem steigenden Behandlungsbedarf, der keinesfalls ausreichenden Zahl psychoanalytisch ausgebildeter Therapeuten und der Tatsache, dass sich eine große Anzahl von Patienten keiner hochfrequenten Psychoanalyse unterziehen wollten bzw. dafür auch nicht geeignet waren, konnte so begegnet werden.

Aufgrund der Studien von Annemarie Dührssen (1962), in denen die Wirksamkeit psychoanalytischer Therapie nachgewiesen wurde, kam es dann 1967 zur Einführung der Psychotherapie als Pflichtleistung der gesetzlichen Krankenkassen. In die Richtlinien wurden mit der TP und der Analytischen Psychotherapie (AP) zwei Verfahren aufgenommen. Bis zur Verabschiedung des Psychotherapeutengesetzes (PsychThG) 1998 war die TP laut Richtlinien Ärztlichen Psychotherapeuten vorbehalten. Danach wurden auch Psychologische Psychotherapeuten zur Durchführung von TP zugelassen.

Laut Bundesarztregister der Kassenärztlichen Bundesvereinigung (KBV) gab es 2010 in Deutschland ca. 20.000 Psychotherapeuten für Erwachsene mit einer Kassenzulassung, 5.300 sind Ärztliche, 13.500 Psychologische Psychotherapeuten. Zahlen der KBV weisen aus, dass 2009 im Rahmen der gutachtenpflichtigen Richtlinienpsychotherapie rund 160.000 tiefenpsychologische Psychotherapien von Erwachsenen neu begonnen wurden. Allerdings stand bzw. steht weiterhin der Häufigkeit der Anwendung der TP ihre konzeptionelle und behandlungstechnische Unschärfe gegenüber. Erst zu Beginn der 2000er Jahre erschienen Publikationen, die verstärkt die TP zu definieren versuchten; zu nennen sind Reimer und Rüger (2000/2012), Ermann (2001, 2004), Rudolf (2002), Tenbrink (2002), Jaeggi et al. (2003) und vor allem Wöller und Kruse (2015). Zusätzlich zu diesen differenzierten Darstellungen der TP und ihren Indikationen hat die in zahlreichen Studien belegte Evidenzbasierung der TP einen festen Platz in der Reihe der wissenschaftlich und sozialrechtlich anerkannten Behandlungsverfahren gesichert (▶ Kap. 9).

1.3 TP oder Psychodynamische Psychotherapie?

»Der Begriff Psychoanalyse bezeichnet die Wissenschaft, welche die psychoanalytische Theorie, Methode und Behandlungspraxis umfasst. Als psychoanalytische Methode bezeichnet man das Vorgehen, mit dem der Psychoanalytiker die Manifestationen des Unbewussten im Erleben und Verhalten erforscht und für die Behandlung psychogener Störungen nutzt. Bei den Anwendungen und Modifikationen der psychoanalytischen Methode in der Psychotherapie spricht man von psychoanalytisch begründeten oder psychodynamischen Verfahren« (Ermann 2016a, S. 455).

Die in Deutschland entwickelte TP stellt sozusagen einen Prototyp dieser psychoanalytisch begründeten Verfahren dar. Allerdings ist der Begriff »Tiefenpsychologisch fundierte Psychotherapie« international gänzlich ungebräuchlich, wurde z. T. auch mit supportiver Therapie gleichgesetzt (Kernberg 2010, mündliche Mitteilung; Kernberg 1999). Andererseits deckt sich die TP in vieler Hinsicht mit Therapieformen, die in angloamerikanischen Fachliteratur als »psychoanalytic psychotherapy« benannt und von »psychoanalysis« abgegrenzt werden (ebd.). In Anlehnung an den angloamerikanischen Sprachgebrauch hat sich international die Bezeichnung Psychodynamische Psychotherapie (»psychodynamic psychotherapy«) zunehmend durchgesetzt. In der amerikanischen Literatur findet sich etwa seit 1980 die Verwendung des Begriffes der Psychodynamischen Psychotherapie, wenn über kurze, meist auf spezielle Störungsbilder ausgerichtete Behandlungen berichtet wurde (z. B. Shedler 2011; Leichsenring 2015). Hoffmann (2000) plädierte als erster dafür, sich auch in Bezug auf die TP der internationalen Sprachregelung anzuschließen. Allerdings wird damit für die TP keine theoretische Klarheit gewonnen, denn auch die Psychodynamische Psychotherapie (PDP) stellt ein vieldeutiges Paradigma ohne eine einheitliche Theorie dar. Bei aller Heterogenität der psychodynamischen Behandlungsformen gelten die folgende Grundannahmen im Menschenbild und in der Theorie (Hoffmann und Schüßler 1999):

- die Psychologie des Unbewussten
- die Konflikt- und Objektbeziehungspsychologie
- die Theorie der Nutzung von Übertragung und Gegenübertragung
- die Theorie und therapeutische Nutzung sowie die Bearbeitung der Abwehr (Widerstand)
- die Begrenzung der therapeutischen Zielsetzung und Einschränkung regressiver Prozesse
- eine hilfreiche Beziehung als Grundlage des therapeutischen Prozesses, wobei die Verbindung zur psychoanalytischen Gesamttheorie begrenzt ist, da viele metatheoretische Positionen nicht übernommen werden

In folgendem Zitat wird das Spezifische der PDP zusammengefasst:

»Die Psychodynamische Therapie bzw. die Psychodynamischen Verfahren stellen Abwandlungen von oder Modifikationen der Psychoanalytischen Therapie dar. Die Konzepte des dynamischen Unbewussten, der Abwehr, der Übertragung und der Gegenübertragung sind auch bei ihnen begründend, kommen aber in der Therapie in unterschiedlicher Weise zum Tragen. Die unterschiedlichen Therapietechniken sind stärker symptomorientiert, intendieren einen Gewinn an Zeit und an Sitzungsaufwand, enthalten supportive und übende Elemente und fördern regressive Prozesse nur ausnahmsweise. Eine Psychodynamische Therapie gelangt auch in jenen Fällen zur Anwendung, in denen eine längerfristige therapeutische Beziehung erforderlich ist« (Hoffmann 2000, S. 53).

Im Jahr 2000 erschien dann das Lehrbuch von Reimer und Rüger, das erstmals im deutschen Sprachraum den Begriff »psychodynamisch« im Titel trug (Reimer und Rüger 2000/2012). Es sind noch nicht einmal 20 Jahre vergangen und schon lässt sich feststellen, dass die Bezeichnung

Psychodynamische Psychotherapie international und auch in Deutschland zunehmend als Oberbegriff für die psychoanalytisch begründeten Verfahren verwendet wird (Richter 2014) Dieser Begriff bildet eine Klammer, die auch die überaus diversifizierten psychoanalytischen Schulen, Theoriegebäude usw. noch zusammenhält. Ermann und Körner (2017) zeigen auf, dass international der Begriff »psychodynamisch« den älteren Begriff »psychoanalytisch« sogar zunehmend verdrängt, sobald »Phänomene unter der Perspektive des Unbewussten betrachtet werden« (ebd., S. 234).

1.4 Methode oder Verfahren?

Die diffizile und differenzierte Auseinandersetzung mit den Begriffen lässt ahnen, welche inhaltlichen Abgrenzungen, insbesondere aber auch berufspolitischen Diskurse sich dahinter verbergen. Seit Einführung der krankenkassenfinanzierten Psychotherapie stellen die Psychotherapie-Richtlinien die vertragliche Regelung zwischen den Vertretern der Kostenträger (Krankenkassen) und den Leistungserbringern, den Psychotherapeuten, vertreten durch die kassenärztliche Bundesvereinigung dar (Dahm 2008). Von großer Bedeutung für das Verständnis und die Anwendung der Psychotherapie-Richtlinien ist der »Kommentar Psychotherapie-Richtlinien«, ursprünglich verfasst von Faber und Haarstrick, inzwischen in der 11. Auflage herausgegeben von Diekmann, Dahm, und Neher (Diekmann et al. 2018; Rüger et al. 2015). Nach wie vor sprechen die Psychotherapie-Richtlinien von psychoanalytisch begründeten Verfahren:

> »Diese Verfahren stellen Formen einer ätiologisch orientierten Psychotherapie dar, welche die unbewusste Psychodynamik neurotischer Störungen mit psychischer oder somatischer Symptomatik zum Gegenstand der Behandlung machen. Zur Sicherung ihrer psychodynamischen Wirksamkeit sind bei diesen Verfahren übende und suggestive Interventionen auch als Kombinationsbehandlung grundsätzlich ausgeschlossen. ... Als psychoanalytisch begründete Therapieverfahren gelten im Rahmen dieser Richtlinie die tiefenpsychologisch fundierte Psychotherapie und die analytische Psychotherapie« (Rudolf 2014, S. 17).

1 Ursprung und Entwicklung des Verfahrens

Während es in den Richtlinien für die Verhaltenstherapie als Verfahren dann Definitionen unterschiedlicher Methoden gibt, findet sich für die psychoanalytisch begründeten Verfahren nur die Unterteilung in TP und AP, so dass letztendlich sprachlich nicht ganz klar wird, ob es sich um Methoden oder Verfahren handelt (Rudolf 2014, S. 17 ff).

Diese Unklarheit wird noch verwirrender, wenn man einige der bedeutenden fachpolitischen Beschlüsse der letzten Jahre näher betrachtet. Schaute man mit einem – eigentlich natürlich nicht statthaften – psychodiagnostischen Blick auf diese Vorgänge, bliebe einem das Ringen um die Lösung eines Autonomie-Abhängigkeits-Problems der beiden Entitäten TP und Psychoanalyse nicht vollständig verborgen. So fasste der Wissenschaftliche Beirat Psychotherapie der Bundesärzte- und der Bundespsychotherapeutenkammer 2004 die unterschiedlichen Behandlungsformen unter dem Oberbegriff »Psychodynamische Psychotherapie« zusammen und definiert damit TP und AP als unterschiedliche Methoden eines Verfahrens:

»Die Psychodynamische Psychotherapie (PP) gründet auf der Psychoanalyse und ihren Weiterentwicklungen. Die Behandlungsprinzipien der PP bestehen in der Bearbeitung lebensgeschichtlich begründeter unbewusster Konflikte und krankheitswertiger psychischer Störungen in einer therapeutischen Beziehung unter besonderer Berücksichtigung von Übertragung, Gegenübertragung und Widerstand. Dabei wird je nach Verfahren stärker im Hier und Jetzt oder im Dort und Damals gearbeitet, die Stundeninhalte sind je nach Verfahren strukturierter (Technik: Fokussierung) oder unstrukturierter (Technik: freie Assoziation), und der Therapeut greift jeweils auf eine stärker aktive oder eher zurückhaltende Interventionstechnik zurück. ... Bei der PP handelt es sich um ein Verfahren, bei dem verschiedene Methoden und Techniken mit einem gemeinsamen störungs- und behandlungstheoretischen Hintergrund in verschiedenen Settings zur Anwendung gelangen. ...« (Wissenschaftlicher Beirat Psychotherapie 2004).

Dieser Definition zufolge könnte man je nach Vorliebe die Klassifikation der TP als eigenständiges Therapieverfahren oder eben als einer -methode rechtfertigen. Ob es letztendlich klug ist, alle psychoanalytischen und psychoanalytisch begründeten Behandlungsformen zu einem sog. *psychodynamischen Verfahren* zusammenzufassen, ist sicherlich eine weitreichende, vor allem berufspolitische Frage, die hier in ihren Einzelheiten nicht weiter diskutiert werden soll. Einen guten Überblick bietet Ermanns

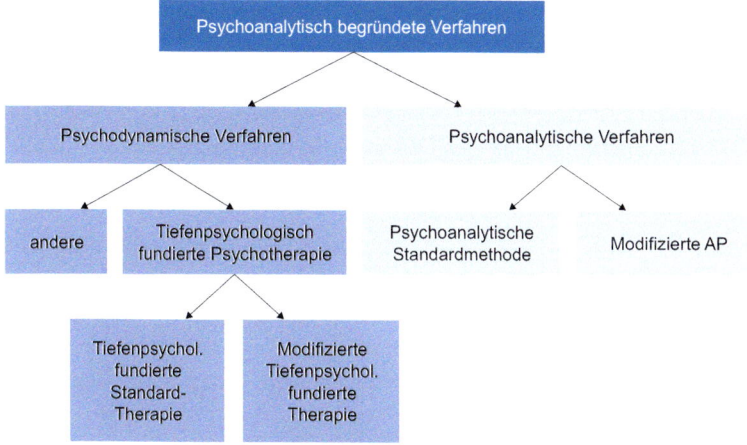

Abb. 1.1: Systematik der psychoanalytisch begründeten Psychotherapieverfahren (modifiziert nach Ermann 2004, S. 301)

Perspektive, die allerdings die Würfel noch einmal neu wirft (auch ▶ Abb. 1.1):

> »Mir leuchtet daher eine Systematik ein, die alle Psychotherapieverfahren, die auf der Theorie der Psychoanalyse beruhen, als psychoanalytisch begründet bezeichnet und dann näher unterscheidet, ob ein Verfahren sich an die psychoanalytischen Methoden anlehnt oder diese weitgehend modifiziert« (Ermann 2004, S. 302).

1.5 TP als spezifisches Verfahren der Psychodynamischen Therapieverfahren

Ob nun der Systematik von Ermann oder den Psychotherapie-Richtlinien folgend, wird im Weiteren die TP als ein *spezifisches Verfahren* der Psychodynamischen Therapieverfahren eingeordnet. Diese Regelung hat drei Vorteile:

- Als spezifisches psychodynamisches Therapieverfahren erhält die TP Anschluss an den internationalen Sprachgebrauch.
- Die weitere Nutzung der Bezeichnung TP hebt die Spezifität der Methode hervor.
- Die Kompatibilität mit der Definition in den Psychotherapie-Richtlinien bleibt gewahrt.

Unter TP wird ein psychotherapeutisches Vorgehen verstanden, das üblicherweise durch eine Einzelbehandlung mit einer, in Ausnahmefällen für eine begrenzte Zeit auch mit zwei Sitzungen pro Woche durchgeführt wird. Der Umfang der TP-Langzeittherapie beträgt 60 bis maximal 100 Stunden. Die Therapie findet ausschließlich im Sitzen statt. Regressive Prozesse und die Entwicklung einer Übertragungsneurose werden explizit nicht gefördert, gleichwohl spielt die sich auch in diesem Setting entwickelnde Übertragungsbeziehung eine tragende Rolle im Veränderungsprozess (▶ Kap. 2). In den Psychotherapie-Richtlinien wird die TP in § 14a wie folgt definiert:

»Die tiefenpsychologisch fundierte Psychotherapie umfasst ätiologisch orientierte Therapieformen, mit welchen die unbewusste Psychodynamik aktuell wirksamer Konflikte und struktureller Störungen unter Beachtung von Übertragung, Gegenübertragung und Widerstand behandelt werden« (Rüger et al. 2015).

Diese Definition enthält im Vergleich zu früheren – vor 2009 erschienenen – eine sehr wesentliche Erweiterung, nämlich die Aufnahme der strukturellen Störungen in den Indikationsbereich der TP. Das traditionelle Indikationsverständnis richtete sich ausschließlich auf den Nachweis eines aktuell wirksamen neurotischen Konfliktes. Diese Einschränkung stand im Widerspruch zur psychotherapeutischen Alltagsrealität; Konflikt- und Strukturpathologien stehen in einer Ergänzungsreihe und treten selten in »reiner« Form auf. In psychotherapeutischen Praxen finden sich immer häufiger Patienten mit schweren Persönlichkeitsstörungen, Suchterkrankungen, mit psychosomatischen Störungen und Erkrankungen sowie mit anderen Störungsbildern auf einem niedrigen Niveau der Funktionsfähigkeit der psychischen Struktur. Für das strukturorientierte Vorgehen prägte Ermann (2004) wohl als erster den Begriff der modifizierten TP. Aber schon lange vor der an bestimmte Bedingungen

1.5 TP als spezifisches Verfahren der Psychodynamischen Therapieverfahren

geknüpften Übernahme der strukturellen Störungen in den Indikationsbereich der TP werden Sonderformen der TP wie z. b. die Dynamische Psychotherapie (Dührssen 1988) in den Richtlinien benannt, die als solche auch beantragt werden können (▶ Kap. 2).

Die hier skizzierte Heterogenität der Verfahren/Methoden lässt sich vielleicht am treffendsten mit einer Formulierung Körners einbinden:

> »Auch wenn die psychodynamischen Methoden sich inzwischen weit aufgefächert haben, um sehr unterschiedlichen Patienten gerecht werden zu können, blieb das Ziel, das Unbewusste bewusst zu machen, ein zentrales Anliegen aller psychodynamischen Verfahren« (Körner 2016, S. 11 f).

Wie wir noch sehen werden, haben sich allerdings nicht nur die Vorgehensweisen erweitert, sondern auch das Verständnis dessen, was wir als unbewusst verstehen.

2 Verwandtschaft mit anderen Verfahren und Methoden

Hier könnte man jetzt eine Aufzählung einer Vielzahl psychotherapeutischer Methoden, die heutzutage als psychodynamisch gelten, anführen. Eine Reihe humanistischer Therapien wie z. B. das Psychodrama und die Gestalttherapie würden sich dazurechnen. Um diese Diversifizierungen jedoch im Hinblick auf ihren psychodynamischen Gehalt, so wie er im Kapitel 1 ausgeführt wurde, diskutieren und einschätzen zu können, scheint es geboten, sich einerseits zunächst einmal ausführlicher mit dem Unbewussten als deren gemeinsamer konzeptueller Klammer auseinanderzusetzen und andererseits das Verhältnis der TP zum psychoanalytischen Verfahren bzw. zur AP zu untersuchen.

2.1 Das Unbewusste – ein Plädoyer für das unverzichtbare Paradoxon der Psychodynamischen Psychotherapieverfahren (PDT)

Sicherlich ist dies nicht der Ort, um die berühmt-berüchtigte Commonground-Debatte der Psychoanalyse darzustellen (vgl. z. B. Thomä 2003; Erlich et al. 2003; Zwiebel 2013), aber dennoch gilt es, dem Unbewussten als dem unverzichtbaren Paradoxon einen gebührenden Stellenwert einzuräumen. Letztendlich war es auch der Nachweis der Wirkungen des Unbewussten sowohl auf die Entstehung psychischer Störungen als auch in deren therapeutischer Bearbeitung, der maßgeblich zur Übernahme der TP und AP als kassenfinanzierte Behandlungen beigetragen hat (Dührssen 1962). Die Vielzahl an modernen störungsorientierten Behandlungskonzeptionen, so begrüßenswert sie auch sein mögen, vermittelt neben massiver theoretischer Konfusion und Überforderung doch auch oft die Illusion einer generellen Machbarkeit im Sinne eines »Was mache ich, wenn ...?«. Die Rückbesinnung auf das Unbewusste als Fundament, als »Zentralmassiv der Psychoanalyse« (Gödde und Buchholz 2005, S. 11) und damit auch der Psychodynamischen Psychotherapieverfahren (PDT) schützt davor, in etwas abzugleiten, was man im ungünstigsten Fall schlecht durchgeführte Verhaltenstherapie nennen würde (Boll-Klatt und Kohrs 2018, S. 5). Somit ist die Fragestellung nach einem common ground keineswegs rein theoretischer oder akademischer Natur. Sie berührt sehr zentrale Konsequenzen für die Aus- und Weiterbildung, wenn etwa angesichts der aktuellen Novellierung des Psychotherapeutengesetzes (PsychThG) darüber nachgedacht wird, was Studierende lernen sollen, um sich für eine Approbation in psychologischer Psychotherapie zu qualifizieren (▶ Kap. 11). Dieses Fundament des Unbewussten entzieht sich aber dem vollen Zugriff der bewussten kognitiven Untersuchung, es fordert stattdessen eine oft schwer erträgliche, letztlich nie abzuschließende Auseinandersetzung im Prozess des Patienten wie des eigenen Selbst in der Therapie und im Lebensprozess:

> »Und genau in diesem Bereich ist wohl das Fundament der psychoanalytischen Konzeption bis heute zu sehen: zwischen dem unbedingten Ziel, auch beängstigende, hoch konflikt- und triebhafte Bereiche des menschlichen Seelenlebens offen zu legen, zu benennen und sie in ihren Funktionen wie Dysfunktionen so gut wie möglich zu begreifen – und dem Wissen um den nicht auszulotenden Urgrund des zutiefst irrationalen leiblich-seelischen Bereiches des Unbewussten. Im besten Fall gelingt es dann, das Unheimliche in uns zumindest teilweise zu entschlüsseln, ein Verständnis für das letztlich Un-fassbare zu entwickeln und Inhalte des mystischen, abergläubischen, religiösen voraufgeklärten Kosmos, die zum Grundbestand des menschlichen Seelenlebens gehören, gewissermaßen zurückzuerobern – diesmal aber in einem humanistischen und wissenschaftlichen Kontext« (Gödde und Buchholz 2005, S. 11).

Anhand eines Fallbeispiels sollen diese Überlegungen illustriert werden.

Fallbeispiel: »Nicht mit, aber auch nicht ohne meinen Mann«

Eine 45-jährige Patientin kommt mit einem depressiven Erschöpfungssyndrom in die stationäre Behandlung. Wütend-empört unter Strömen von Tränen der Verzweiflung schildert sie eine hoch belastende eheliche Situation. Ihr Mann sei alkoholabhängig, arbeite zwar, aber gebe bis auf die Miete sein gesamtes Gehalt für Alkohol und Glücksspiele aus. Sie und ihre beiden Kinder müssten weitgehend von dem leben, was sie als Halbtagskraft im Büro eines Rechtsanwalts verdiene. Ihr Mann beleidige sie oft und kritisiere sie heftig. Ständig gebe es Streit mit den Kindern, die sich nicht mehr alles gefallen ließen. So wolle sie nicht mehr weiter mit ihrem Mann zusammenleben; sie wolle in der Klinik die Kraft und den Mut finden, sich von ihrem Mann zu trennen. Sie brauche mehr Selbstvertrauen und verbesserte Fähigkeiten sich durchzusetzen. – Diese Zielsetzungen der Patientin werden zunächst aufgegriffen, allerdings zeigt sich rasch, dass die Patientin auf entsprechende Interventionen sowohl in der Einzel- als auch in der Gruppentherapie immer wieder mit einem »ja, aber …« antwortet und kaum etwas in sich aufnehmen kann. Im Zuge der ersten beiden Behandlungswochen geht es der Patientin eher schlechter als besser, so dass sie überlegt, den Aufenthalt vorzeitig zu beenden, um – rationalisierend – doch lieber für ihre Kinder da zu sein. Erst die vertiefte Beschäftigung mit der biografischen Anamnese ermöglicht einen verbesserten Zugang zu ihr. Rasch lässt sich eine Parallele zwischen Vater und Ehemann ziehen: Auch der Vater sei Alkoholiker gewesen, habe immer viel gearbeitet und seine Kinder eigentlich nur im an- bzw. betrunkenen Zustand gesehen. Die Mutter habe wohl wegen ihrer unglücklichen Ehe schon früh im Leben der Patientin eine Depression entwickelt und habe die Kinder zwar materiell gut versorgt, emotional aber kaum zur Verfügung gestanden. Umso größer ist die Sehnsucht der Patientin nach einem liebevollen Vater gewesen, der ihre ausgeprägte Bedürftigkeit letztendlich aber auch nur enttäuschen konnte. Unbewusst hat die Patientin mit ihrem Ehepartner im Sinne des Wiederholungszwanges die Möglichkeit gesucht, die Wunden von damals zu heilen. Sie ist geleitet von dem Streben, es jetzt zum guten Ende zu führen, sprich, die Alkoholabhängigkeit des Mannes/Vaters zu beenden und dann zu einer

2.1 Das Unbewusste – ein Plädoyer für das unverzichtbare Paradoxon der PDT

> Befriedigung ihrer regressiven Wünsche zu gelangen. Die Rationalisierung, sie müsse für die Kinder da sein, ist unterlegt von den eigenen Versorgungswünschen. In unbewusster Identifikation mit den eigenen Kindern versucht die Patientin, eigene frustrierte Bedürfnisse zu befriedigen. Vor diesem Hintergrund wird nachvollziehbar, warum die einseitige Förderung bewusster autonomer Tendenzen entsprechend der von der Patientin geäußerten Zielsetzung nicht zum Ziel führen konnte, weil diese dazu auf ihre abgewehrten infantilen Abhängigkeitsbedürfnisse und Wiedergutmachungswünsche hätte verzichten und anerkennen müssen, dass ihre (kindlichen) Sehnsüchte ungestillt bleiben würden. Nur durch einen intensiven Trauerprozess um das Nicht-Gehabte und Nicht-zu-Habende konnte sich die Patientin dann in der anschließenden ambulanten Einzeltherapie die innerpsychischen Voraussetzungen für eine mögliche Trennung erarbeiten. Die zunächst praktizierte therapeutische Orientierung an den bewussten Zielsetzungen und Behandlungserwartungen musste in Anbetracht der unbewussten Hoffnungen und Ängste zu einer Verstärkung von Widerstand und Abwehr führen.

Das Beispiel veranschaulicht die Bedeutung zweier wichtiger psychodynamischer Konzepte, die untrennbar zusammengehören: das Konzept des (dynamischen) Unbewussten (▶ Kap. 3) und des biografisch determinierten intrapsychischen Konfliktes. Erst die Bewusstmachung der verdrängten frustrierten kindlichen Bedürfnisse und der Fixierung daran ließ die innerpsychische konflikthafte Situation mit den daraus resultierenden Spannungen bewusst erlebbar werden und bot nun eine völlig veränderte Ausgangssituation für die weitere psychodynamische Behandlungsarbeit. Statt weiter sehnsüchtig die väterliche Zuwendung zu begehren, ging es darum, einerseits die aus den vielen Frustrationen stammenden aggressiven Gefühle zu spüren und zum Ausdruck zu bringen und andererseits Trauer, Enttäuschung und Einsamkeitsgefühlen Raum zu geben. Erst die Anerkennung der traurigen Realität ermöglichte es dem erwachsenen Ich, wirklich eine Wahl zu haben und autonome, flexible Entscheidungen treffen zu können. Das ist gemeint, wenn in dem o. g. Zitat von Gödde und Buchholz von einem humanistischen Kontext die Rede ist. Im Zusammenhang mit der Darstellung des spezifischen therapeutischen Vorgehens in der TP soll dieses Beispiel wieder aufgegriffen werden (▶ Kap. 5).

2.2 TP als spezifisches psychodynamisches Therapieverfahren und ihr Verhältnis zur AP

Die bisherigen Ausführungen lassen ahnen, dass es nicht ganz einfach ist, die TP als eigenständige Therapiemethode zu beschreiben, ohne die psychoanalytischen Grundlagen zu vernachlässigen. Wöller und Kruse (2015a, S. 15) benennen folgende Gemeinsamkeiten mit der AP:

- Theorie zur Entstehung und Aufrechterhaltung psychischer und psychosomatischer Erkrankungen
- Bedeutung von Einsicht und positiver Beziehungserfahrung für den Heilungsprozess
- Bedeutung von Widerstand, Übertragung und Gegenübertragung
- Bedeutung von Neutralität und Abstinenz des Therapeuten

Die Definition der TP in den Richtlinien (Rüger et al. 2015, S. 39 f) ist an der Definition der AP orientiert und kennzeichnet die TP vorwiegend durch Begrenzungen und Einschränkungen wie z. B. die geringere Stundenzahl, die niedrigere Behandlungsfrequenz, die Arbeit mit weniger Regression und Übertragung etc. (▶ Tab. 2.1). Bereits 2004 veröffentlichte dagegen Ermann einen wegweisenden Artikel, in dem er das *Spezifische* – und nicht das *Begrenzte* – der TP herausstellte:

> »Die Methode (die TP, Anm. d. Verf.) wird durch mehrere Bestimmungsstücke gekennzeichnet. Die aktuellen psychosozialen Probleme werden als reaktualisierte Konflikte oder Folgen struktureller Defizite in ihrer aktualgenetischen unbewussten Dimension bearbeitet. Dabei haben Aufdeckung und Bearbeitung von Außenübertragungen besondere Bedeutung. Die therapeutische Regression wird begrenzt durch die Gestaltung des Rahmens, Fokussierung auf die psychosoziale

2.2 TP als spezifisches psychodynamisches Therapieverfahren

Realität und Beschränkung der Übertragung. – Spezifische psychodynamische Interventionsformen, insbes. Deutungen, können mit strukturfördernden oder eklektischen Techniken verbunden werden. Die Orientierung an der unbewussten Dimension des Krankheitsgeschehens ist dabei der zentrale Bezugspunkt der Gesamtstrategie« (Ermann 2004, S. 301).

Auch in aktuellen Lehrbüchern (z. B. Wöller und Kruse 2015, Ermann 2016a) wird die TP zunehmend als eine qualitativ von der AP unterschiedene Behandlungsform und nicht nur als eine verkürzte AP-Variante dargestellt.

Tab. 2.1: Übersicht über die wichtigsten Unterschiede zwischen AP und TP (vgl. z. B. Ermann 2004; Jaeggi und Riegels 2009; Rudolf 2014; Rüger et al. 2015; Wöller und Kruse 2015a)

Analytische Psychotherapie	Tiefenpsychologisch fundierte Psychotherapie
Höchstgrenze 300 Std	Höchstgrenze 100 Std
2–4 Sitzungen/Woche	1 Sitzung/Woche
explizite Nutzung von Regression und Übertragung	Begrenzung von Regression und Übertragung
Wiederbelebung des Grundkonfliktes in der Übertragung	Linderung aktueller Symptome und bessere psychosoziale Anpassung
Arbeit am Vergangenheits-Unbewussten (Sandler und Sandler 1985)	Arbeit an der aktuellen Konfliktdynamik bzw. an max. 2 Aspekten der Struktur; Arbeit am Gegenwarts-Unbewussten
Arbeit in der Regel im Liegen	Arbeit im Sitzen
Zielsetzung: Umstrukturierung der Persönlichkeit	Teilziele mittels Fokus
Nutzung der klassischen psychoanalytischen Interventionen: Klarifikation, Konfrontation, Deutung	Einbezug auch kognitiver, edukativer, suggestiver und störungsspezifischer Elemente

Zentrale Merkmale der TP lassen sich wie folgt beschreiben (Ermann 2004):

- Die *Zielsetzung* beinhaltet die Verminderung oder Beseitigung der aktuellen Störung.
- Die *Methodik* zentriert auf die Bearbeitung der unmittelbar störungsrelevanten Psychodynamik bzw. Strukturaspekte im Sinne eines methodischen Behandlungsfokus.
- Die *Behandlungsstrategie* arbeitet mit einer Technik (Rahmen, Haltung und Interventionsform), welche regressive Prozesse vermeidet oder eingegrenzt.

Die bisherigen Ausführungen betonen zwar die Gemeinsamkeiten im Hinblick auf die Persönlichkeitstheorie und die Krankheitslehre, stellen aber auch die Unterschiede in der Praxeologie heraus und entsprechen damit den Festlegungen der Richtlinien. Wenn man nun jedoch nicht über die Einhaltung der Psychotherapie-Richtlinien wachen muss, sondern sich konzeptuell am konkreten Vorgehen orientiert, kommen einige Autoren auch zu anderen Einschätzungen (z. B. Körner 2016). Mertens (2009) greift diese Überlegungen auf und weist darauf hin, dass in der Praxis eher von einem Kontinuum mit gleitenden Übergängen auszugehen ist. Der Autor bezweifelt die Praxistauglichkeit der theoretischen Grenzziehung zwischen der Arbeit im Hier und Jetzt und derjenigen mit regressiven übertragungsneurotischen Prozessen:

> »Ob und wie eine regressive Übertragungsneurose in der analytischen Psychotherapie mittels spezifischer Erkenntnishaltungen und Interventionsmodi tatsächlich hergestellt werden kann oder ob dies nicht einer der vielen Mythen einer vergangenen psychoanalytischen Epoche ist, müsste empirisch sorgfältig geklärt werden« (Mertens 2009, S. 219).

Als ein weiteres Argument gegen die inhaltliche Aufteilung der Verfahren führt Mertens an, dass auch in einer AP Vorgehensweisen stattfinden, die früher als unanalytisch galten wie die Bestätigung kleinster Lernfortschritte, die Förderung und Stärkung der Ich-Funktionen sowie supportive Interventionen.

Abb. 2.1: Kontinuum der psychoanalytisch begründeten Therapieverfahren (modifiziert nach Jungclaussen 2013, S. 25)

Die Abbildung zeigt, wie ein analytisches Kontinuum der Verfahren und Methoden gedacht werden könnte, das nicht den Fokus auf die Abgrenzung, sondern auf die fließenden Übergänge legt (► Abb. 2.1).

Im Kapitel 5 soll versucht werden, das breite Spektrum der Praxeologie moderner TP zu zeigen; in Kapitel 6 soll dies dann an einem Fallbeispiel veranschaulicht werden. Die Entscheidung der auf konzeptueller Ebene angesiedelten Frage, ob es »so etwas wie eine Tiefenpsychologisch fundierte Therapie eigentlich gibt« (► Kap. 1), soll letztendlich dem Leser überlassen bleiben.

2.3 Besondere Methoden bzw. Sonderformen der TP laut Richtlinien

Ausgehend von deren klinischer Bedeutung müsste als erstes eine differenzierte Beschreibung unterschiedlicher psychoanalytischer und tiefenpsychologisch fundierter Gruppentherapien erfolgen. Da der Gruppentherapie aber ein kompletter Band im Rahmen dieser Reihe gewidmet ist, sei an dieser Stelle nur auf das von Heigl-Evers und Heigl (1994) entwickelte sog. Göttinger Modell verwiesen. In Abhängigkeit von der Schwere der Störung der zu behandelnden Patienten und der Regressionstiefe der therapeutischen Arbeit kommt demnach entweder psychoanalytische, psychoanalytisch orientierte oder die psychoanalytisch-interaktionelle Gruppentherapie bzw. die Psychoanalytisch-Interaktionelle Methode (PIM; Streeck und Leichsenring 2009) zur Anwendung. Auf die PIM wird in Kapitel 5.2. im Zusammenhang mit störungsorientierten strukturbezogenen Behandlungsansätzen eingegangen.

2 Verwandtschaft mit anderen Verfahren und Methoden

Richten wir jetzt wieder den Blick auf das einzeltherapeutische Setting, wie es in den Psychotherapie-Richtlinien geregelt wird, so finden wir eine Reihe besonderer Methoden innerhalb des Verfahrens TP, die quasi als Verwandte gelten und als solche auch beantragt werden können (Rüger et al. 2015, S. 43 ff; Diekmann et al. 2018):

1. »*Dynamische Psychotherapie*« *nach Dührssen (1988)*
Bei dieser Behandlungsform handelt es sich um eine dialogische Psychotherapie, bei der das bedeutungsvolle Erlebnismaterial der Patienten sowohl im freien Einfall als auch durch klärende und stimulierende Fragen der Bearbeitung zugänglich gemacht wird. Bei einem sehr flexiblen Arrangement des Settings hinsichtlich der begrenzten Zahl der Behandlungsstunden wird dem Patienten die notwendige Zeit für seine innere Entwicklung und Umstellung gelassen. So gesehen, kann die Dynamische Psychotherapie als Vorläufer der modifizierten TP angesehen werden. Sie richtet sich ausdrücklich nicht an Patienten, die ein relativ hohes Maß an Ich-Stärke bzw. eine gut integrierte Funktionsfähigkeit der psychischen Struktur aufweisen, sondern an Patienten, die mit der psychoanalytischen Standardmethode nicht erreicht werden könnten (Wöller und Kruse 2015a, S. 11).
2. *Kurz- und fokaltherapeutische Methoden*
Diese zeichnen sich durch eine strikte Orientierung an einem Therapiefokus aus und lassen sich durch ein aktives konfrontativ-deutendes Vorgehen kennzeichnen. Voraussetzung zur Anwendung dieser Methoden ist die vom Patienten und Therapeuten zu erarbeitende und gemeinsam zu findende Definition des bewusstseinsfähigen Fokus eines neurotischen Konfliktkerns, der erkannt und gedeutet werden muss. Zu dieser Gruppe gehören z. B. die fokale Psychotherapie (Balint et al. 1973), die »Intensive Kurztherapie« (1963) und die »Intensive Psychodynamische Kurztherapie« (Davanloo 2001; Gottwik 2009; Tröndle 2005). Die Durchführung dieser Therapieformen, die nicht mit der analytischen Fokaltherapie verwechselt werden sollten, setzt eine umschriebene Konfliktproblematik, eine gute Ich-Stärke, eine eindeutige Therapiemotivation und ein tragfähiges Arbeitsbündnis voraus.

2.3 Besondere Methoden bzw. Sonderformen der TP laut Richtlinien

3. *Katathymes Bilderleben (KB)*
   Das KB kann im Rahmen eines übergeordneten tiefenpsychologisch fundierten Therapiekonzeptes als Ergänzung zum sprachbezogenen Vorgehen angewendet werden, wenn der Patient sich auf eine verbale therapeutische Interaktion aufgrund seiner Struktur oder der Art der Störung nur schwer einstellen kann bzw. ihm aus gleichen Gründen der Zugang zu innerseelischen Vorgängen erschwert ist (Rüger et al. 2015, S. 45). Zu beachten ist die Veränderung der therapeutischen Beziehungssituation: Während sich in der klassischen TP Patient und Therapeut auf der gleichen verbalen intersubjektiven Kommunikationsebene unter Beachtung von Übertragung, Gegenübertragung und Widerstand befinden, initiiert der Therapeut beim KB eine Vorstellung und wird damit zum Handelnden, zu einem »Anreger«, und der Patient zu einem Objekt der Anregung, d. h. zu einem Aufnehmenden und Antwortgebenden (ebd.). Daraus entsteht dann eine veränderte gemeinsame Bearbeitungsebene, die etwas Drittes, nämlich die Inhalte der Imagination, zum Inhalt haben.

4. *Niederfrequente Therapie in einer längerfristigen, Halt gewährenden therapeutischen Beziehung*
   Diese Sonderform der TP beinhaltet supportive Behandlungsansätze mit reparativer, entwicklungsfördernder Funktion, die für Patienten mit ausgeprägter Ich-Schwäche, mit Motivationsproblemen und/oder fehlender Psychogenese-Einsicht indiziert sein können. Das Kontingent von maximal 100 Stunden à 50 Minuten wird flexibel verteilt, oft in 14-tägigen oder monatlichen Intervallen. Bei einer Verkürzung auf 25 Minuten kann die Therapie auf bis zu 200 Sitzungen ausgedehnt werden. Die Beschränkung des Therapieziels richtet sich eher darauf, durch supportive Interventionen ein weiteres Absinken des psychischen Funktionsniveaus zu verhindern und damit z. B. stationäre Aufnahmen zu vermeiden, als auf eine umfassende Besserung des psychischen Zustandsbildes (Wöller und Kruse 2015a, S. 12 f). In einer langfristigen und haltgewährenden Beziehung steht der Ausbau von Kompetenzen in der Gestaltung und Regulierung von Beziehungen sowie zur Handhabung und Tolerierung von auftretenden Spannungen eindeutig im Vordergrund. Der psychoanalytische Ansatz fungiert dabei als Basis für das Verständnis der Pathologie und Beziehungsre-

gulierung, findet aber keinen direkten Ausdruck in den Interventionen (Ermann 2016a, S. 543).
5. *TP als Kurzzeittherapie (KZT)*
Diese methodisch nicht näher bestimmte Therapieform, die in zwei Schritte unterteilt ist und maximal 24 Stunden umfasst, kann sowohl zur Krisenintervention als auch zur Überprüfung der Indikation für eine Langzeit-TP genutzt werden. Häufig fallen beide Zielrichtungen zusammen, wenn sich z. B. zeigt, dass eine psychische Krise nicht nur Anteile einer reaktiven, sondern auch einer Konflikt- und/oder Strukturpathologie (▶ Kap. 3) beinhaltet.
6. *Akutbehandlung*
Die ab 01.04.2017 gültige Neuformulierung der Psychotherapie-Richtlinien (Diekmann et al. 2018) sieht eine sich an die psychotherapeutische Sprechstunde anschließende Akutintervention von max. 12 Sitzungen á 50 oder 24 Sitzungen á 25 Minuten vor. Diese Akutbehandlung ist eine zeitnahe, spätestens 14 Tage nach Indikationsstellung beginnende psychotherapeutische Intervention zur Entlastung von akuter Symptomatik. Sie dient keinesfalls einer umfassenden Bearbeitung der zugrundeliegenden ätiopathogenetischen Einflussfaktoren. Sie zielt auf eine Krisenintervention und Erst-Stabilisierung der Patienten ab, insbesondere auch dann, wenn nicht sofort ein Therapieplatz zur Verfügung steht.

Hier könnte man jetzt die Aufzählung mit störungsorientierten und manualisierten Methoden fortsetzen, die in den letzten zehn Jahren zunehmend an Verbreitung gewonnen haben. Da sich diese Therapiemethoden ähnlich wie die schon erwähnten Kurz(zeit)therapien konzeptuell und inhaltlich doch mehr oder weniger deutlich vom typischen tiefenpsychologisch fundierten Procedere unterscheiden, verdienen sie nach Auffassung der Autoren eine getrennte Darstellung. Es handelt sich um Therapiemethoden, die der TP bzw. der AP als Verfahren zuzuordnen sind, allerdings nicht gesondert bei den Krankenkassen beantragt werden können. Als Beispiele für manualisierte Therapien seien genannt:

2.3 Besondere Methoden bzw. Sonderformen der TP laut Richtlinien

- Supportiv-expressive Psychotherapie nach Luborsky (SET; Luborsky 1995/1999)
- Psychodynamische Therapie von Angststörungen (Hoffmann 2016)
- Panik-fokussierte Psychodynamische Psychotherapie nach Milrod et al. (PFPP; Subic-Wrana et al. 2012)
- Psychodynamisch-Interpersonelle Therapie für somatoforme Störungen (PISO; Arbeitskreis PISO 2012)
- Übertragungsfokussierte Psychotherapie nach Kernberg (TFP; Yeomans et al. 2017)
- Mentalisierungsbasierte Therapie nach Fonagy (MBT; Bateman und Fonagy 2004, 2008; Allen und Fonagy 2016)

Unter Kapitel 5.2 werden im Zusammenhang mit den störungsspezifischen Behandlungsformen für strukturell gestörte Patienten Essentials der TFP und der MBT beschrieben.

3 Wissenschaftliche und therapietheoretische Grundlagen

3.1 Philosophische Grundlagen des Unbewussten

Das Konzept des Unbewussten – Buchholz und Gödde nennen es »das Zentralmassiv der Psychoanalyse« (Buchholz und Gödde 2005, S. 11) – stellt das sine-qua-non jeder psychodynamischen Psychotherapie dar. Dabei wurde das Unbewusste als Determinante seelischen Geschehens nicht von Freud erfunden oder auch nur entdeckt. Die menschliche Kulturgeschichte zeigt bis zurück in ihre Anfänge Zeugnisse unserer Suche nach den Urkräften, die uns bestimmen und denen gegenüber unser bewusstes Wollen letztlich machtlos ist. Freud selbst wusste das sehr genau. Nicht zufällig vermittelte er zwei seiner wohl bedeutsamsten Konzepte in Metaphern und Narrativen griechischer Mythologie: Ödipus und Narziss. Allerdings, und das soll in diesem Kapitel vermittelt werden, hat Freud einen ganz eigenen Zugang zum Unbewussten gefunden, dessen Auswirkungen nicht nur unser Verständnis seelischer Prozesse, Krankheit und Gesundheit fundamental erweitert haben. Seine Perspektive hat weit darüber hinaus gewirkt, und es lässt sich ohne Übertreibung sagen, dass unser modernes Menschenbild sowie zeitgenössische kulturelle wie gesellschaftliche Konzeptionen bis heute grundlegend davon bereichert und geprägt sind. Eine ideengeschichtliche Aufarbeitung der Konzeption des Unbewussten würde hier den Rahmen sprengen, es sei auf das fundamentale dreibändige Werk der Autoren Buchholz und Gödde (ebd.) verwiesen. Es soll aber – ausgehend von Göddes Ausarbeitung (ebd., S. 347 ff) – eine kurze Übersicht gegeben werden, in welchen geistesgeschichtlichen Denklinien man sich der Vorstellung eines Unbewussten im

Menschen nähern kann, drei Perspektiven, die Freud erkennbar beeinflusst haben:

- Die Vorstellung eines *kognitiven* Unbewussten, das der Aufklärung nahesteht. Es lässt sich dem Vorbewussten bei Freud zuordnen, das dieser auch *deskriptiv Unbewusstes* genannt hat. Es ist nicht unmittelbar zugänglich, kann aber durch kognitive Prozesse relativ einfach erschlossen und dann auch verbalisiert werden. Im Zentrum steht ein rationales Erkenntnismodell. Eine Beschränkung auf diese Dimension ergebe letztlich eine Bewusstseinspsychologie.
- Das Konzept eines *vitalen* Unbewussten, das der Romantik entstammt. Es entspricht Freuds Vorstellungen vom Unbewussten, dem er zahlreiche Eigenarten, gewissermaßen ein Eigenleben zuordnet. U. a. betont er schöpferische Prozesse, die sich aus der Kommunikation zwischen Unbewusstem und Vorbewusstem entwickelten (Freud 1915e, S. 288 ff). Das Unbewusste ist hier eher fast ein eigener Organismus, ein dunkler Kontinent, dessen vitale Potenz unser Lebens sehr viel mehr bestimmt als unser bewusster Wille und die rationale Kognition.
- Das Modell eines *triebhaft-irrationalen* Unbewussten, das im Gegensatz zur häufig verklärenden, idealisierenden Perspektive der Romantik die letztlich eher leibliche, dem Tierreich nahestehende Natur des *Es* betont, in der es letztlich um Selbst- und Arterhaltung geht. Hier sind vor allem Freuds späte Konzeptionen zu verordnen, in denen er die Autonomie des *Ich* grundlegend in Frage stellt (»Nicht Herr im eigenen Haus«!) und es im Rahmen seines Instanzenmodells einem gefährlich triebhaften *Es* und einem ebenso übermächtigen repressiven *Über-Ich* gegenüberstellt.

3.2 Psychoanalytische Krankheitslehre – die vier Pathologien der Psychodynamischen Therapieverfahren

Wie bereits in Kapitel 1 angeführt, hat sich aus der Psychoanalyse eine Vielzahl an theoretischen Konzepten entwickelt, die teils Überschneidungen aufweisen, zum Teil aber auch kaum miteinander vereinbar sind. Die Diversifizierung der psychoanalytischen Modelle liegt u. a. in der enormen Ausweitung der Methode auf immer neue und große Patientengruppen begründet.

Sie lassen sich zum einen in Hinblick auf die Konzeptualisierung der Pathogenese unterscheiden, die üblicherweise in vier Kategorien unterteilt wird:

1. Konfliktpathologie
2. Strukturpathologie
3. Traumapathologie
4. Reaktive Pathologie

Zum anderen differieren die Pathologien aber auch in Hinblick auf die generelle metapsychologische Orientierung, d. h. in Hinblick auf die Entwicklung und Funktionsweise der unbewussten psychischen Strukturen. In Anlehnung an Pine (1990) bezeichnen Giesers und Pohlmann (2010) die unterschiedlichen theoretischen Strömungen als die »vier Psychologien der Psychoanalyse«: gemeint sind die Triebtheorie, die Ich-Psychologie, die Objektbeziehungstheorie und die Selbstpsychologie.

3.2.1 Die Anfänge – Trieb, Konfliktpathologie und das dynamische Unbewusste

Die psychoanalytische Krankheitslehre ist von Freuds Anfängen an eine zentrale Säule des gesamten Konzepts. Sie ist in ihrer Tiefe, insbesondere auch in ihren Widersprüchen, Brüchen, Weiterentwicklungen und Diversifizierungen nur vor dem Hintergrund ihrer historischen Entwicklung zu verstehen, die hier zunächst skizziert werden soll (vgl. ausführlicher Boll-Klatt und Kohrs 2018, S. 268 ff).

Freud befasste sich ab den 1880er Jahren zunächst über lange Zeit mit hysterischen Patientinnen, deren Behandlung erstmals durch die vor allem durch Charcot in Paris entwickelten hypnotischen Techniken möglich geworden war. Er war fasziniert von der offenkundigen Wirkung einer seelischen Ebene im Menschen, die nicht dem bewussten Willen unterlag, dabei aber massive körperliche Symptome wie Lähmungen, unwillkürliche Bewegungen aber auch schwere seelische Veränderungen wie Ohnmachten oder dissoziative Prozesse bewirken konnte. Allerdings überzeugte ihn die therapeutische Praxis der Hypnose vor allem wegen ihrer passageren Effekte nicht. Freud begann, gemeinsam mit seinem Lehrer Breuer eine erste eigene therapeutische Technik zu entwickeln, die sogenannte »Redekur« (Freud 1895d, 1950). Diese stellte den Vorläufer der bis heute gültigen psychoanalytischen Grundregel dar, nach welcher der Patient rein assoziativ alles äußern solle, was ihm einfällt.

Freud stieß damals regelhaft auf plötzlich aufbrechende zumeist sehr schmerzhafte, beschämende und schuldbesetzte Erinnerungen seiner Patientinnen, die dann nicht nur kognitiv, sondern insbesondere auch affektiv zugänglich wurden. Es kam zu kathartischen Entladungen des »eingeklemmten Affekts«, was in der Regel zu Reduktionen, manchmal zum Verschwinden der hysterischen Symptome führte.

Für Freuds erste pathogenetische Theorie war entscheidend, dass es sich bei diesen aufbrechenden Erinnerungen durchweg um Beschreibungen sexueller Erfahrungen aus Kindheit und Jugend handelte. Diese bestanden zumeist in traumatischen Missbrauchsszenen, z. T. aber auch im Miterleben erwachsener Sexualität. Nach Freuds Verständnis hinterließen die frühen sexuellen Traumatisierungen stets eine unbewusste Erinnerungsspur, die aber wegen der Unreife des kindlichen Gehirns nicht symbolisiert werden konnte und daher nicht willkürlich abgerufen und niemals verarbeitet werden konnte. Diese Erinnerungsspur würde nun durch – durchaus altersgemäße – sexuelle Reize im Verlauf der Adoleszenz reaktiviert und führe auf dem Wege einer nachträglichen Besetzung zu unerträglichen seelischen wie körperlichen Überflutungen mit verbotenen, anstößigen Impulsen, Phantasien usw. Da diese nach wie vor nicht zu verarbeiten seien, würden sie auf dem Wege der Verdrängung der Inhalte ins Unbewusste und einer Verwandlung (Konversion) der Erregungsenergien auf nicht anstößige körperliche und/oder seelische Bereiche abgewehrt. So käme es dann zu unverständlichen Symptomen, wie eben einer psychogenen Blindheit (statt die Sexualität der Eltern zu sehen!), einer Lähmung der rechten Hand (statt dem Masturbationswunsch nachzugeben!) oder dem unkontrollierbaren Zappeln der Beine (statt endlich aus dem verhassten Elternhaus zu gehen!).

Diese erste pathogenetische Konzeption Freuds ist im engeren Sinne noch keine psychoanalytische Theorie. Man kann sie als »Affekt-Trauma-Modell« verstehen, wie Sandler et al. (1996, zit. nach Ehlers und Holder 2009, S. 47) sie bezeichneten. Allerdings enthält das Konzept in nuce bereits einige Axiome, die für die späteren metapsychologischen Entwicklungen Freuds und für die psychodynamische Theorie und Behandlungspraxis bis heute fundamental sind: Die Vorstellung eines unbewussten *Konfliktes*, dessen Inhalte nicht direkt zugänglich sind, eine erste Konzeption eines *Abwehrvorganges* mit Symptombildung und die Theorie der freien Beweglichkeit, ja Wandelbarkeit seelischer Energien und Prozesse über die Leib-Seele-Grenze hinweg (und zurück!). Die Konzeption wurde später als *Verführungstheorie* bekannt (▶ Abb. 3.1). Freud

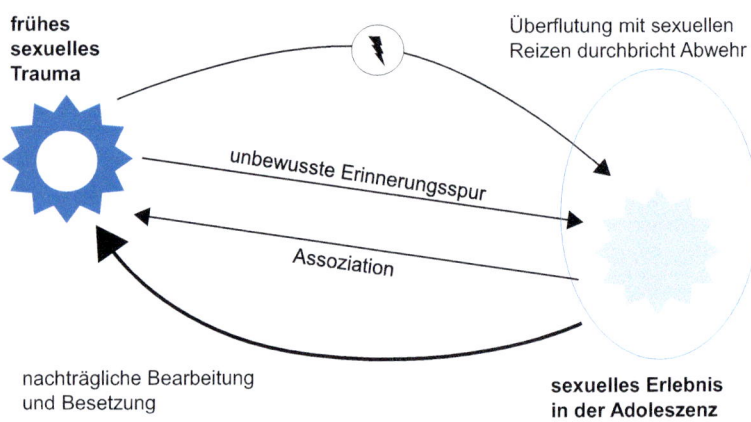

Abb. 3.1: Traumamodell der Verführungstheorie Freuds (nach Boll-Klatt und Kohrs 2018, S. 18, mit freundlicher Genehmigung von Schattauer © J. G. Cotta'sche Buchhandlung Nachfolger GmbH, Stuttgart)

selbst hat diesen Terminus nie verwendet, er wurde zuerst von Kris 1954 geprägt (vgl. Richter-Appelt 2002, S. 92) und ist bis heute gängig. Er stellt in mancher Hinsicht einen Euphemismus dar, denn die zugrundeliegenden pathogenen Prozesse sind aus heutiger Sicht weit überwiegend als schwere Traumatisierungen durch sexuellen Missbrauch, Vergewaltigung u. ä. zu verstehen. Freud gab diese Theorie als Grundkonzeption 1897 auf, dokumentiert in einem berühmt gewordenen Brief an seinen Freund Wilhelm Fließ (vgl. Boll-Klatt und Kohrs 2018, S. 18). Bis heute wird dieser Schritt immer wieder kontrovers diskutiert und diese Kontroverse ist inhaltlich tatsächlich bis heute aktuell, wie noch zu zeigen sein wird.

Zunächst soll hier nur betont werden, dass Freud niemals die von ihm beschriebenen Zusammenhänge zwischen schweren sexuellen Traumatisierungen in der Kindheit und deren lebenslangen psychischen Wirkungen ›widerrufen‹ hätte. Er war allerdings im Rahmen seiner schnell wachsenden therapeutischen Erfahrungen – insbesondere auch auf dem Gebiet der Traumdeutung (Freud 1900) – zu der Erkenntnis gelangt, dass die hoch wirksamen und potentiell pathogenen Prozesse im Unbewussten der menschlichen Seele weit über die mehr oder weniger gelingende Bewältigung konkreter, biografisch belegbarer Erfahrungen hinausgingen. Der Schritt kennzeichnet den Beginn der psychoanalytischen Ära und basiert zunächst prinzipiell auf zwei Axiomen:

(1) Das *dynamische Unbewusste* der menschlichen Seele ist nicht einfach ein metaphorischer Ort vergessener/verdrängter Inhalte, die mehr oder weniger erinnert bzw. bewusstgemacht werden könnten. Es ist vielmehr ein seelischer Bereich, der durch triebhafte Prozesse – sexueller und aggressiver Natur – an der Grenze zum Somatischen beherrscht wird. Sie unterliegen anderen Gesetzen als die Prozesse im Bewusstsein oder im Vorbewussten; Freud hat sie unter der Bezeichnung des Primärprozesses zusammengefasst. Oberstes Prinzip ist schnelle Spannungsreduktion, d. h. Triebbefriedigung im Sinne des reinen Lustprinzips in Unkenntnis bzw. Verleugnung äußerer Realität. Daneben gibt es keine diskursive Logik, keinen Widerspruch, keine lineare Zeit, Kausalität und entsprechend auch keine sprachliche Symbolisierung oder Abstraktion.

Die Inhalte des dynamischen Unbewussten unterliegen einer ständigen Verdrängung, die sich als Widerstand gegen die Bewusstwerdung äußert, welcher die psychoanalytischen Behandlungstheorien bis heute bestimmt.

Andererseits drängen sie zur Befriedigung gewissermaßen an die Oberfläche. Aufgrund ihrer o. g. Natur können sie dies aber nur durch Umgehung der Abwehrschranke durch entsprechende Bearbeitung leisten. Hier liegt wohl eine der größten frühen Entdeckungen Freuds: In der Traumdeutung – für ihn der »Königsweg zum Unbewussten« – lernte er die Prinzipien der Traumarbeit verstehen, die universell gelten und die anstößigen, beängstigenden Inhalte des Unbewussten so weit durch Verschiebung, Verdichtung und andere Mechanismen entstellen, dass sie nicht mehr unmittelbar erkennbar sind. Phänomenologisch kann es sich dann neben Traumsymbolen auch um Fehlleistungen, körperliche oder seelische Symptome o. Ä. handeln, die immer in einer Art Kompromissbildung Elemente des triebhaften Wunsches mit Anteilen des Verbots, oft auch der Strafe und/oder Wiedergutmachung enthalten. Ein klassisches Beispiel neben den bereits o. g. hysterischen Symptomen wäre der neurotische Waschzwang. Das scheinbar sinnlose Symptom, dessen Irrationalität auch dem Patienten bewusst ist, besteht dennoch mit trieb-, daher zwanghafter Unbeirrbarkeit weiter.

(2) Die seelische Entwicklung und Befindlichkeit des Menschen lässt sich psychoanalytisch nicht entlang klarer Grenzen zwischen Gesundheit und Krankheit bzw. Normalität und Abnormität beschreiben. Sie verläuft vielmehr in einem letztlich lebenslang konflikthaften Prozess, zunächst in der psychosexuellen Reifung des Säuglings und Kleinkindes entlang spezifischer psychosexueller Phasen (oral, anal, genital; vgl. Boll-Klatt und Kohrs 2018, S. 107 ff), die jeweils phasenspezifische Bedürfnis- und Befriedigungsmuster, aber auch Beziehungsmuster zu den wichtigen Objekten und ebenso spezifische *Entwicklungskonflikte* beinhalten. Diese Phasen müssen von allen Menschen durchlaufen und bewältigt werden, sie liegen dann aber gewissermaßen nicht *hinter* uns, sondern weiterhin *in* uns, laufen ständig mit und können z. B. in krisenhaften Phasen auch reaktiviert werden. Man spricht dann von *Regression*, die ubiquitär zu beobachten ist und sehr deutlich die fließende Grenze im Kontext psychoanalytischer Psychopathologie veranschaulicht. Jeder Leser kennt z. B. die regressiven Prozesse im Verlauf selbst leichterer körperlicher Erkrankungen oder bevorstehender Zahnarztbesuche, die angeblich besonders bei ansonsten recht dominanten Männern zu beobachten sind: Kindliche Verzagtheit mit hohem Auskunftsbedarf bei extensivem Be-

treuungsanspruch und äußerst kreativer Ausredenproduktion sind die typischen Begleiterscheinungen. Sie bewegen sich strukturell etwa auf der Höhe des vierjährigen Kindes, das sich einem unlustvollen Realitätsanspruch – meist vertreten durch die Eltern – verweigert. Schwerere Störungen entstehen, wenn Menschen in ihrer Entwicklung hier *Fixierungen* ausbilden und z. B. weiterhin unbewusst auf der oralen Versorgung durch das mütterliche Objekt bestehen. Eine derartige Fixierung kann mehr oder weniger abgewehrt werden, etwa durch die Reaktionsbildung übertriebener Anspruchslosigkeit – oder sie besteht offen weiter und wird durch unentwegte Rationalisierung stets aufs Neue gerechtfertigt. In jedem Fall wird die Psychodynamik der unbewältigten infantilen Triebansprüche alle zukünftigen Beziehungen des Betreffenden schwer belasten und früher oder später zu ernsten Symptomen führen.

Eine regressive Fixierung kann auch im Rahmen von *Übertragungsprozessen* auftreten und dann u. U. einen schwer aufzulösenden Widerstand gegen die Durcharbeitung unbewusster Konflikte darstellen.

Ein Beispiel wäre die Abwehr eines ödipal rivalisierenden Konflikts mit dem Therapeuten (Anlass etwa: »Wer bestimmt hier die Termine?!«) durch die Regression auf die Stufe der infantilen Ansprüche bezüglich körperlicher Versorgung und Fürsorge, die zum dauernden Arztbesuch (Rückzug zur Mutter) mit häufig wechselnden Beschwerden und dauerhafter Krankschreibung führt (»Ich kann im Moment nicht zur Therapie kommen, ich bin krank!«). Eine psychotherapeutische Aufarbeitung der dahinterstehenden Konflikte und psychischen Prozesse wird dann schwer, wenn zum primären Krankheitsgewinn (der Abwehr und Vermeidung des bedrohlichen Konflikts) auch noch ein sekundärer Krankheitsgewinn kommt, nämlich die reale materielle Versorgung ohne Gegenleistung, auf die der Patient nun einen Anspruch erhebt.

3.2.2 Übertragung und Widerstand – die Störungen werden zum Werkzeug

Die Weiterentwicklung der freudianischen – nun eigentlich psychoanalytischen – Konzeption wird in der Tiefe und insbesondere in Hinblick auf die Behandlungstheorie und -technik nur verständlich, wenn man die fundamentale Bedeutung der Phänomene des Widerstandes und der Übertragung hinreichend würdigt. Sie haben bis heute nichts von ihrer Brisanz und Vielgestaltigkeit verloren und prägen das therapeutische Vorgehen der psychodynamischen Behandlungsverfahren.

Freud machte in der zunehmenden praktischen Erweiterung seiner therapeutischen Tätigkeit schon früh die Erfahrung, dass viele seiner Patientinnen nach anfänglichen guten Fortschritten in der Redekur mit zahllosen assoziativen Einfällen, spontanen Erinnerungen und der Abfuhr bisher gehemmter Affekte plötzlich in ihrem Prozess stockten. Ihnen fiel nichts mehr ein, und etwas in ihnen schien die Mitarbeit zu verweigern. Freud erkannte das Wirken eines unbewussten *Widerstandes*, den er zunächst noch mit suggestiven Mitteln anging, was allerdings nur vorübergehend weiterhalf. Ohnehin misstraute Freud diesen im Grunde immer noch zur Hypnose gehörenden Manipulationen, die ja einer Fremdeinwirkung entsprachen und seiner Vorstellung einer neutralen, abstinenten Förderung des individuellen Prozesses zuwiderliefen.

Darüber hinaus entdeckte Freud, dass viele Patientinnen begannen, ihn seltsam zu behandeln, eigentümlich mit ihm umzugehen, als wäre er jemand anderer. Freud verstand dieses Phänomen zunächst als »falsche Verknüpfung« (Freud 1895d, S. 309), d. h. eigentlich nur als ein störendes Element, das den stetigen Fluss der Erinnerungen und Bewusstwerdung hemmte, im Grunde also nur einen technischen Widerstand, den er schnell beseitigen wollte. Er erkannte aber bald, dass sich hinter diesem Widerstand sehr viel mehr verbarg, nämlich ein komplexer Prozess der Reinszenierung vergangener Erfahrungen, unbewusster Phantasien und Konflikte. Freud fasste diesen Prozess unter dem Begriff *Übertragung* zusammen. Auch hier betonte Freud – wie schon in seinen Überlegungen zur Psychosexualität und -pathologie – dass Übertragungen ubiquitär geschehen, täglich, zwischen allen Menschen:

> »Die Übertragung stellt sich in allen menschlichen Beziehungen ebenso wie im Verhältnis des Kranken zum Arzt spontan her, sie ist überall der eigentliche Träger der therapeutischen Beeinflussung, und sie wirkt um so stärker, je weniger man ihr Vorhandensein ahnt. Die Psychoanalyse schafft sie also nicht, sie deckt sie bloß dem Bewusstsein auf, und bemächtigt sich ihrer, um die psychischen Vorgänge nach dem erwünschten Ziele zu lenken« (Freud 1910a/1999, S. 55).

3.2 Psychoanalytische Krankheitslehre

Wir alle also übertragen permanent unbewusste Konstellationen auf unser Gegenüber und auf die aktuelle Beziehung zu ihm. Aber was genau wird da eigentlich übertragen? Das klassische Übertragungskonzept, wie von Freud beschrieben, geht davon aus, dass vor allem die affektiv hoch aufgeladenen, ungelösten unbewussten Konflikte mit den frühen Objekten der Kindheit gewissermaßen wiederaufgeführt werden. Dabei steht vor allem die ödipale Konstellation im Mittelpunkt.

> Im o. g. Fall des regressiv fixierten Patienten stellte sich heraus, dass der ungelöste ödipale Konflikt mit dem gefürchteten cholerischen Vater umgangen wurde, indem der Sohn sich kränkelnd zur Mutter flüchtete. Diese nahm ihn in Schutz, ließ ihn (»Er ist doch krank!«) im Ehebett nächtigen und die vorödipale Dyade (»Mama ist die Beste!«) blieb illusionär erhalten. Im weiteren Lebensverlauf hatte sich der Junge und später der junge Mann dann immer wieder in Autoritätsprobleme verwickelt, typischerweise mit anfänglicher Unterwerfung und Anpassung, nachfolgender passiver Aggression und rätselhaften Fehlleistungen und abschließender Eskalation, zumeist durch den Vorgesetzten, Lehrer o. Ä. (»Die kommen mit mir nicht klar!«). In die Therapie kommt er vermutlich wegen unklarer Versagensängste, Arbeitsstörungen und Somatisierungen. Evtl. hat die Ehefrau sich auch bereits aus der paramütterlichen Versorgung zurückgezogen und der kollusive Halt in der Ehe als Schicksalsgemeinschaft ist spürbar in Gefahr. Die entsprechenden Übertragungen würden nun den Therapeuten früher oder später mit dem gefürchteten Vater besetzen. Dieser wird allerdings gleichzeitig unbewusst ersehnt, da er zur Entwicklung einer männlichen Identität und Ablösung von der Mutter der frühen Kindheit unbedingt benötigt wird. So kommt es auch hier zunächst zu einer *positiven Vaterübertragung*, der Therapeut wird idealisiert und die Behandlung macht scheinbar gute Fortschritte. Der Umschlag in die *negative*, feindselige Übertragung erfolgt aber unvermeidlich, spätestens wenn es zur Konfrontation mit infantilen Ansprüchen kommt, etwa wenn der Therapeut z. B. in der Durcharbeitung eines Ehekonflikts nicht sofort und selbstverständlich die Partei des Patienten ergreift.

Ohne hier weiter auf die möglichen Komplikationen und Verläufe dieser Übertragung und ihrer behandlungstechnischen Implikationen einzugehen (mehr dazu ▶ Kap. 5) sollte deutlich geworden sein, was Freud vor 100 Jahren entdeckte: Die Übertragung stellt einerseits einen außerordentlich zähen und anpassungsfähigen Widerstand gegen die Bewusstwerdung, Durcharbeitung und Überwindung frühkindlicher Konflikte und Fixierungen dar. Anderseits ist sie *die* Basis für jede psychodynamische Diagnostik und Therapie, denn sie bildet prinzipiell die gesamte Konfliktkonstellation und -dynamik des Patienten ab. Im Unterschied zu einer rein kognitiven Diagnostik per Gespräch oder Fragebogen, Test o. Ä. erschließt sich in der Fülle der Übertragungsszenen vor allem die affektive und triebhafte Intensität der unbewussten Konflikte gewissermaßen live. Freud wusste das und durchaus auch zu schätzen:

> »Auf diesem Felde muß der Sieg gewonnen werden, ... denn schließlich kann niemand *in absentia* oder *in effigie* erschlagen werden« (Freud 1912b/1999; Hervorhebung im Original).

Allerdings behielt er stets auch die Widerstandsfunktion der Übertragung im Blick und behandelte die beiden Konzepte im Grunde stets gemeinsam, man spricht auch von Übertragungswiderstand, dessen unterschiedliche Formen einen erfolgreichen Verlauf der Therapie blockieren können (vgl. Boll-Klatt und Kohrs 2018, S. 545 ff). Knapp könnte man formulieren: Wenn es nicht gelingt, eine Übertragung längerfristig aufzuarbeiten und letztlich auch aufzulösen, lohnt sich stets die Frage danach, wogegen sich der spürbare Widerstand richtet. Und andersherum: Wenn ein spürbarer Widerstand gegen die Behandlung nicht fassbar wird, lohnt es sich meist zu fragen, welche unbewusste Übertragung hier am Werk ist.

Der letzte Hinweis ist insofern bedeutsam, als die Übertragung immer diverse Schichten enthält, die im schnellen Wechsel, aber auch gleichzeitig dynamisch wirksam sein können. Wie bereits Freud beschrieb (1912b), enthält sie neben bewusstseinsfähigen Anteilen, etwa einer moderaten Idealisierung des Therapeuten, die für ein Arbeitsbündnis sehr günstig ist, häufig auch intensive feindselige Impulse, die durchweg der Verdrängung unterliegen und sich zumeist nur in Fehlleistungen, Versprechern usw. äußern. Insbesondere für junge Therapeuten ist es wichtig zu wissen, dass auch die positive Übertragung mächtige unbewusste Anteile enthält, die

3.2 Psychoanalytische Krankheitslehre

den Therapieprozess häufig über lange Zeit unmerklich blockieren können. Dazu zählen neben machtvollen, schambesetzten, erotisierten Übertragungen vor allem auch sehr intensive Idealisierungen, die den Therapeuten als Verkörperung einer narzisstischen Omnipotenz konstellieren. Dieser häufig untergründige Prozess kann zu einer sehr angenehmen Atmosphäre führen, die allerdings verdeckt, dass ein echter Entwicklungsprozess blockiert wird. Dieser beinhaltet ja gerade immer auch einen Abschied von narzisstischen Größenvorstellungen, die in dem beschriebenen Übertragungswiderstand stattdessen gewissermaßen konserviert werden.

Das heutige Verständnis der Übertragung hat sich mit der gesamten Entwicklung der psychodynamischen Theorie und Behandlungstechnik sehr gewandelt. Dies wird bereits im nächsten Abschnitt im Kontext der Strukturpathologie zu zeigen sein.

Darüber hinaus ist ein modernes behandlungstechnisches Konzept der Übertragungsdynamik heute ohne die Integration der *Gegenübertragung* nicht mehr zu denken. Sie umfasst nach heutigem interaktionellen Verständnis »die Gesamtheit aller Einstellungen des Analytikers gegenüber dem Analysanden, …, also bewusste und unbewusste, reaktive und genuine Einstellungen, die Bezug zum Analysanden haben.« (Ermann 2014, S. 294). In dieser sehr umfassenden Definition spiegelt sich eine äußerst kontroverse Auseinandersetzung um das Verständnis und die Bewertung einer Dynamik wider, die – wie könnte es anders sein – auch Freud nicht entgangen war. Allerdings hielt er die Gegenübertragung, den »Einfluß des Patienten auf das unbewußte Fühlen des Arztes« (Freud 1910d, S. 108), zeitlebens für eine störende und letztlich neurotische Reaktion des Behandlers, die unbedingt durch ausreichende Selbst- und Lehranalyse überwunden werden müsse, um die erforderliche Neutralität und Abstinenz aufrecht zu erhalten. Wie Ermann (2014, S. 294 ff) zeigt, war diese Sichtweise Ausdruck eines »objektivierenden Einpersonenmodell(s)« (ebd., S. 295), vor dem jede emotionale Involvierung des Therapeuten als Hindernis, im Grunde sogar als anrüchig galt.

Eine zu strenge Beurteilung dieser heute veralteten Perspektive lässt sich relativieren, wenn bedacht wird, dass die triebhafte Sprengkraft der unbewussten Impulse und Bedürfnisse, mit denen die Psychoanalyse es zu tun hatte (und hat!), sehr leicht zu Übergriffen und missbräuchlichen

Prozessen führen konnte, die man unbedingt verhindern wollte. Ein Beispiel war die Affäre C. G. Jungs, damals der designierte »Kronprinz« Freuds, mit seiner Patientin Sabina Spielrein (vgl. Cremerius 1987 sowie die Verfilmung des Themas durch David Cronenberg: A Dangerous Method, 2011). Wir wissen heute noch sehr viel mehr um die Brisanz der Gegenübertragungsdynamik. Wir wissen aber auch, dass das Ziel einer ›Überwindung‹ dieses Phänomens im Sinne einer Befreiung von ihr illusorisch und nicht einmal wünschenswert ist. Spätestens seit den Konzeptionen der Objektbeziehungstheorie besteht der Konsens, dass die Beziehungskonstellation der psychodynamischen Psychotherapien nicht sinnvoll und fruchtbar als eine Ein-Person-Situation zu begreifen ist, in der ein gesunder und wissender Spezialist einen kranken und unwissenden Patienten behandelt, diesen also letztlich sich selbst erklärt.

Eingeleitet durch die wegweisenden Arbeiten Helene Deutschs (1926), Paula Heimanns (1950/1996) und Heinrich Rackers (1959) entstand die Möglichkeit, die komplexen Prozesse der Übertragung und Gegenübertragung näher zu untersuchen. Damit entwickelte sich dann – jenseits des geradezu inquisitorischen Verbots – die behandlungstechnische Frage, wie der Therapeut konstruktiv mit seiner Gegenübertragung umgehen könne, sie als diagnostisches und technisches Instrument nutzen sollte. Um Missverständnissen vorzubeugen: Auch nach heutigem Verständnis ist die Gegenübertragung weder ›harmlos‹, noch lässt sich alles, was der Therapeut phantasiert, fühlt oder körperlich empfindet, ausschließlich als Resonanz auf die Übertragung des Patienten konzeptualisieren. Sie muss immer wieder vom Therapeuten, möglichst auch in Supervision und Intervision, hinterfragt werden, insbesondere in Hinblick auf die *von ihm* eingebrachten Eigenanteile, die man besser als *Übertragung des Therapeuten* bezeichnet (vgl. Boll-Klatt und Kohrs 2018, S. 562 ff). Durchaus im Sinne Freuds kann diese eine außerordentlich neurotische Potenz und Dynamik entwickeln, wenn ungelöste unbewusste Konflikte des Therapeuten z. B. zum *Gegenübertragungsagieren* führen. Im o. g. Fallbeispiel eines regressiv fixierten somatisierenden Patienten könnte dies im Sinne einer unbewusst feindseligen Antwort des Therapeuten bestehen, der seinen Patienten nun unbewusst vorwurfsvoll, aber scheinbar therapeutisch motiviert übermäßig mit seiner Somatisierung konfrontiert.

Allerdings können wir nach heutigem Wissen der Gegenübertragung eben nicht ›entkommen‹ und müssen das auch nicht. Wenn genügend Flexibilität seitens des Behandlers besteht, d. h. sein *Gegenübertragungswiderstand* nicht zu groß wird, kann er vielmehr die subtilen und durchweg vorsprachlichen Prozesse der Übertragung/Gegenübertragung als Kommunikation zwischen zwei Unbewussten im Rahmen eine Zwei-Personen-Situation nutzen. Er kann sich dann z. B. im o. g. Beispiel fragen, ob seine spontane aggressive Reaktion – möglichst *bevor* er sie verbalisiert! – evtl. einer *komplementären Gegenübertragung* im Sinne Rackers entspricht, er sich also bereits unbewusst in der Identifikation mit der gefürchteten väterlichen Imago befindet. Umgekehrt kann es sein, dass er im Sinne einer *konkordanten Gegenübertragung* mit dem infantilen Ich des Patienten identifiziert ist. Bliebe dies unbewusst, würde er ihn z. B. unbegrenzt weiter mit Krankschreibungen ›unterstützen‹ und evtl. seine Somatisierungen als »verständliche« Reaktionen auf eine überfordernde (väterliche!) Umwelt interpretieren.

Es konnte hoffentlich gezeigt werden, dass durch die Weiterentwicklungen im Verständnis der intersubjektiven Prozesse der Übertragung und Gegenübertragung eine erhebliche Erweiterung und Verschiebung der therapeutischen Aufgaben erfolgte. Ein psychodynamischer Psychotherapeut kann heute dem Patienten nur dann gerecht werden, wenn er die Prozesse in sich selbst als ›mithandelnde‹ Faktoren der Beziehung erkennt, versteht und handhaben kann und so vor diesem Hintergrund gemeinsam mit dem Patienten eine Suchbewegung initiiert.

3.2.3 Konfliktpathologie und die Weiterentwicklung der Metapsychologie – Trieb und Abwehr

Der obige historische Rekurs mag bereits Folgendes verdeutlichen: Das basale pathogenetische Modell aller psychodynamischen Verfahren ist bis heute die *Konfliktpathologie*. Dieser Ansatz wird heute kaum noch rein triebtheoretisch vertreten, er hat sich im Rahmen ganz unterschiedlicher psychoanalytischer Schulen durchaus kontrovers weiterentwickelt, ist aber als Grundlage tiefenpsychologischen Denkens unverzichtbar geblieben. Dabei ist Folgendes zu bedenken: Im psychodynamischen Sinne, insbesondere im Kontext schwerer Pathologien geht es *nicht* um bewusste Konflikte, die wir alle fast täglich erleben und mehr oder weniger günstig lösen. Wir beschäftigen uns hier mit unbewussten *intrapsychischen* Konflikten und das bedarf der Klärung. Bei aller biografischer Determinierung intrapsychischer Konflikte, die wir weiter unten noch diskutieren, handelt es sich immer um einen Konflikt zwischen mindestens zwei existenziellen Impulsen *im* Menschen, den er nicht zu einem erträglichen Kompromiss führen kann.

> Wenn ein Kind seine altersgemäßen explorativen Impulse in Richtung auf Autonomie und individuelle Entwicklung seiner Neigungen, Fähigkeiten und Bedürfnisse nicht frei erleben und ausleben kann – zumeist, weil dies in den Eltern unerträgliche eigene Ängste und Konflikte auslöst – wird es diese durchaus auch triebhaften Impulse in irgendeiner Weise unterdrücken, verdrängen, gewissermaßen verlernen und vergessen. Dies stellt zunächst einen erheblichen Bewältigungsschritt zugunsten eines anderen, noch existenzielleren Bedürfnisses dar, dem überlebenswichtigen Wunsch nach haltgebender Abhängigkeit in der Bindung an die primären Objekte (Eltern). Diese Leistung hat aber einen hohen Preis, nämlich eine sehr eingeschränkte, verfremdete Entwicklung des autonomen, individuellen Selbst. Dieses Entwicklungsdefizit mag zunächst nicht sonderlich auffallen, das Kind ist vielleicht einfach sehr angepasst, »pflegeleicht« und macht kaum Probleme. Der abgewehrte Wunsch nach einem eigenen Selbst, einem Ausleben der eigenen Möglichkeiten ist aber nicht verschwunden, er ist nur nicht mehr bewusst.

Kommt der erwachsene Patient in die Therapie, kann er die o. g. Inhalte und Prozesse daher nicht schildern. Er weiß nur von seinen Symptomen, im beschriebenen Fall vielleicht Angstschübe bis hin zu Panikattacken. Diese treten u. U. in spezifischen Kontexten auf, oft aber auch unbestimmt. Typischerweise handelt es sich um Situationen, die unbewusst als Versuchung oder Versagung des abgewehrten Wunsches erlebt werden. Als *Versuchung* kann es zum Beispiel erlebt werden, wenn etwa äußere Umstände die Verwirklichung lange verleugneter Wünsche nahelegen oder assoziativ wecken, z. B. auf einer Reise. Es kommt vielleicht zu reizvollen Bekanntschaften, evtl. löst aber auch schon die autonome, von den Alltagszwängen befreite Reise in wunschbesetzte Länder die lange abgewehrten Impulse aus. Es kann dann zu rätselhaften Träumen kommen, die weiteres Material bewusstseinsnah werden lassen, zumal die im Alltag eingefahrenen Bewältigungs-, Abwehr- und Kompensationsstrategien nicht zur Verfügung stehen. Eine *Versagungskonstellation* liegt intrapsychisch vor, wenn die Abwehr gewissermaßen von der anderen Seite her labilisiert wird. Beispielsweise hat der Patient vielleicht den unbewussten Verzicht auf seine Wünsche nach Selbstbestimmung, Durchsetzung eigener Ziele, sexueller Bedürfnisse usw. dadurch kompensiert, dass ihm für seine altruistische, bescheidene, ›pflegeleichte‹ Art erhebliche narzisstische Zufuhr – von anderen *und* vom eigenen Über-Ich – zuteil wurde. Wird ihm diese verweigert, etwa im Zuge einer substanziellen Kritik, einer verweigerten Beförderung o. Ä., kommt es u. U. zu einer schnellen Labilisierung des Gleichgewichts.

In beiden Fällen kommt es zu einer Überlastung und Destabilisierung der unbewussten Abwehrmechanismen, die den Wunsch bisher vom Bewusstsein ferngehalten haben. Seine Annäherung löst unbewusste Angst aus, die dem Ich als Signal dient, die Abwehr zu aktivieren, wir sprechen daher auch von *Signalangst* (vgl. Boll-Klatt und Kohrs 2018, S. 291). Diese Angst zeigt also zum einen die drohende Triebgefahr, andererseits bietet sie dem Ich eine letzte Möglichkeit, sich dem unerträglichen, da unlösbar konflikthaften Inhalt zu entziehen, indem es nun beginnt, Abwehrmechanismen zu mobilisieren und/oder neurotische Vermeidungsverhaltensweisen zu entwickeln, die als Symptome imponieren.

Im Falle der phobischen Angststörungen besteht diese Symptombildung in der Verschiebung der Angst auf vermeidbare Objekte und/oder Situationen. Im Falle der viel unspezifischeren Panikstörungen wird oft ein kompletter psychosozialer Rückzug in regressive Versorgung und Sicherung erzwungen. In jedem Fall ist die ursprünglich angestoßene, subjektiv bedrohliche autonome Explorationsbewegung massiv unterbunden.

Die hier noch sehr triebtheoretische Deutung der beispielhaften Angstsymptomatik wird unten fortgeführt und um andere psychodynamische und pathogenetische Perspektiven erweitert. Das geschilderte Beispiel entstammt im Übrigen schon einem recht modernen Verständnis innerer Konfliktprozesse. Daher ist es an dieser Stelle notwendig, die zentralen Weiterentwicklungen der Konzepte zur Konfliktpathologie zu betrachten, sie nebeneinander und auch einander gegenüberzustellen. Freud selbst war ja von Beginn an damit befasst, seine »Annahmen über die Zusammensetzung und die Arbeitsweise des psychischen Apparates« (Freud 1898a, S. 512) immer wieder zu überprüfen, zu überarbeiten und zu verändern. Das führte zu basalen *metapsychologischen* Modellen, die wir zumindest partiell noch heute verwenden.

Zunächst verstand Freud den intrapsychischen Konflikt an der Nahtstelle zwischen dem dynamischen Unbewussten und dem System des Bewusstseins und des Vorbewussten.

Im Wesentlichen ging es um die *Abwehr* von Vorstellungen, Wünschen, Bedürfnissen, die dem Bereich des Triebhaften entstammten und für das bewusste Ich – unter dem Diktat des Realitätsprinzips – unerträglich und inakzeptabel seien. An dieser Grenze der Zensur käme es im Grunde permanent zum Kräftemessen zwischen den nachdrängenden unbewussten Impulsen und der ständig präsenten *Abwehr* und ebenso permanenten Kompromissbildungen. Bei gelingender Abwehr, d. h. im Wesentlichen bei ausreichender Verdrängung des Unerträglichen, Verbotenen, Begehrten könne der Mensch mit diesen Kompromissen leben. Sie nehmen z. B. die Form von Ersatzbildungen an, kulturelle Leistungen sind hier zu nennen, aber auch Persönlichkeitszüge, die etwa ins Zwanghafte reichen, ohne krankheitswertig zu werden und die dazu dienen, »schmutzige Wünsche« in Schach zu halten. Man spricht auch von *Reaktionsbildungen*, wenn etwa überbetonte Frömmigkeit und Abstinenz von aller Triebhaftigkeit zum Dogma werden, deren Kehrseite dann nur allzu oft durchscheint. Sollte die Abwehr allerdings wie im o. g. Beispiel überfordert oder geschwächt sein, käme es eben zur Symptombildung, die gewissermaßen eine letzte Barriere vor der angstüberflutenden Dekompensation darstellt.

Es ist bezeichnend, dass Freud die zentralen Prozesse der psychischen Abwehr beunruhigender unbewusster Impulse zunächst an der Traumbildung studierte und verstand. Es verweist erneut auf das psychoanalytische Verständnis einer fließenden Grenze zwischen Gesundheit und Krankheit, der Ubiquität des unbewussten Konfliktes als conditio humana und der stets zu findenden individuellen Konfliktkompromisse als

3.2 Psychoanalytische Krankheitslehre

Entwicklungsantrieb jedes einzelnen. Den Traum verstand Freud in seiner zentralen Funktion als »Wächter des Schlafes« (Freud 1900, S. 239). Seine Leistung, die Traumarbeit, besteht danach vor allem darin, alle störenden Reize so abzuwehren, dass der Schläfer möglichst ungestört bleibt, zumindest nicht erwacht. Dabei ist es zunächst sekundär, ob es sich um Sinneswahrnehmungen aus der Außenwelt – etwa Geräusche – handelt oder um Körpersensationen – wie etwa Harndrang – oder eben um aufsteigende beunruhigende Triebimpulse sexueller und aggressiver Natur. Sie alle werden nach den Prinzipien der Traumarbeit so verleugnet oder verstellt, dass sie ihren beunruhigenden Charakter verlieren, ja sogar Bestandteil von Wunscherfüllungen werden, so dass der Schlaf fortgeführt werden kann. Man hat dann im Traum voyeuristischen Anteil an einem Schauspiel, in dem etwa hemmungsloses Treiben von Menschen ohne Gesicht und in fremden Kleidern ›aufgeführt‹ wird. In der prinzipiellen Gleichsetzung innerer wie äußerer Reize, körperlicher wie seelischer Prozesse, vor allem aber in der Überschreitung und Negierung jeglicher realistischen Logik, Kausalität und Zeitlichkeit sowie der freien Verfügbarkeit über Identitäten verstand Freud das ganz Andere der inneren Realität des Unbewussten.

Wie bereits erwähnt, fasste er die Vorgänge in ihrer eigenen Gesetzmäßigkeit unter dem Begriff *Primärprozess* zusammen, der sich nach dem *Lustprinzip* ausrichte.

Dieses erste Modell eines seelischen Apparates versucht also – natürlich metaphorisch und nicht in Analogie zu organischen Strukturen des Gehirns – eine erste Verortung der wesentlichen Konflikte zwischen bewussten und unbewussten Prozessen. Es wird daher auch als *topisches Modell* bezeichnet und ließe sich etwa so skizzieren, wie in der Abbildung dargestellt (▶ Abb. 3.2).

Das Modell war hilfreich, um basale intrapsychische Prozesse, insbesondere den Konflikt zwischen bewusstem und unbewusstem Seelenleben zu verstehen. Es hatte aber Grenzen in Bezug auf die komplexen psychodynamischen Prozesse im Rahmen therapeutischer Behandlungen. Bereits sehr früh hatte Freud die zentrale Funktion der Abwehr erkannt und in sein erstes Krankheitsmodell aufgenommen, das als *Abwehrneurosen* Störungen benennt, deren Ursprung eben in der Abwehr eines psychischen Konfliktes besteht (Freud 1894a). In dieser frühen Form setzt

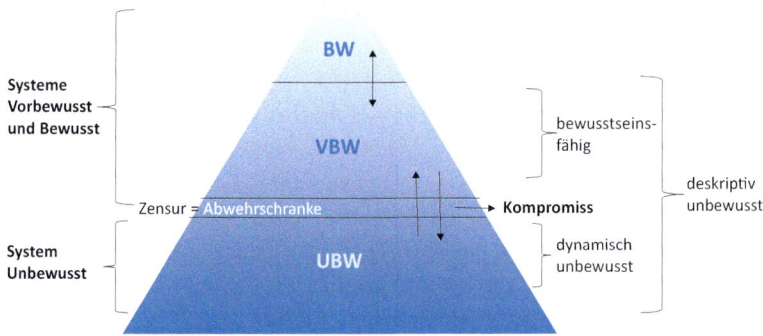

Abb. 3.2: Topisches Modell der Psyche (modifiziert nach Müller-Pozzi 2004, S. 56, mit freundlicher Genehmigung von Hogrefe)

Freud im Grunde *Abwehr* noch mit *Verdrängung* gleich. Ihre wesentliche Aufgabe besteht darin, den Konflikt zwischen Triebansprüchen und den bewussten oder vorbewussten Verboten unbewusst zu machen. Je nach der Stärke und Vollständigkeit des Abwehrvorganges gelinge dies bzw. die Triebansprüche würden andernfalls in symptomatischer Form wiederkehren. Auch dann bliebe der eigentliche triebhafte, also sexuelle oder aggressive Wunsch noch unbewusst, der Patient weiß allenfalls um sein rätselhaftes Symptom. Freud erkannte im Zuge behandlungstechnischer Komplikationen, dass der hier noch zwischen den Systemen des Bewussten/Vorbewussten einerseits und dem Unbewussten andererseits im Sinne einer Zensur verortete Prozess die Komplexität der vielfältigen Abwehrvorgänge nicht plausibel abbilden konnte, die sich in der Therapie in den verschiedenen Formen des *Widerstandes* und/oder der *Übertragung* (▶ Kap. 5) der analytischen Aufdeckung des Unbewussten entgegenstellten und die heute jeder Therapeut kennt. Er sah darin jetzt die – weitgehend unbewusste – Leistung des *Ichs*, das ständig zwischen den Anforderungen des *Es*, dem Träger des archaischen, triebhaften Unbewussten, einem »Kessel voll brodelnder Erregungen« (Freud 1933a, S. 80) und dem *Über-Ich*, der

Instanz internalisierter Forderungen der äußeren Realität, paradigmatisch der Verbote und Gebote in der Bewältigung des ödipalen Konflikts, vermitteln müsse. Das neue Modell der menschlichen Seele wurde bekannt als das *Strukturmodell* oder auch das *Drei-Instanzen-Modell* (▶ Abb. 3.3).

Dieses Modell gibt schon einen wesentlich differenzierteren Einblick in die Komplexität intrapsychischer Prozesse. Es macht deutlich, dass in der Seele eines Menschen sehr unterschiedliche Strukturen oder auch Persönlichkeitsanteile wirksam sind, die gewissermaßen die widerstreitenden Belange der inneren und äußeren Realität miteinander aushandeln. Dem *Ich* kommt dabei die Funktion des Moderators zu, es muss die triebhaften – aggressiven wie libidinösen – Ansprüche des *Es* begrenzen, ihnen aber andererseits genug Befriedigung gewähren, um das somatopsychische Gleichgewicht zu halten. Ähnlich muss das Ich den Geboten und Verboten des *Über-Ich* entsprechen, andernfalls kommt es zu bedrängenden Schuldgefühlen und Strafängsten.

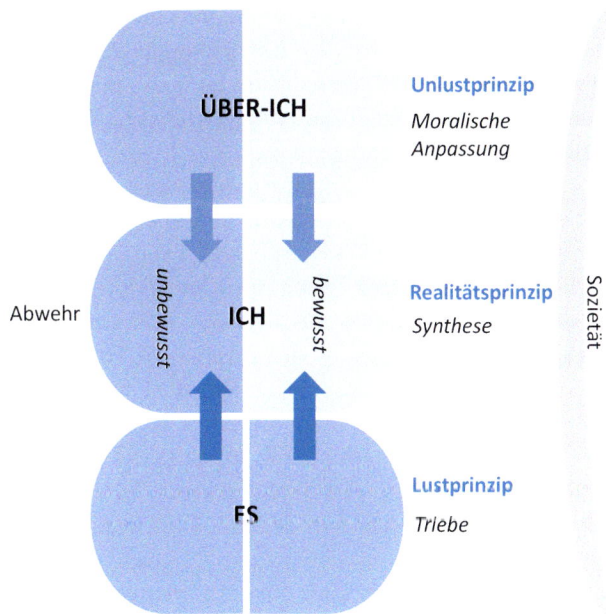

Abb. 3.3: Strukturmodell der Psyche

Die psychischen Strukturen lassen sich durchaus als Antagonisten verstehen, die im besten Fall ein funktionales Gleichgewicht aufrechterhalten. Dieses Gleichgewicht ist aber stets als ein dynamisches zu verstehen. Das Modell lässt erkennen, wie sehr Freud von der grundlegenden Konflikthaftigkeit der menschlichen Seele ausging, insbesondere zwischen den so unterschiedlichen Forderungen des Es und des Über-Ich, aber auch den verschiedenen Aspekten im Ich.

Dabei ist festzuhalten: Nicht diese Konflikte an sich sind pathologisch, wir alle tragen sie in uns und müssen sie in je eigener Weise bewältigen. Wie Mentzos (1996) zeigt, lässt sich eher an der Konfliktverarbeitung eines Menschen erkennen, ob die jeweilige Entwicklungskrise – etwa im ödipalen Konflikt – zur Entwicklung genutzt wurde oder ob die infantilen Triebansprüche nur mühsam unterdrückt wurden und jederzeit wieder die Oberhand gewinnen können. In diesem Fall würden extrem aufwändige Abwehrstrukturen entwickelt, z. B. im Sinne einer Zwangsstörung mit umfassenden Kontrollzwängen, die zwar die Triebansprüche unterdrückt, aber das Leben des Betroffenen auf ein Minimum an Vitalität reduziert.

Bezogen auf die Komplexität der Abwehrvorgänge ermöglichte das Strukturmodell nun sehr viel differenzierte Einblicke in die intrapsychischen Konflikte und die Vielfalt der Abwehrstrategien, unter denen die Verdrängung nun eine neben anderen war.

Freud selbst integrierte das Strukturmodell dabei weiterhin in den theoretischen Kontext seiner Triebtheorie und er verstand die Gesamtheit der psychischen Abwehr weiterhin als »Vorgänge mit gleicher Tendenz – Schutz des Ichs gegen Triebansprüche« (Freud 1926d, S. 196). Das Modell markiert allerdings aus heutiger Sicht den Übergang zu einer deutlichen Verschiebung im therapeutischen Fokus: Die Triebtheorie war vor allem noch darum bemüht, dem Patienten seine bis dato unbewussten Konflikte bewusst zu machen und ihm so zu einer Entlastung von Schuld- und Triebdruck zu verhelfen. Die *Ich-Psychologie*, als deren Begründerin man durchaus Anna Freud nennen kann (A. Freud 1936), befasste sich nun deutlich stärker mit den *Abwehrstrategien* ihrer Patienten.

Sie fragte nicht mehr in erster Linie, *was* abgewehrt wird, sondern eher *wie* und um welchen Preis und mit welchen Resultaten dies geschieht. Es wird zu zeigen sein, dass sie damit in gewisser Weise auch das Fundament heutiger Strukturpathologie gesetzt hat, denn sie beginnt bereits damit, die Abwehrmechanismen danach zu unterscheiden, welche Entwicklungsleistungen sie voraussetzen (vgl. Ehlers 2014, S. 14 f). Wie Küchenhoff (2014, S. 8) hervorhebt, betont sie in der Entwicklung des bis heute gültigen klassischen Abwehrkonzepts weniger den pathologischen Kontext als vielmehr den Reifungsaspekt in der Entwicklung der Ich-Struktur und -Stärke in der Auseinandersetzung nicht nur mit intrapsychischen Konflikten, sondern auch mit der äußeren Realität, die ihr zufolge übrigens auch Ziel von Abwehrvorgängen sein kann – wer hätte noch nie einen wichtigen, aber beunruhigenden Termin ›vergessen‹? Von A. Freud stammt auch die erste Auflistung und Beschreibung von 13 Abwehrmechanismen, an der wir uns bis heute orientieren:

- *Verdrängung* – Was soll ich gesagt haben?
- *Regression* – Krank ist krank, ich gehe ins Bett, das steht mir zu!
- *Reaktionsbildung* – Ich bin froh über die Kündigung, ich habe jetzt mehr Zeit für mich!
- *(Affekt-)Isolierung* – Gefühlt habe ich eigentlich keinen Ärger nach der Trennung!
- *Ungeschehenmachen* – Wenn ich böse Gedanken habe, gehe ich zur Beichte!
- *Projektion* – Ich bin immer sehr friedlich, aber ständig beginnt mein Mann Streit!
- *Introjektion* – Mein Vater hatte schon Recht, irgendetwas stimmt mit mir nicht!
- *Wendung gegen die eigene Person* – Ich hasse mich für meine Eifersucht!
- *Verkehrung ins Gegenteil* – Liebe deine Feinde!
- *Sublimierung* – Wenn ich zeichne, vergesse ich die Zeit und bin danach sehr zufrieden!
- *Identifikation mit dem Angreifer* – Eine Ohrfeige hat noch niemandem geschadet!
- *Altruistische Abtretung* – Wenn meine Familie glücklich ist, bin ich es auch!
- *Intellektualisierung* – Unsere Ehekrise beruht auf folgenden 7 Faktoren: …

- *Rationalisierung* – Natürlich desinfiziere ich alle Türklinken täglich, wegen der Bakterien!

Darüber hinaus setzt nun in der Psychoanalyse eine Bewegung ein, sich zunehmend für die frühen Erfahrungen, das frühe Beziehungsgeschehen des Kindes mit seinen primären Bezugspersonen und deren seelische Repräsentationen zu interessieren. Verbunden mit erheblich gewachsenen Erfahrungen in der Behandlung schwer gestörter Patienten verlagerte sich das Interesse so allmählich von den reinen Trieb-/Abwehrkonflikten auf die konflikthaften Prozesse in der Reifung des Selbst und seinen Beziehungen zu seinen wichtigen Objekten. Die daraus entstandenen Konzeptionen fasst man als *Objektbeziehungstheorien* zusammen. Sie stellen bis heute die Grundlage aller modernen psychodynamischen Behandlungstheorien dar. Man spricht in Hinblick auf die therapeutische Situation auch vom Übergang von Freuds *Ein-Person-Psychologie* zur *Zwei-Personen-Psychologie* im heutigen Verständnis. Diese wird im modernen Behandlungsverlauf immer darum bemüht sein, intersubjektive Prozesse unter Nutzung von Übertragung und Gegenübertragung zur Aufdeckung unbewusster Prozesse zu nutzen, während in der triebtheoretisch ausgerichteten Psychoanalyse möglichst direkt unbewusste Prozesse gedeutet wurden. Dieses Vorgehen gilt heute als überholt, u. a. führt es gerade bei schwer gestörten Patienten schnell zu einer massiven Zunahme des Widerstandes gegen die Behandlung (▶ Kap. 5.2) oder zu schweren Dekompensationen bei Fehleinschätzungen der strukturellen Stabilität.

Bezüglich der hier zu besprechenden *Konfliktpathologie* haben die Objektbeziehungstheorien entscheidende Beiträge geliefert, die unmittelbar mit einem erheblich erweiterten Verständnis der seelischen Entwicklung einhergehen.

So wird man heute nur noch in seltenen Fällen isolierte Trieb-/Abwehrkonflikte diagnostizieren und deuten. Das psychodynamisch und pathogenetisch bedeutsame Spektrum unbewusster Konflikte folgt heute eher der Frage, wie der zentrale Entwicklungsprozess des Menschen gelöst wurde, der auf den ganz unterschiedlichen Niveaus der Reife letztlich immer um »Variationen des zentralen Gegensatzes zwischen Bindung und Abhängigkeit, andererseits ... Autonomie und Selbstverwirklichung«

(Mentzos 1996, S. 131) kreist. Die Tabelle veranschaulicht, wie Mentzos die spezifischen Ängste versteht, die daraus auf dem jeweiligen Entwicklungsniveau entstehen (▶ Tab. 3.1).

Tab. 3.1: Konflikt und die korrespondierenden Gefahren bzw. Ängste (nach Mentzos 2009, S. 31)

	Konflikt	Angst vor ...
I	Autistischer Rückzug vs. Fusion mit dem Objekt	Selbstverlust durch Objektlosigkeit oder durch Fusion mit dem Objekt
II	Absolut autonome Selbstwertigkeit vs. vom Objekt absolut abhängige Selbstwertigkeit	Selbstwertverlust durch Selbstentwertung oder durch Entwertung des idealisierten Objekts
III	Separation – Individuation vs. Bindung – Abhängigkeit	Selbstgefährdung durch Objektverlust oder durch Umklammerung seitens des Objektes
IV	Autarkie vs. Unterwerfung und Unselbstständigkeit	abgelehnt, nicht geliebt werden, Trennung oder demütigende Abhängigkeit
V	Identifikation mit dem Männlichen vs. Identifikation mit dem Weiblichen	totalem Aufgeben des Weiblichen vs. endgültigem Aufgeben des Männlichen (bzw. Geschlechtsdiffusion)
VI	Loyalitätskonflikte	Aufgeben oder Verratenmüssen des einen oder des anderen Objekts
VI	triadische »ödipale« Konflikte	Ausschluss durch das Elternpaar; Bedrohung der eigenen Integrität und Sicherheit; »Kastrationsangst«

Es wurden diesbezüglich zahlreiche tabellarische Modelle entwickelt, die helfen sollen, den *Grundkonflikt* des Patienten zu diagnostizieren. Sie unterscheiden sich zunächst vor allem vor dem Hintergrund der jeweiligen theoretischen Schule nach den Konfliktthemen, auf die sie fokussieren (▶ Tab. 3.2).

Tab. 3.2: Psychoanalytische Theorien und deren bevorzugt thematisierte Konflikte (nach Mertens 2005, S. 106)

Psychoanalytische Theorie	bevorzugt thematisierte Konflikte
Klassische Psychoanalyse (Freud)	ödipaler Konflikt, Sexualität, Rivalität Unterwerfung, Schuld
Objektbeziehungstheorie (M. Klein)	Aggression, Neid
Objektbeziehungstheorie (Fairbairn, Guntrip)	Nähe, Rückzug
Objektbeziehungstheorie (Mahler)	Autonomie und Individuation
Objektbeziehungstheorie (Erickson)	Identität
Bindungstheorie (Bowlby)	Bindung und Exploration
Selbstpsychologie (Kohut)	Selbstwert, Scham
Intersubjektive Psychoanalyse (Stolorow)	Intersubjektive Anerkennung

Am bekanntesten ist heute sicher die Konfliktachse der OPD (▶ Kap. 4); bedeutsam ist weiterhin die Konfliktkonzeption Rudolfs (2010) sowie die sehr differenzierte psychogenetische Konflikttabelle bei Jungclaussen (2013). Für die TP ist von großer Bedeutung, dass dieser Grundkonflikt zwar möglichst früh erkannt und diagnostiziert wird, sich die Behandlung jedoch nicht auf dessen grundlegende Aufarbeitung richtet (Indikation für AP), sondern auf die Bearbeitung des *Aktualkonflikts*, der die unbewusste, bis dahin also erfolgreich verdrängte Dynamik des Grundkonflikts aktivierte. Im o. g. Beispiel eines Angstpatienten könnte man sich die entsprechende Psychodynamik z. B. so vorstellen:

Der Patient war mit seiner geschilderten Abwehrstruktur ›gut gefahren‹, problemlos für seine Mitmenschen, vielleicht sehr altruistisch, übernahm im Beruf auch Aufgaben für Kollegen usw. Alles in allem ragte er nirgendwo heraus, verhielt sich überwiegend angepasst und überließ anderen den Vortritt. Sein Grundkonflikt der Autonomie war also gut abgewehrt, die soziale Gratifikation bot Kompensation für die unzureichende Selbstentwicklung, das latente Gefühl,»was wäre wenn ...?«.

3.2 Psychoanalytische Krankheitslehre

Wenn dieser Patient jetzt befördert wird, Führungsaufgaben übernehmen soll, eine Abteilung leiten und neugestalten soll, würde mit hoher Sicherheit der abgewehrte Grundkonflikt ›aufwachen‹ und vermutlich mit rasenden Ängsten auf sich aufmerksam machen, die vor dem Hintergrund der aktuellen äußeren Realität unverständlich blieben: Diese könnten als diffuse Panikattacken auftreten, die heute gerne gemeinsam mit depressiv getönten Rückzugsimpulsen als Burn-Out diagnostiziert werden. Sie könnten aber auch per Verschiebung als phobische Ängste z. B. beim Autofahren imponieren. In beiden Varianten wäre dem Patienten die Realisierung seines Erfolges kaum möglich oder extrem erschwert, ohne dass ihm der eigentliche Hintergrund bewusst wäre. Er käme gewissermaßen um die Konfrontation mit seiner Lust am Erfolg, an machtvoller Autonomie, kreativer Gestaltung usw. herum, die er unbewusst mit dem Verlust aller haltgebenden Strukturen verbindet.

Dieser Patient müsste sich nun nach heutigem Verständnis nicht unbedingt einer jahrelangen hochfrequenten Psychoanalyse unterziehen, die dem ursprünglichen Grundkonflikt im Zuge komplexer Übertragungs-/Gegenübertragungsprozesse nachgehen würde. Eine aktualkonfliktzentrierte Vorgehensweise würde vielmehr versuchen, gemeinsam mit dem Patienten ein vertieftes gefühltes Verständnis für seine veränderte Lebenskonstellation zu entwickeln. Dazu müsste er bereit und fähig sein, sich in gewissem Umfang von der Konzentration auf seine Symptome zu lösen. Gelingt ihm das gegen die zu erwartenden inneren Widerstände, würde sein Therapeut versuchen, ihn für das Erleben eben dieser Widerstände und Abwehrmechanismen zu sensibilisieren. Dazu könnten partiell durchaus kurze Sequenzen aus der therapeutischen Übertragungsbeziehung (▶ Kap. 5) genutzt werden, in denen die intersubjektiven Prozesse zwischen beiden z. B. auf die Vermeidung spezifischer Emotionen hin untersucht werden. Dabei stellen sich Parallelen zu biografischen Erfahrungen meist von selbst ein und der Patient beginnt, sich besser zu verstehen. Erfahrungsgemäß geht mit diesem besseren, tieferen Verständnis für das Selbst in seinen Konflikten ein weiterer Horizont inneren Erlebens einher, was in der Regel zu höheren Freiheitsgraden in wichtigen Lebensentscheidungen führt. Im Beispiel könnte dies dazu führen, dass der Patient die biografischen Hintergründe seiner Ängste relativ schnell begreift und die verschobenen, gewissermaßen ersatzweisen Ängste aufgeben kann. Denkbar wäre auch, dass er anerkennen muss, dass offenbar die unbewussten Ängste und Drohungen von einer Tiefe sind, die ihm gegenwärtig den beschriebenen beruflichen Aufstieg unmöglich machen. Das wäre zwar bedauerlich, aber er wäre dann immerhin mit sich selbst konfrontiert und nicht mehr einfach Opfer unbewusster Prozesse und rätselhafter Symptome. Häufig gelingt es allerdings durchaus, diesen Ängsten standzuhalten, sie gewissermaßen richtig zuzuordnen und in kleinen, tolerierbaren Sequenzen in der Beziehung zum Therapeuten zu erleben.

3.2.4 Strukturpathologie, das Selbst und seine Objekte, »falsche« Patienten

Pathogenetische Konzepte, die neben den intrapsychischen Konflikten auch – z. T. sogar überwiegend – auf die psychische Struktur des Patienten fokussieren, gehen in der Geschichte der Psychoanalyse weit zurück. Wie o. g. stellt ja Freuds Drei-Instanzen-Modell/Strukturmodell dafür eine Grundlage zur Verfügung, die von zahlreichen späteren Autoren ausgearbeitet wurde.

Freud selbst wies bereits früh darauf hin, dass es charakterliche Strukturen gibt, die in fixierter Weise im Grunde lebenslang auf spezifische Verarbeitungs-, Abwehr- und Bewältigungsmuster festgelegt sind. Er beschrieb dies zuerst an der von ihm so benannten analen Charakterstruktur (1908b), die er anhand der »analen Trias« definierte, nämlich einem häufig trotzig dominierenden Eigensinn, gepaart mit Ordnungsliebe bis hin zur zwanghaften Pedanterie und großer Sparsamkeit bis zu krankhaftem Geiz. Schon die kurze Aufzählung macht deutlich, dass charakterliche Strukturen hinsichtlich der Frage nach dem Krankheitswert nicht leicht zu beurteilen sind. Insbesondere leiden viele dieser Patienten häufig nicht so sehr selbst an ihren Strukturen, eher schon die Partner und Angehörigen. Auch Wilhelm Reich (1933) beschrieb anhand seines Konzepts der Charakterneurose Patienten, deren offenkundige Pathologie kaum zu Irritationen innerhalb der Person führten und die mit klassischen psychoanalytischen Interventionen (Klarifikation, Konfrontation, Deutung unbewusster Widerstände und Übertragungskonflikte) kaum zu behandeln waren. Diese Behandlungskomplikationen haben nun seit einigen Jahrzehnten erheblich an Bedeutung und wissenschaftlicher Aufmerksamkeit gewonnen. Dafür sind im Wesentlichen zwei Entwicklungen verantwortlich, die im Folgenden beschrieben werden.

Die Theorie vom Selbst und seinen frühen Objektbeziehungen

Bereits in unmittelbarer Nachfolge Freuds befassten sich zahlreiche Psychoanalytikerinnen und Psychoanalytiker zunehmend mit den Prozessen der frühen Kindheit. Sie behandelten Kinder und studierten Prozesse der frühen Mutter-Kind-Dyade in ihrer intrapsychischen wie auch ihrer interpersonalen Dimension (Klein 1927/1962; A. Freud 1969; Ferenczi 1933; Balint 1968). Dabei wurde bald deutlich: Schwere seelische Störungen entstehen überwiegend nicht in der ödipalen, triangulären Konstellation des Ödipuskonflikts (4.–5. Lj.), den Freud gewissermaßen als eine Weiche für die gesunde oder neurotische Entwicklung der Persönlichkeit beschrieben hatte. Sie lassen sich vielmehr auf Konflikte, Defizite und Traumatisierungen im Verlauf der frühen kindlichen Entwicklung (1.–3. Lj.) zurückführen. Die Pathologie dieser Entwicklungsprozesse ließ sich nun zwar theoretisch in den Dimensionen der Triebtheorie beschreiben, behandlungstechnisch führte dieser Ansatz allerdings bei diesen Störungen nicht weit. Insbesondere führen Störungen der frühen Entwicklung weniger zu intrapsychischen Konflikten zwischen Triebansprüchen und entsprechenden Verboten und daraus resultierenden Symptomen, wie sie Freud bei den reiferen neurotischen Patienten beschrieben hatte. Es geht in dieser frühen Entwicklung offensichtlich sehr viel mehr um das Ringen des kleinen Kindes um die Integrität eines lange sehr labilen Selbst und dessen Kohärenz in existenzieller Abhängigkeit von übermächtigen primären Objekten. Dabei kommt es durchaus zu Konflikten zwischen aggressiven und libidinösen Bestrebungen des kleinen Kindes. Davon bestimmt und von noch größerer, übergreifender Bedeutung scheint aber die Differenzierung der unbewussten Vorstellungen (Repräsentanzen) des Kindes vom Selbst, den Objekten und der affektiv hoch aufgeladenen Beziehungen zwischen beiden zu sein. Damit ist die besondere Herausforderung an die klinische Psychoanalyse der letzten Jahrzehnte benannt: Es geht nicht mehr primär um die Arbeit mit Patienten auf einem ödipalen Strukturniveau mit inneren Konflikten, die nicht permanent in die interpersonelle äußere Realität verlagert werden, sondern um solche auf präödipalem Strukturniveau, die somatisiert oder externalisiert und interpersonell in Form von Enactments agiert werden. Die Verinnerlichung von Konflikten und der Auf- und Ausbau intrapsychischer, selbstverfügbarer Regulationssysteme, d. h. Internalisierungssowie Strukturbildungs- und -entwicklungsprozesse sind von entscheidender Bedeutung. Oder anders ausgedrückt, es geht nicht mehr primär um die Veränderung falscher Repräsentanzen (im Sinne »falscher Verknüpfungen«), sondern um die Fähigkeit zur Bildung psychischer Repräsentanzen überhaupt (Schneider und Seidler 2013, S. 1 ff). Eine angemessene Konzeptualisierung dieser Prozesse konnte nur im Rahmen der Objektbeziehungstheorie erfolgen und kann in ihrer vollen Komplexität hier nur skizziert werden.

Von großer Bedeutung ist die Tatsache, dass es sich um Entwicklungsprozesse aus einer Zeit handelt, in der Sprache und bildhafte Vorstellungen noch kaum bzw. in sehr archaischer Weise zur Verfügung stehen, bestimmt von sehr wechselhaften, hoch intensiven Zuständen, die vor allem in den ersten zwei Lebensjahren noch gar nicht als psychisch imponieren, sondern überwiegend körperlicher Natur sind. Darüber hinaus müssen wir davon ausgehen, dass im Zuge der Schilderung dieser Erfahrungen und ihrer späteren Repräsentationen das Selbst und seine Objekte nicht im Sinne realistischer, gewissermaßen historisch korrekter Abbilder konkreter Personen und Prozesse zu verstehen sind. Wie insbesondere von Kleinianischen Autoren beschrieben, dominieren in der frühen Bewältigung unerträglicher innerer Zustände, die von Untergangsängsten und intensiver, gleichzeitig hilfloser Wut bestimmt sind, sogenannte frühe Abwehrmechanismen. Diese beruhen vor allem auf Prozessen der Projektion und Introjektion, die noch ihre Herkunft aus den Stoffwechselprozessen der Aufnahme von Nahrung und der Ausscheidung des Unverträglichen verraten. Sie dienen der möglichst schnellen Regulation innerer Befindlichkeiten ohne Rücksicht auf realistische Bewältigung einer äußeren Wirklichkeit (vgl. z. B. Weiß 2008).

In der frühen Kindheit altersgemäß – und hoffentlich von belastbaren Eltern getragen – werden diese Bewältigungsstrategien erst dann problematisch, wenn sie persistieren oder regressiv aktiviert werden. Sie zeichnen sich durch ein hohes Maß an Spaltung aus, d.h. das Selbst, vor allem aber auch die Objekte und emotionale Situationen werden überwiegend als nur gut oder nur böse erlebt. In der Kleinianischen Konzeption, die sich ausführlich dieser Thematik widmet (vgl. Boll-Klatt und Kohrs 2018, S. 127 ff), spricht man in diesem Kontext von der paranoid-schizoiden Position. Sie wird im Zuge der Entwicklung prinzipiell überwunden, kann aber jederzeit reaktiviert werden, wie jeder aus eigenen krisenhaften Phasen weiß, wie es aber vor allem auch auf kollektiver Ebene häufig zu beobachten ist.

Die komplexe und hoch kontrovers diskutierte Thematik der Internalisierung und Repräsentanz frühkindlicher Erfahrungsprozesse in ihrem determinierenden Potenzial für das Leben des Individuums steht heute im Zentrum psychodynamischer Entwicklungspsychologie. Schneider (2013, S. 10 ff) setzt sich sehr differenziert mit dem Konzept der Internalisierung auseinander. Er verwendet dieses als Oberbegriff und spezifiziert es anhand einer Unterteilung in Inkorporation, Introjektion und Identifikation. Neben Freud und Kernberg werden vor allem die zentralen Positionen europäischer Psychoanalytiker wie Klein, Bion und Winnicott diskutiert und zueinander in Beziehung gesetzt. An dieser Stelle kann nur auf die umfassende Sammlung von Beiträgen zu dieser Fragestellung bei Schneider und Seidler (1995/2013) verwiesen werden.

In Bezug auf die oben begonnene Darstellung des freudianischen Konzepts der psychischen Abwehr mit der Systematisierung der Abwehrmechanismen durch A. Freud wird in der Erweiterung der Entwicklungs- und Neurosenlehre um die Prozesse der frühen Kindheit erkennbar, dass die psychische Abwehr ebenfalls extrem unterschiedliche strukturelle Reifeniveaus zeigt. In der Folge kam es hier zu weiterführenden Systematisierungen (vgl. Boll-Klatt und Kohrs 2018, S. 32 ff; Ehlers 2014; Mentzos 2009, S. 47), die grundlegend zwischen den reifen und den unreifen Abwehrmechanismen unterscheiden. Erstere entsprechen dem klassischen psychoanalytischen Modell Freuds. Sie dienen mehr oder weniger erfolgreich dem Ziel, beunruhigende, verbotene, beängstigende triebhafte Impulse und psychische Vorstellungsinhalte unbewusst zu machen und zu halten. Paradigmatisch wird dies durch die Verdrängung geleistet, aber auch andere reife Strategien wie Rationalisierung, Altruismus, Reaktionsbildung usw. leisten ähnliches. Eine weitere, wichtige Gemeinsamkeit dieser reifen Abwehrmechanismen besteht darin, dass sie den psychischen Konflikt *intrapsychisch* zu bewältigen sucht. Er wird gewissermaßen mit Bordmitteln bewältigt, kompensiert oder zumindest ertragen.

Dies gelingt den strukturell gestörten Patienten nicht. Ihre Abwehr wird von unreifen, primitiveren Abwehrstrategien dominiert, deren Grundmodell *Projektion/Introjektion* sind. Neben der o. g. *Spaltung* in nur gute und nur böse Aspekte des Selbst und der Objekte sowie der entsprechenden Beziehungen ist Ihnen gemeinsam, dass die Grenzen zwischen dem Selbst und den Objekten psychisch noch nicht sicher etabliert sind. Zwar kommt es nicht zu psychotischen Verschmelzungen, aber in intensiven und beängstigenden affektiven Zuständen wird der Ursprung des jeweiligen Konflikts und oft schon der beunruhigende Affekt selbst nicht in der eigenen Person verortet, sondern in den Anderen projiziert. Wie jeder Leser weiß, geschieht das insbesondere in Krisen jedem Menschen relativ leicht. Die hier skizzierten Patienten können diese Projektionen aber in der Regel nicht zurücknehmen, da sie nicht über die strukturellen Fähigkeiten verfügen, den jeweiligen Konflikt bzw. auch nur die affektive Spannung *intrapsychisch* zu tolerieren. Sie konstellieren ihre Abwehrleistungen also typischerweise *interpersonal*, dabei kommt es häufig zu extrem verwickelten Beziehungsstrukturen, da das Gegenüber durch hohen »interaktionellen Druck« (Mentzos 2009, S. 47) dazu gebracht wird, sich den Projektionen entsprechend zu verhalten. Dieser Prozess wird als *projektive Identifizierung* bezeichnet, er zählt zu den unreifen Abwehrstrategien, die in der Behandlung die größte Herausforderung darstellen.

So beschrieb ein 25-jähriger Patient, dem bereits in drei Ausbildungsverhältnissen gekündigt worden war, er leide an einer seltenen Schlafstörung, die medizinisch weder zu klären noch zu behandeln sei. Er könne nicht vor 2 Uhr einschlafen, daher sei ihm ein üblicher Arbeitsbeginn nicht zumutbar, er sei aber gerne bereit, abends sehr lange zu arbeiten. Im Zuge der Terminabsprache für weitere Sitzungen nimmt sein Ton schnell eine spürbare Schärfe an. Der Therapeut würde doch wohl nicht erwarten, dass er vor 11 Uhr zur Therapie komme. Da sei er nicht leistungsfähig, wenn er müsse, könne man das versuchen, aber er sehe dann schwarz. Wie man sich vorstellen kann, ist der Therapeut im Beispiel unmittelbar affiziert, irritiert, sicher auch schon leicht gereizt. Wird er sich dieser Reaktionen nicht sehr schnell als Resultat der projektiven Identifizierung bewusst, besteht die Gefahr, sich in aggressiv getönte Konflikte zu verwickeln, aus denen nur noch schwer herauszufinden ist, weil der Behandler eben schon als Angreifer agiert und darauf von dem Patienten dann auch hingewiesen wird.

Abschließend ließe sich sagen, dass die unreife Abwehr das von Freud postulierte Ziel, nämlich den psychischen Konflikt unbewusst zu machen, nicht erreicht. Der Konflikt und insbesondere die unerträglichen Zustände werden nur aus dem Selbst heraus verlagert und dann in endlosen interpersonalen Konstellationen und Inszenierungen immer neu durchgekämpft.

Einen Überblick und eine Systematik der Abwehrstrategien unter Angabe der Ebenen als Reifegrade liefert die Tabelle (▶ Tab. 3.3).

Tab. 3.3: Systematisierung der Abwehrmechanismen (nach Mentzos 2009, S. 47)

Ebene	Beschreibung der Abwehrmechanismen
I	psychotische Projektion (z. B. Verfolgungswahn); psychotische Introjektion (z. B. Glaube, Jesus zu sein); psychotische Verleugnung (z. B. manische Phänomene); psychotische Abspaltung (z. B. bei der psychotischen Depersonalisation)
II	nicht-psychotische Projektion, Spaltung, Verleugnung usw. Identifikation als Abwehr, insbesondere projektive Identifikation
III	Intellektualisierung, Rationalisierung, Affektualisierung; Verschiebung, Verlagerung, Verdrängung usw.; Ungeschehenmachen, Wendung gegen das Selbst, Reaktionsbildung
IV	reifes Coping, Sublimierung, Humor
V	psychosoziale Abwehr

Metatheoretisch ist zu beachten, dass das klassische freudianische Konzept des *dynamischen Unbewussten* im diagnostischen wie auch im behandlungstechnischen Umgang mit strukturell gestörten Patienten, die gleich näher beschrieben werden sollen, nicht mehr ausreicht. Inzwischen wird allgemein akzeptiert, dass ein großer, vermutlich sogar der allergrößte und wirksamste Anteil des Unbewussten eben nicht aus verdrängten seelischen Inhalten besteht, die zu konflikthaften Prozessen führen, aber prinzipiell bewusstseinsfähig und damit sprachlich zugänglich und zu erarbeiten sind.

Ein sehr viel basalerer Anteil des Unbewussten besteht offenbar in der Repräsentanz sehr früher Objektbeziehungserfahrungen, die aber aufgrund der Unreife der frühkindlichen Struktur noch nicht symbolisiert werden, sondern sich in dem vermitteln, was Bollas so poetisch das »Ungedachte Bekannte« (Bollas 2014) nennt. Es handelt sich dabei um Prozesse des impliziten bzw. prozeduralen Gedächtnisses.

Die Inhalte dieses *nicht-verdrängten Unbewussten*, das niemals bewusst war und sprachlich auch nicht unmittelbar bewusst werden kann, vermitteln sich typischerweise szenisch, körperlich und atmosphärisch. Sie erfordern eine andere Herangehensweise als die neurotischen Störungen und muten dem Therapeuten mehr zu, verlangen ihm mehr ab, weil sie ihn unmittelbar erfassen und seine eigene Befindlichkeit weit intensiver beeinflussen als in den üblichen Gegenübertragungsreaktionen auf neurotische Patienten.

Die »falschen Patienten« und die neuen Therapien

Patienten mit überdauernden strukturellen Defiziten der hier beschriebenen Natur stellen eine besondere Herausforderung für jeden Therapeuten dar. Insbesondere entziehen sie sich dem traditionellen Verständnis der Widerstands- und Übertragungsdeutung. Lange Zeit wurden sie – meist unter der Diagnose Borderline oder narzisstische Persönlichkeitsstörung – als ›nicht analysierbar‹ von Psychoanalytikern abgewiesen, daher der ironische Titel »falsche Patienten«. Für die narzisstisch strukturierten Persönlichkeiten konnte Kohut (1976, 1979) zeigen, dass diese sehr wohl spezifische und analysierbare Übertragungen aufwiesen, die er *Selbstobjektübertragungen* nannte. Er entwickelte ein eigenständiges Konzept für die Behandlung dieser Patienten, die *Selbstpsychologie*, die ein eigenes pathogenetisches Modell für die Entstehung dieser schweren Persönlichkeitsstörungen beinhaltet (vgl. Boll-Klatt und Kohrs 2018, S. 81 ff.).

Insbesondere zeigt Kohut, dass für die Entwicklung einer stabilen Selbstkohärenz und gesunden Selbstwertregulation spezifische Fähigkeiten der elterlichen Objekte benötigt werden, deren Ausbleiben sich in den spezifischen unreifen narzisstischen Ansprüchen dieser Patienten an Bewunderung und Spiegelung durch den Therapeuten zeigen.

Noch komplexer stellt sich bis heute das Problem der zahlreichen Borderline-Patienten dar. Ursprünglich als diagnostische Gruppe zwischen den Neurosen und den Psychosen angesiedelt, war Borderline lange das Synonym für die schweren strukturellen Persönlichkeitsstörungen, die sich jeder psychoanalytischen Behandlung entzogen (vgl. Kind 2011). Insbesondere zeigen diese Patienten keine stabile Einsicht in die Schwere ihrer persönlichen Störung, gerade die offenkundig intensivsten (selbst-)destruktiven Tendenzen werden häufig vollkommen ich-synton geschildert und projektiv begründet: »Vorgesetzte haben Probleme mit mir, ich bin nicht autoritätshörig, daran sind schon meine Eltern gescheitert. Ich werde mich auch nicht an all diese Regeln halten, die Sie mir hier vorgeben. Ich lasse mich nicht verbiegen!«

Daneben besteht spürbare Not und ein oft ebenso grenzenloser Anspruch an Hilfe und Verbesserung der Lebensqualität, die den Therapeuten schnell an seine Grenzen bringen, zumal er einem Wechselbad aus Idealisierung und Entwertung ausgesetzt wird.

Die o. g. Prozesse archaischer, vorsprachlicher Psychodynamik führen dann im Therapieverlauf schnell zum Scheitern verbaler Deutungen, die nicht mit den präverbalen Prozessen des impliziten Gedächtnisses verknüpft werden können. Darüber hinaus wird das Setting mit seinen zahlreichen Begrenzungen (feste Termine, zeitliche Limits, Ausfallregelungen usw.) zumeist nicht als haltgebend erlebt, sondern periodisch immer wieder als feindselig konstelliert und entsprechend angegriffen. Dies führt dann den Therapeuten seinerseits bald an seine Grenzen, zumal auch hier die übliche Technik der Widerstandsdeutung zu keinen Besserungen führt.

Inzwischen existiert eine unüberschaubare Literatur zum Thema Borderline. Es sollen nachfolgend zwei Konzeptionen skizziert werden, die den heutigen Stand des Wissens und der Behandlungstechnik vermutlich am besten wiedergeben.

Kernberg (1978) kommt das Verdienst zu, für die Vielgestaltigkeit und diagnostisch kaum zu fassende Fülle der Borderline-Pathologie ein strukturtheoretisches Konzept entwickelt zu haben. Er entwickelte die Theorie der *Borderline-Persönlichkeitsorganisation* (BPO), die man als Fundament der modernen Strukturtheorien und der strukturpathologischen Konzepte verstehen kann. Die Strukturachse der OPD als deutschsprachige Konzeptualisierung der Strukturpathologie beruht zwar auf völlig anderen entwicklungspsychologischen Grundlagen (▶ Kap. 5), bildet letztendlich aber vergleichbare Phänomene ab. Die strukturelle Dimension BPO beschreibt Patienten mit schweren Persönlichkeitsstörungen, bei denen in der Durchführung eines standardisierten Interviews (STIPO, vgl. Clarkin et al. 2008) folgendes diagnostiziert werden kann:

- Überwiegen früher Abwehrstrategien aus der Gruppe der Spaltungen, vor allem Projektion, projektive Identifizierung, Idealisierung/Entwertung, Verleugnung
- Identitätsdiffusion in Folge der Persistenz gespaltener Selbst- und Objektrepräsentanzen
- überwiegend erhaltene Realitätsprüfung (in Abgrenzung zu den Psychosen), die allerdings krisenhaft sehr eingeschränkt sein kann

Dazu kommt häufig noch eine Über-Ich-Pathologie unterschiedlichen Ausmaßes, die sich im Fehlen der protektiven Schuld- und Schamfunktionen äußert.

Pathogenetisch erklärt Kernberg das strukturelle Syndrom der Persönlichkeitsstörungen auf dem Niveau der BPO mit der Persistenz primitiver Objektbeziehungsdyaden, in denen ›nur gute‹ mit ›nur bösen‹ Repräsentanzen nicht zu realistischen, reifen Repräsentanzen des Selbst und der wichtigen Objekte sowie deren Beziehungen zueinander integriert wurden. Sie gehen zurück auf sehr frühe Beziehungserfahrungen, die bei diesen Patienten zumeist durch eine traumatische und aggressiv unberechenbare Atmosphäre gekennzeichnet sind. Kennzeichnend für diese frühen Beziehungsrepräsentanzen ist vor allem, dass wegen der genannten Spaltungen und chronischen Projektions-/Introjektionsprozesse die Grenzen zwischen dem Selbst und den Objekten nicht stabil und realistisch etabliert sind. Dadurch kommt es permanent zu Verschiebungen, Verzerrungen und Paradoxien in der Vorstellung vom Selbst und den Objekten, dem Syndrom der *Identitätsdiffusion*. Eine der Auswirkungen dieser

Dynamik ist eine oft nicht sofort erkennbare Denkstörung, da die genannten Prozesse dem Primat der Angst- und Spannungsregulation folgen, nicht der Logik einer kausalen Realität. Mit Freuds Worten: Diese Patienten leiden nicht unter den Auswirkungen des unterdrückten Primärprozesses und der entsprechenden kompromisshaften neurotischen Symptome. Sie leben vielmehr den Primärprozess unmittelbar aus, erkennbar an sexueller Devianz, die offen und ich-synton geschildert wird. Darüber hinaus kommt es häufig zu Impulsdurchbrüchen, insbesondere aggressiver und destruktiver Natur, die ebenfalls weitgehend gerechtfertigt werden.

Die Instabilität der inneren Repräsentanzen ist noch für ein weiteres strukturelles Merkmal der schweren Persönlichkeitsstörungen verantwortlich, die fehlende *Objektkonstanz*. Darunter verstehen wir im Kontext der Objektbeziehungstheorie die sichere Internalisierung haltgebender Beziehungserfahrungen aus den ersten Lebensjahren. Sie führt zur Ausbildung intrapsychischer Strukturen, die das Kind von der konkreten Anwesenheit der primären Objekte zunehmend unabhängig werden lassen und die Exploration der sozialen Umwelt und eine entsprechende Autonomieentwicklung möglich machen (vgl. Boll-Klatt und Kohrs 2018, S. 141 ff). Eben diese Strukturen stehen den hier beschriebenen Patienten nicht ausreichend zur Verfügung, so dass es zur chronischen Angst vor dem Getrenntsein, Verlassenwerden usw. kommt. Diese Angst ist oft unbewusst und kann sich auf unterschiedlichste Art zeigen. Sie führt jedoch zumeist zu sehr ernsten Störungen in den zwischenmenschlichen Beziehungen. Häufig besteht überbetonte Unabhängigkeit unverbunden neben extrem heftigen Reaktionen auf autonome Bestrebungen des Partners, etwa Abgrenzungen schon in alltäglichen Dingen, ohne dass dieser Zusammenhang ansprechbar wäre. Diese Dynamik führt zu entsprechenden Prozessen im Rahmen der Dynamik von Übertragung und Gegenübertragung und ist behandlungstechnisch sehr schwer zu handhaben. Patienten mit der beschriebenen strukturellen Störung reagieren u. U. schon auf kleinste Meinungsverschiedenheiten, Perspektivwechsel o. Ä. mit heftigem Rückzug, Kränkung, Aggression oder auch Dekompensation.

Das therapeutische Konzept Kernbergs, inzwischen etabliert als *Transference Focussed Psychotherapy* (TFP, Übertragungsfokussierte Psychotherapie) versucht, diese Prozesse ausdrücklich nicht in erster Linie im

Sinne genetischer Deutungen zu behandeln, die auf den vermuteten biografischen Entstehungskontext rekurrieren (»Sie erleben mich wie ...«), sondern beschreibt die jeweils dominierende Beziehungsdyade und den damit verbundenen Affekt, die den aktuellen Beziehungsmoment dominieren: »Im Moment scheint ein bevormundender Erwachsener auf ein Kind einzureden, das von all dem nichts wissen will und immer trotziger wird«. (Mehr zur TFP ▶ Kap. 5.)

Die Problematik der schon kurz erwähnten spezifischen Denkstörung der strukturell beeinträchtigen Patienten hat noch zu einem anderen theoretischen Konzept geführt, der Theorie der reflexiven Kompetenz (*Mentalisierung*) aus der Arbeitsgruppe um Fonagy und Target (Allen et al. 2011; Fonagy und Target 2001). Da der Mentalisierung und der Mentalisierungsbasierten Therapie ein eigener Band im Rahmen dieser Buchreihe gewidmet ist (Euler und Walter 2018), soll an dieser Stelle nur eine orientierende Übersicht gegeben werden.

Ausgangspunkt war auch für Fonagy und seine Mitarbeiterinnen das Phänomen der Patienten, die vom Angebot deutender Interventionen im Kontext einer psychoanalytischen Behandlung nicht profitieren, sondern:

> »... während der psychoanalytischen Behandlung in dramatischer Weise regredieren, psychotische Symptome zeigen und im Analytiker sehr heftige Gefühle auslösen. Zusammen mit der großen emotionalen Labilität des Patienten erschweren sie den analytischen Prozess in beunruhigender Weise. Im Verlauf der Analyse kommt es zu Übertragungsagieren und häufig auch zu Gegenübertragungsagieren, zu intensiver Abhängigkeit und plötzlichen Unterbrechungen der Behandlung« (Fonagy und Target 2001, S. 962).

Die Besonderheit in Fonagys Ansatz liegt in der Erarbeitung einer entwicklungspsychologischen Perspektive bezüglich der Genese der geschilderten Strukturpathologie im Kontext der frühen interpersonalen *und* intrapsychischen Objektbeziehungserfahrungen und deren Internalisierung/Repräsentation in diesen Patienten.

Unter Bezug auf inzwischen sehr umfassende Forschungsergebnisse aus der Säuglings- und Kleinkindforschung kann Fonagy die spezifischen Probleme aus Störungen der frühen Bindung und entsprechenden Defiziten der primären Bezugspersonen herleiten.

Im Zentrum steht dabei die »Unfähigkeit von Borderline-Patienten, angemessen zu mentalisieren«, die Fonagy daraus ableitet, »dass sie äußere und innere Erfahrungen undifferenziert repräsentieren« (ebd., S. 961). Von entscheidender Bedeutung ist die Gleichsetzung innerer Zustände, also eigener Gefühle und Gedanken, mit der äußeren Realität. Dieser Funktionsmodus wird als *Äquivalenzmodus* bezeichnet und beschreibt recht genau die problematischen Übertragungsprozesse, in denen der Patient z. B. von aggressiven und ängstigenden Affektzuständen überschwemmt wird und diese projektiv mit der äußeren Situation gleichsetzt. Dieser Modus entspricht einer frühen, unreifen Stufe in der Entwicklung der reflexiven Kompetenz. Er lässt sich etwa an einem zweijährigen Kind veranschaulichen, das im abendlichen Dämmerlicht nicht einschläft, weil die Zweige des Baums vor dem Fenster wie Arme aussehen, die nach ihm greifen oder winken. In diesem Alter weiß das Kind bereits ›eigentlich‹, dass dort draußen ein Baum steht. Dennoch gewinnen die Ängste als körperlich-seelische Zustände noch derart an Übermacht, dass das Kind den Baum mit dem Riesen gleichsetzt, der es rauben will. Entscheidend ist, dass mentale Zustände, d. h. Gedanken, vor allem aber intensive Affekte noch nicht als *innere* Realitäten, d. h. als Repräsentationen begriffen werden können.

Fonagy kann zeigen, welche Funktionen seitens der Bezugspersonen erforderlich sind, um die weitere Reifung dieser intrapsychischen Repräsentanzen zu fördern bzw. unter welchen Bedingungen die Entwicklung stagniert. Aufbauend auf den Arbeiten von Bion (1962) und Winnicott (1956) betont er die Bedeutung der *Spiegelfunktion* und des *Containment* durch die Eltern, um die allein noch unerträglichen und überflutenden primären Repräsentationen der affektiven Zustände zu tolerieren, indem sie den körperlichen, gestischen und mimischen Ausdruck des Babys/Kleinkindes nicht nur interpretieren, sondern ihm »eine brauchbare Version dessen zurück (geben), was es kommuniziert« (Fonagy und Target 2001, S. 965). Dazu ist es unerlässlich, dass sie selbst über entsprechende reflexive (mentalisierende) Fähigkeiten verfügen, um die Zustände des Kindes auszuhalten und eine eigene Vorstellung vom Befinden des Kindes zu entwickeln. Darüber hinaus ließ sich zeigen (Gergely und Watson 1996), dass die Reaktion der Bezugsperson – in frühester Kindheit zumeist die Mutter – aus einer haltenden Beziehung heraus etwas bereitstellen muss, das Fonagy »markiertes Spiegeln« nennt (Allen et al. 2011, S. 117, 432). Es besteht in der Wiedergabe des exakten Affekts des Kindes – z. B.

Angst – verbunden mit einem zweiten Affekt – z. B. Ironie. Dadurch entsteht die Grundlage für Repräsentationen zweiten Grades. Diese sind angereichert um die sinnliche, affektive Erfahrung einer Differenz, einer atmosphärischen Qualität, die in unserem Beispiel signalisiert, dass es nicht nur Angst gibt und dass das vom negativen Affekt überflutete kindlich labile Selbst nicht allein ist. Dieser Prozess führt zur Beruhigung des Kindes und legt offenbar das Fundament für die eigene Affektregulation.

Gleichzeitig ist er der Beginn der Symbolisierungsfähigkeit, da die genannten Repräsentationen zweiten Grades mehr sind, nicht mehr identisch (äquivalent!) sind mit der ursprünglichen affektiven Erfahrung. Sie bieten also allmählich die Möglichkeit, mit ihnen als etwas Eigenem umzugehen, etwas Drittem, einer Phantasie, einer Erinnerung, einem Wunsch, einer Befürchtung, einem Gedanken.

Der beschriebene Entwicklungsprozess lässt schon die Qualität der nächsten Stufe erkennen, die Fonagy den »Als-ob-Modus« nennt (Fonagy und Target 2001, S. 964). Er wird im o. g. Beispiel von der Mutter eingebracht, wenn sie die Angst des Kindes zwar spürt und korrekt spiegelt, sie aber gleichzeitig nicht als die reale Katastrophe behandelt, als die das Kind sie erlebt, sondern z. B. als ein Spiel inszeniert. Die später daraus folgenden *Als-ob-Spiele* des Kindes (»Ich bin jetzt wohl ein Polizist!«) zeigen deutlich die in diesem Modus mögliche Trennung zwischen innerer und äußerer Welt. Das Kind lernt, sich mit inneren Zuständen, Vorstellungen und intensiv erlebten Gefühlen zu beschäftigen, als hätten sie keinerlei Verbindung zur äußeren Realität. Auch hier benötigt es die schützende Nähe zu einem Erwachsenen, der dazu über entsprechende eigene mentalisierende Kompetenzen verfügen muss. Es handelt sich dabei um unbewusste psychische Strukturen, deren Funktionen autonom ablaufen und die nicht willkürlich abgerufen werden können. Sie beinhalten dabei sehr komplexe und schnelle Abläufe, in deren Zentrum eine Vorstellung des Kindes in seiner momentanen Befindlichkeit steht. »Mentalisieren heißt, in sich selbst und in anderen Gedanken und Gefühle wahrzunehmen und zu erkennen, dass diese mit der äußeren Realität in Verbindung stehen« (Fonagy und Target 2001, S. 963).

Fonagy konnte nachweisen, dass in der Entwicklung dieser Fähigkeit im Kind schwere Defizite entstehen, wenn die primären Bezugspersonen den Affekt des Kindes nicht verstehen und/oder ihn nicht tolerieren und im o. g. Sinne dann auch nicht metabolisieren können. Es kommt zu inadäquaten Antworten, entweder im Sinne einer falschen Affektwiedergabe (Angst wird z. B. nur mit einem Lachen quittiert) oder im Sinne einer Affektansteckung zu einer Imitation des kindlichen Affekts, indem die Mutter z. B. auf die Angst des Kleinkindes mit eigener Panik reagiert.

Aus diesen oder anderen Gründen, z. B. auch schweren Traumatisierungen, kann es dann zu einer Fixierung des Kindes auf die beschriebenen frühen Vorstufen der reifen reflexiven Kompetenz kommen. Die Auswirkungen liegen zum einen in einer weitgehenden Einschränkung der Affektregulation. Diese Kinder und späteren Erwachsenen werden entweder von ihren Affekten überflutet und können sie im Rahmen des Äquivalenzmodus nicht als symbolische, innere eigene Realität begreifen und bewältigen, sondern bleiben auf szenische, interpersonale, konkretistische Abwehrformen angewiesen. Das sind z. B. Partnerschaften, in denen kollusiv gemeinsam Ängste abgewehrt werden, indem die Partner sich vor einer feindseligen Außenwelt zurückziehen o. Ä.

Die Fixierung auf den Als-ob-Modus führt zu anderen, ähnlich schweren Problemen, da in der Regel der funktionale Bezug zwischen innerer und äußerer Realität misslingt. Es kommt zu pseudomentalisierenden Prozessen, aber kaum zu konkreten Entwicklungen im Beruf oder Beziehungen. Alles ist Spiel, wird ausprobiert, die Verantwortung für Folgen eigenen Verhaltens wird häufig verleugnet.

Hier wird die über die Affektregulation hinausgehende Pathologie der Mentalisierung deutlich: Die Unfähigkeit, in realistischer Weise über sich und andere Menschen nachzudenken, einen sinnhaften Zusammenhang zwischen Gefühlen, Gedanken, Befindlichkeiten und Verhalten herzustellen und aus Erfahrungen zu lernen.

Dies erklärt, weshalb Borderline-Patienten, die besonders schwer unter dieser strukturellen Problematik leiden, von einer traditionellen psychoanalytischen Behandlung in der Regel nicht profitieren. Sie stellen den Behandler vor spezifische Probleme, da sie im Aquivalenzmodus die Deutungen ihres Erlebens als Übertragung unbewusster Prozesse nicht verstehen, wie sich beispielhaft in folgender Patientenäußerung zeigt: »Mein Vater hat mich für seine Zwecke missbraucht, ich hatte immer missbräuchliche Beziehungen und Sie missbrauchen auch Ihre Macht über mich, mit Übertragung hat das nichts zu tun, Sie fordern doch ein Ausfallhonorar von mir – obwohl ich krank war!«

Auf dem Als-ob-Niveau scheinen Patienten sehr intelligent und konstruktiv mitzudenken. Es fällt jedoch – oft erst in der Supervision – auf, dass die affektive Beteiligung flach bleibt und sich die vermeintlich differenzierten Gedanken und Einsichten in keiner Weise auf die Symptomatik, das Verhalten und die Lebensbewältigung der Patienten auswirken.

Insgesamt stellt der Beitrag Fonagys und seiner Gruppe einen außerordentlich wertvollen Fortschritt in der Behandlung der schweren Persönlichkeitsstörungen dar. Insbesondere schärft er den Blick für Behandlungsverläufe psychodynamischer Therapien, in denen episodisch das Niveau der mentalisierenden Kompetenz schwankt und zwar durchaus auch auf Seiten des Behandlers. Fonagy propagiert in diesem Kontext eine therapeutische Haltung des Suchens anstelle des Wissens. In dem von Schultz-Venrath verfassten Lehrbuch (2015) finden sich viele Belege dafür, dass die gemeinsame Suchbewegung von Therapeut und Patient diesen ermutigt, die vermeintliche Sicherheit seiner Fixierung aufzugeben und sich weiterzuentwickeln.

3.3 Traumapathologie – die Diskussion um die Bedeutung des Innen und des Außen

Mit der Konflikt- und Strukturpathologie wurden zwei unterschiedliche Formen psychischer Fehlentwicklung in Kindheit und Jugend beschrieben, die als Vulnerabilitäten und unbewusste Dispositionen für die Ausbildung psychischer Störungen im Erwachsenenalter bedeutsam sind. Beide folgen in der beschriebenen jeweils unterschiedlichen Weise typischen psychodynamischen Modellvorstellungen. Die Konzeptualisierung der Traumapathologie bzw. von Trauma und Traumafolgestörungen steht logisch nicht in einer Reihe mit diesen aus der frühen Persönlichkeitsentwicklung abgeleiteten Pathologien; der Traumapathologie liegt ein eigenes ätiopathogenetisches Modell zugrunde, das durch ein Unvermögen der Verarbeitung überflutender emotionaler Erregung gekennzeichnet ist. Neurobiologische Prozesse spielen in der Erklärung der Entstehung und Aufrechterhaltung von Traumafolgestörungen heute eine zentrale Rolle (vgl. z. B. Sachsse 2013a; Irle et al. 2011). Wegen der Spezifität des Traumas und der damit assoziierten psychischen Störungen sei an dieser Stelle auf die einschlägige Literatur verwiesen (z. B. Fischer und Riedesser 1999; Sachsse 2013; Flatten et al. 2013; Seidler et al. 2015). Bei aller Besonderheit sollte die Traumapathologie aber auch immer im Sinne eines Ergänzungsverhältnisses, d. h. in Überschneidung mit konfliktpathologischen Anteilen und insbesondere mit der Strukturpathologie konzeptualisiert und diagnostiziert werden (▶ Kap. 3.3.5). Im Kontext dieses Buches sollen insbesondere die negativen Auswirkungen unverarbeiteter psychischer Traumatisierungen auf die strukturelle Entwicklung in Kindheit und Jugend und/oder die schweren, nachhaltigen Beschädigungen struktureller Merkmale als Folge traumatischer Erlebnisse im Erwachsenenalter näher betrachtet werden.

3.3.1 Das Außen – das Trauma als Ereignismerkmal und seine Pathogenität

In den »Studien über Hysterie« (1895d) schreibt Freud:

> »Will man ... die Symptome einer Hysterie als Zeugen für die Entstehungsgeschichte der Krankheit laut werden lassen, so muß man an die bedeutsame Entdeckung J. Breuers anknüpfen, daß die Symptome der Hysterie ... ihre Determinierung von gewissen traumatisch wirksamen Erlebnissen des Kranken herleiten, als deren Erinnerungssymbole sie im psychischen Leben desselben reproduziert werden. ... Ich stelle also die Behauptung auf, zugrunde jedes Falles von Hysterie befinden sich ... ein oder mehrere Erlebnisse von vorzeitiger sexueller Erfahrung, die der frühesten Jugend angehören. Ich halte dies für eine wichtige Enthüllung, für die Auffindung eines caput nili der Neuropathologie ...« (Freud 1895d, S. 439).

Freuds auf dieser Auffassung gründende sog. Verführungstheorie, dass neurotische Störungen durch nicht verarbeitete, verdrängte Realtraumatisierungen in der frühen Kindheit entstehen, wurde bereits unter Kapitel 3.1 beschrieben. Seit Freuds »Widerruf-Brief« an Fließ (▶ Kap. 3.1) sind dann über 80 Jahre vergangen, bis es zu einer Neubewertung von Traumatisierungen kam und die posttraumatischen Störungen offiziell als psychische Erkrankungen anerkannt und in das DSM übernommen wurden (zur Geschichte vgl. Venzlaff et al. 2013).

In der einschlägigen modernen psychotraumatologischen Literatur werden traumatische Ereignisse in drei Gruppen eingeteilt: *man made*, *technique made* und *nature made*. Eine andere gängige Differenzierung besteht in der Unterteilung in die plötzlichen, unvorhergesehenen, *einmaligen Typ-I-Traumen* und die *chronischen, kumulativen Traumen* (Terr 1995). Die Tabelle fasst die heute gültige Klassifikation zusammen (▶ Tab. 3.4).

Tab. 3.4: Typologie psychischer Traumatisierungen

	apersonal	personal
Typ-I-Traumen plötzlich, unvorhergesehen, einmalig	Naturkatastrophen und Verkehrsunfälle	räuberische Überfälle, Vergewaltigung und plötzlicher Verlust
Typ-II-Traumen chronisch – kumulativ	technische Katastrophen z. B. Atomunfall	sexueller Missbrauch, physische Gewalt; Bindungs- und Beziehungs-Traumatisierungen; politische Gewalt in Form von Krieg und Folter sowie Geiselnahme, KZ-Haft und Vertreibung

Im Zusammenhang mit der Posttraumatischen Belastungsstörung finden sich sowohl in der ICD-10 (Dilling et al. 2000) als auch im DSM-5 (Falkai und Wittchen 2015) sog. *situationale Traumadefinitionen*, die ausschließlich die Pathogenität der Ereigniskriterien betonen. Die Pathogenität menschlich verursachter kumulativer traumatischer Ereignisse ist am höchsten, wie dies die Inzidenzen posttraumatischer Belastungsstörungen (PTBS) nach sexuellem Missbrauch oder nach Folter eindrucksvoll zeigen. Die Prävalenz für die Entwicklung einer PTBS liegt nach einer Vergewaltigung und nach Folter bei über 50 % und damit deutlich höher als die üblicherweise nachgewiesenen 15 % bis 30 %. Traumata, bei denen der eigene Körper verletzt und beschädigt wurde, und Traumata, die von

Menschen verursacht wurden (»man made«), sind generell schwerer zu verarbeiten als Naturkatastrophen und Unfälle. Traumatisierungen mit eigenem Schuld-Anteil bzw. an denen man sich eine Mitschuld zuschreibt, sind psychisch schwerer zu integrieren, als solche, bei denen man zweifelsfrei ausschließlich Opfer war (Sachsse 2013b, S. 56). Aber auch wenn Art und Schwere des Traumas dessen Pathogenität mitbestimmen, werden durch das Ereignis dennoch weder die aktuelle Psychodynamik noch die Psychogenese außer Kraft gesetzt. *Relationale Traumadefinitionen* betonen die moderierende Rolle der individuellen Vulnerabilität aufgrund biografischer und anderer auch körperlicher persönlicher Faktoren selbst bei traumatischen Situationen mit hoher Pathogenität. Die subjektive Wahrnehmung, die individuelle Bedeutungszuschreibung und die zur Verfügung stehenden Bewältigungsmöglichkeiten sind ausschlaggebend. Demnach ist ein Trauma:

> »… (ein) vitales Diskrepanzerlebnis zwischen bedrohlichen Situationsfaktoren und den individuellen Bewältigungsmöglichkeiten, das mit Gefühlen von Hilflosigkeit und schutzloser Preisgabe einhergeht und so eine dauerhafte Erschütterung von Selbst- und Weltverständnis bewirkt« (Fischer und Riedesser 1999, S. 79).

Konzeptuell wird heute von einer *Kombination situationaler und relationaler Traumadefinitionen* ausgegangen.

Die *ätiopathogenetische Relevanz* von Traumatisierungen kann man aus sehr unterschiedlichen Perspektiven beurteilen. Wenn die Prävalenz für die Entwicklung einer (länger andauernden) PTBS üblicherweise bei 15 % liegt, ist anzunehmen, dass ca. 85 % der Traumatisierten das traumatische Erlebnis innerhalb von etwa drei bis sechs Monaten bewältigen. Sachsse (2013b, S. 55) spricht von einem über Sozialkontakte vermittelten biologischen Selbstheilungssystem, das als Resilienzfaktor protektiv wirkt. Auch wenn genaue Zahlen fehlen, gehen Freyberger und Kuwert (2013) von einer Lebenszeitprävalenz von 5 bis 10 % aus. Die Autoren veranschlagen mit 25 % eine deutlich höhere Rate chronischer posttraumatischer Störungen; Frauen sind etwa doppelt so häufig betroffen wie Männer. Die Unterschiede lassen sich u. a. durch differierende methodische Zugänge erklären, die aber an dieser Stelle nicht vertieft werden können. Folgt man Freyberger und Kuwert, so spielt bei rund einem Fünftel der Gesamtzahl der psychischen Störungen eine Traumapathologie eine entscheidende Rolle.

3.3.2 Traumatisierung und Traumaverarbeitung

Spätestens hier stellt sich die Frage, was denn Traumata so pathogen für unsere Psyche macht, und damit auch die Frage nach der Unterscheidung zwischen belastenden, stressreichen Lebensereignissen und traumatisierenden Erlebnissen. Es ist interessant, einmal zwei Zitate einander gegenüberzustellen – eines von Freud und eines von Bohleber – und zu erkennen, wie sehr sich trotz 80 Jahre Zeitversetzung die Inhalte gleichen:

> Freud (1916/1917, S. 284): »Wir nennen so ein Erlebnis, welches dem Seelenleben innerhalb kurzer Zeit einen so starken Reizzuwachs bringt, dass die Erledigung oder Aufarbeitung desselben in normal-gewohnter Weise missglückt, woraus dauernde Störungen im Energiebetrieb resultieren müssen.«

> Bohleber (2008, S. 48): »Es bleibt ein Zuviel, ein Zuviel an Hilflosigkeit, ein Zuviel an sympathischer und parasympathischer Erregung, ein Zuviel an Noradrenalin und Cortisol und ein Zuviel an traumatisierender Gewalt, die sich der Bedeutungsgebung entzieht. Es bleibt ein massiver Überschuss, der die seelische Struktur durchbricht und nicht psychisch gebunden werden kann.«

Traumatische Erlebnisse durchbrechen den Reizschutz des Ich; sie führen zu einer plötzlichen oder andauernden Reizüberflutung, lähmen das Ich und setzen seine Abwehr- und Bewältigungsfunktionen außer Kraft. Archaische unbewusste Ängste und Phantasien brechen auf und werden plötzlich Wirklichkeit. Die Grenze zwischen Phantasie und Realität ist aufgelöst, es tritt ein Realitätsverlust ein, Innen und Außen sind nicht mehr zu unterscheiden. Eine katastrophale Orientierungslosigkeit, Schutz- und Hilflosigkeit, das Erleben von Ohnmacht bis hin zur psychotischen Desorientiertheit sind die Folge. Durch exzessive Erregung des Organismus in der traumatischen Situation kommt es zu einer Überwältigung der integrativen Funktionen des Ich und damit zu einer veränderten Prozessualisierung des Gedächtnisses. Und genau hier knüpft dann auch die toxische Pathogenität von Kindheitstraumata an, die als Prototypen kumulativer und komplexer Traumatisierung zu verstehen sind und auf ein in seiner Funktionsfähigkeit noch nicht ausreichend gefestigtes Ich treffen. Neben sexuellem Missbrauch und physischer Gewalt zählen vor allem unterschiedliche Vernachlässigungsphänomene dazu, sei es emotional, körperlich und/oder materiell. Ebenso sind Entwertungen und das Zuschreiben einer Sündenbockrolle sowie das Miterleben von Gewalt zwischen den Eltern zu nennen. Ist die PTBS im Wesentlichen durch angstassoziierte Intrusionen, Vermeidungsverhalten und ein Hyperarousal gekennzeichnet, lassen sich die komplexeren Traumafolgestörungen durch andere Symptomatiken davon abgrenzen. Wir finden vor allem Störungen der Affektregulation, der Selbstwahrnehmung und der interpersonellen Beziehungen sowie eine deutlich schlechtere Behandelbarkeit (Freyberger und Terock 2016).

Die Traumaverarbeitung bzw. die Entwicklung von Traumafolgestörungen wird heute als Ergebnis einer komplexen Wechselwirkung von körperlichen und psychischen Prozessen verstanden. Die Auffassung, dass es sich bei einer PTBS um eine Psychosomatose (vgl. Boll-Klatt und Kohrs 2018, S. 352 f), also um eine psychosomatische Störung nicht nur mit körperlichen Funktionsstörungen, sondern auch mit einem organpathologischen Substrat handelt, wird durchgehend anerkannt. Auf die inzwischen sehr umfangreiche Literatur zu dieser Thematik sei an dieser Stelle verwiesen (z. B. Sachsse 2013; Sack et al. 2013; Seidler et al. 2015, S. 15 ff).

3.3.3 Traumabewältigung

Wie schon im Zusammenhang mit den Prävalenzraten posttraumatischer Störungen beschrieben, haben Menschen ein natürliches Verarbeitungssystem für traumatische Erfahrungen, das insbesondere dann anspringt, wenn wir nach einer traumatischen Erfahrung in unserer Bezugsgruppe Schutz und Sicherheit, aber auch Solidarität finden.

In der sog. »Horowitz-Kaskade« (Sachsse 2013b, S. 54) wird die normale der pathologischen Verarbeitung einer Traumatisierung gegenübergestellt. Wichtig ist der Hinweis darauf, dass die beschriebene veränderte Prozessualisierung des Gedächtnisses, die Störungen der Informationsverarbeitung und andere neurobiologischen Veränderungen zunächst einmal normale Reaktionen auf eine unnormale, sprich traumatisierende Situation darstellen. Dies gilt ebenso für den Ausdruck (»Aufschrei«) von Furcht, Bestürzung und Wut, aber auch für das Abschalten, Verleugnen und Ausblenden sowie für unterschiedliche Formen von Vermeidungsverhalten. Ein erfolgreiches Durcharbeiten eines Traumas mündet in der Integration der Erfahrung in die Persönlichkeit: Es kann an das Trauma gedacht werden, ohne dass Symptome auftreten. Das Trauma aktualisiert sich nicht wieder unmittelbar, Intrusionen und Flashbacks sind verschwunden. Der Betroffene kann den Bezug zur Gegenwart aufrechterhalten, das Trauma ist Vergangenheit. Dort und Damals ist nicht Hier und Jetzt, auch wenn das Vergangene in der jetzt verbalisierbaren Erinnerung weiterhin grauenvoll und schmerzlich bleibt. Aber dies kann ausgehalten werden, ohne sich einige Stunden später zu betrinken, sich mit Medikamenten zu intoxikieren oder sich selbst zu verletzen (Sachsse 2013b, S. 55). Es ist dann »eine Erinnerung an eine emotional schwer belastende Situation« und keine »emotionale Erinnerung« (LeDoux 2006). Diese Unterscheidung verdeutlicht, was es heißt, ein funktionsfähiges Ich zur Verfügung zu haben, das in der Lage ist, Erlebnisse im zeitlichen und örtlichen Kontext zu verankern und durch den Einsatz deklarativer, expliziter Gedächtnisfunktionen zu reproduzieren.

3.3.4 Unterschiedliche Traumapathologien

Gelingt die Integrationsleistung nicht, kommt es zu spezifischen Traumapathologien, die in den diagnostischen Glossaren der ICD-10 und des DSM-5 unterschieden werden in kurzandauernde Posttraumatische Belastungsreaktionen (PTBR; ICD-10: F 43.0) und länger andauernde Posttraumatische Belastungsstörungen (PTBS; ICD-10: F 43.1; vgl. Dilling et al. 2000) sowie posttraumatische Persönlichkeitsentwicklungen bzw. -veränderungen (ICD-10: F 62.0). Diagnostische Kriterien einer Traumafolgestörung bestehen in dem Vorliegen eines schwer belastenden Ereignisses, dem Nachweis des Zustandes der Hilflosigkeit, dem Vorliegen von Intrusionen und Hyperarousal. Defensive Symptombildungen wie Vermeidungsverhalten, Dissoziationen sowie Konstriktionen mit emotionaler Abflachung und Taubheit sind als Abwehrmaßnahmen gegen das intrusive Wiedererleben zu verstehen und zeigen bei aller Pathologie eine gewisse Ich-Stärke an. Eine ähnliche psychodynamische Funktion haben viele andere sich häufig als komorbide Störungen entwickelnde Symptomatiken, die quasi als Gegenwehr gegen die PTBS fungieren. Essstörungen, selbstverletzendes Verhalten, Konsum von Suchtmitteln u. a. werden eingesetzt, um das erneute intrusive Auftreten des unaushaltbaren Grauens zu verhindern oder zu beenden.

Zusätzlich zur Betrachtung der Traumapathologie aus der Perspektive der Akuttraumatisierung, müssen – wie bereits anfangs erwähnt – aber auch vielfältige Verflechtungen mit den anderen, in einer Ergänzungsreihe stehenden Pathologien mitgedacht werden, die drei psychopathologischen Kategorien zuzuordnen sind:

1. Bereits bestehende konflikthafte und strukturelle Beeinträchtigungen können durch das Erleben eines Traumas symptomatisch werden.
2. Strukturelle und konflikthafte Pathologien können sich als Folge traumatischer Erfahrungen entwickeln.
3. Schwere strukturelle Pathologien sind vor dem Hintergrund komplexer Traumatisierungen in Kindheit und Jugend entstanden.

Ad 1. Wenn im Zentrum der Traumapathologie die Herabsetzung bzw. Auslöschung der Funktionsfähigkeit des Ich steht, wird nachvollziehbar, wie verwoben die Ausbildung posttraumatischer Pathologie mit der psychischen Vulnerabilität der prätraumatischen Persönlichkeit ist. Ein lapidar klingender Satz »Trauma setzt Psychodynamik nicht außer Kraft« bringt es auf den Punkt; bereits bestehende konflikthafte und strukturelle Beeinträchtigungen können durch das Erleben eines Traumas symptomatisch werden. Dies war z. B. bei einer Sparkassenangestellten der Fall, die einen räuberischen Überfall miterleben musste und etwa 20 Minuten von den Tätern als Geisel festgehalten wurde. Sie überstand die Tat körperlich unverletzt, entwickelte aber die typische Symptomatik einer Posttraumatischen Belastungsreaktion, die mit Inanspruchnahme therapeutischer Hilfe jedoch rasch abklang. Sie war nach etwa 10 Wochen in der Lage, ihre Arbeit wiederaufzunehmen. In den folgenden Monaten trat dann eine für die Patientin selbst unerklärliche schwere generalisierte Angststörung auf. Sie konnte nicht mehr allein sein und war in ständiger Besorgnis um ihr eigenes und das Wohlergehen ihrer Familie. In der

Anamneseerhebung wurde deutlich, dass die Patientin über eine angstneurotische Persönlichkeitsstruktur verfügte, die durch die Einbindung in ein enges Geflecht familiärer Beziehungen und durch viel Kontrolle und Absicherung im beruflichen Bereich über Jahrzehnte gut kompensiert werden konnte. Bei Nutzung der OPD ließ sich ein Individuations-Abhängigkeits-Konflikt diagnostizieren. Der mit der Traumatisierung einhergehende vollständige Kontrollverlust und das Erleben des hilflosen Ausgeliefertseins hatten in der Tiefe die bis dato aufrechterhaltene Stabilität massiv erschüttert. Das Ich war jetzt zu schwach, um die anflutenden massiven Ängste vor Selbst- und Objektverlust anders als durch ständige Besorgnis und katastrophisierende Antizipationen zu bewältigen. Der nicht mehr vorhandene innere Halt bzw. der Verlust der beruhigenden Wirkung eines guten inneren Objekts machte sie jetzt abhängig von der realen Präsenz eines haltgebenden Gegenübers. Weitere durch Traumatisierungen häufig aktualisierte Konflikte betreffen vor allem Schuld und Scham sowie die Aggressionsproblematik.

Ad 2. In der ICD-10 findet sich die Diagnose einer andauernden Persönlichkeitsänderung nach Extrembelastung (F 62). Trotz intensiver Diskussionen wurde aufgrund unzureichender empirischer Absicherung jedoch keine vergleichbare diagnostische Kategorie in das DSM-5 aufgenommen (Freyberger und Terock 2016). Im klinischen Alltag lässt sich insbesondere bei schwerwiegenden Traumatisierungen allerdings häufig beobachten, dass sich die Pathologie zunächst auch sehr im Verborgenen abspielt, auch ohne die typischen dramatischen Symptome der PTBS. Schleichende strukturelle Beeinträchtigungen und die Ausbildung vermehrter defensiver Persönlichkeitszüge gehen damit einher. Ermann (2016, S. 175) spricht von Posttraumatischen Persönlichkeitszügen und meint damit gesteigertes Misstrauen, Vulnerabilität, emotionale Taubheit oder Gefühlsleere, phobische Haltungen und Schuldgefühle.

Ad 3. Es besteht ein enger Zusammenhang von Traumatisierungen in Kindheit und Jugend mit der Entwicklung von Persönlichkeitsstörungen. Sexueller Missbrauch, körperliche Misshandlungen und emotionale Vernachlässigung prägen die Lebensgeschichte der meisten Patienten mit Persönlichkeitsstörungen (z. B. Wöller 2006). Dulz und Rönfeldt (2015) geben einen sehr differenzierten Überblick über die unterschiedlichen Persönlichkeitsstörungen und die spezifischen Formen der Belastung in

Kindheit und Jugend. Mit einer Prävalenz des sexuellen Missbrauchs von über 80 % stationär behandelter Patientinnen (Dulz und Jensen 2011) nimmt die Borderline-Persönlichkeitsstörung (BPS) eine herausragende Rolle ein. Die komplexeren Traumafolgestörungen weisen auf der Symptomebene eine deutliche Überschneidung mit der Borderline-Persönlichkeitsstörung auf. Die auf diagnostischen Kriterien beruhende Trennschärfe zwischen der komplexen PTBS und der BPS ist bis heute unbefriedigend, so dass ein großer Anteil der BPS auch als chronifizierte komplexe PTBS zu verstehen ist (vgl. Boll-Klatt und Kohrs 2018, S. 473 ff).

3.3.5 Die psychoökonomische ergänzt um die objektbeziehungstheoretische Perspektive

Ferenczi (1933/1964) untersuchte vor allem das Trauma des sexuellen Missbrauchs; als Pionier moderner psychoanalytischer Psychotraumatologie verstand er das Trauma konsequent objektbeziehungstheoretisch, als ein Geschehen immer in Beziehungen. Häufig sind es ja gerade erst die Beziehungsanteile, die die schädigende Wirkung des traumatischen Ereignisses erheblich erhöhen: Verlustdrohung, Verrat und/oder unterlassener Schutz durch Verweigerung der Zeugenschaft, die die Mütter missbrauchter und misshandelter Kinder häufig ihren Söhnen und Töchtern vorenthalten (»Ich habe davon nie etwas gewusst!«). Somit zerstört das Trauma das Gefühl der Sicherheit, in dem das Kind vorher gelebt hat. Die Erwachsenen als Garanten dieses Sicherheitsgefühls und des Vertrauen stoßen es in einen Zustand totaler Hilflosigkeit. Damit wird die Objektbeziehung zum pathogensten Element; Ferenczi spricht von einer Sprachverwirrung zwischen den Erwachsenen und dem Kind und meint damit die Verwirrung des Kindes über den Begriff der Liebe, der kindlichen Liebe, d. h. der (vortraumatischen) Zärtlichkeit, und der Erwachsenensexualität, also der Leidenschaft, die der inzestuöse Vater – sehr viel seltener aber auch die Mutter – dem unschuldigen Kind gewaltsam überstülpt. Das Kind wird überwältigt von dieser Art der Liebe, die es nicht erwartet hat und über deren wahren Charakter es auch von der Mutter im Unklaren gelassen wird. Damit wird nicht nur die innere Objektbeziehung beschädigt, sondern auch die innere schützende, Sicherheit gebende Kommunikation zwischen Selbst- und Objektrepräsentanzen: »Die traumatische Realität zerstört den empathischen Schutzschild, den das verinnerlichte Primärobjekt bildet und destruiert das Vertrauen auf die kontinuierliche Präsenz guter Objekte und die Erwartbarkeit mitmenschlicher Empathie« (Bohleber 2014, S. 126). Es entstehen Inseln traumatischer Erfahrungen, die von der inneren Kommunikation abgespalten sind. Eine absolute innere Einsamkeit und Trostlosigkeit entwickelt sich als Folge des Auseinanderbrechens der kommunikativen Dyade zwischen Selbst- und Objektrepräsentanzen. »Im Trauma verstummt das gute innere Objekt als empathischer Vermittler zwischen Selbst und Umwelt« (Bohleber 2008). Und noch eine weitere Dimension der Schädigung ist objektbeziehungstheoretisch zu erklären; gemeint sind die Internalisierungsvorgänge in Form der Introjektion und der Identifikation mit dem Aggressor. Um seelisch zu überleben, ist das Kind gezwungen, sich in seiner Angst und Schutzlosigkeit mit dem Täter zu identifizieren, um auf diese Weise ein Bild des Erwachsenen aufrecht erhalten zu können, wie es vor der traumatischen Attacke war. Insbesondere im Zusammenhang mit physischer Gewalt gegenüber Jungen ist dieser Abwehrmechanismus häufig nachweisbar. Der geprügelte kleine Junge identifiziert sich mit dem gewalttätigen Vater und wird in der späteren Vaterrolle mit einer gewissen Wahrscheinlichkeit selbst zu physischer Gewalt gegenüber seinen eigenen Kindern neigen. Nach A. Freud (1936) geschieht diese Identifikation wie alle intrapsychischen Abwehrmanöver aus Furcht und zum Schutz des Ich. Anders verhält es sich bei den Täterintrojekten, die aus Liebe geschehen. Hier betrachtet sich das Kind als schlecht und schuldig am Denken, Fühlen und Verhalten des traumatisierenden Erwachsenen. Der Sinn der Introjektion besteht darin, die äußeren Eltern, die das Kind zum Überleben braucht, als gute Objekte zu erhalten. Das Kind holt das Problem aus dem Außenraum in seinen Innenraum: »So trägt der Patient auf einer inneren Bühne aus, was er extern nicht lösen kann« (Peichl 2013, S. 245). Damit entspricht die Introjektion einer Unterwerfung, einem Akzeptieren des traumatischen Systems. Das introjektive Hereinnehmen des Täters, dessen Bild dadurch – weil er ja auch lebensnotwendig gebraucht wird – »gut« bleiben kann, während das Böse, das in der traumatisierenden Gewalt enthalten ist, und die Schuld des Täters in das Kind bzw. das Opfer gelangen. Dort wirkt das Böse

3.3 Traumapathologie

selbstwertschädigend und verursacht regelmäßig jenes Schuldgefühl, das der Täter nicht hat (Hirsch 2004, S. 35). Die Täter-Introjektion hat also einen Schutzcharakter, der dem Überleben dient im Sinne eines psychischen Notfallmechanismus; der destruktive pathogene Objektanteil wird in das Selbst genommen und damit Teil der Selbstrepräsentanz (Boll-Klatt und Kohrs 2018, S. 339 ff). Schweres Misstrauen, Scham, Schuld, extreme Einsamkeit, Nicht-Zugehörigkeit und ein Gefühl von Entmenschlichung sowie die Angst, mit dem eigenen Hass und der Destruktivität andere, auch den Therapeuten, zu vernichten, intoxikieren alle Beziehungen. Nur wenn es gelingt, den destruktiven, »mörderischen« Selbstanteil in der Therapie zu treffen, kann es gelingen, den vernichtenden Hass und die Aggressionen in ein breiteres Spektrum aggressiver Gefühle zu integrieren (Draijer und van Zon 2016, S. 561 ff).

Die objektbeziehungstheoretischen Konzeptionen des Traumas stellen ohne Zweifel einen großen Fortschritt dar, um die Pathogenität der traumatischen Erfahrung zu verstehen. Allerdings wendet Bohleber (2008, S. 47 f) kritisch ein, dass sich der Traumabegriff dadurch auch dem Risiko aussetzt, im Übermaß ausgeweitet und auf alle möglichen Defizite und Störungen der Mutter-Kind-Beziehung angewendet zu werden. Diese Gefahr steht im Zusammenhang mit der Auflösung des Zusammenhangs zwischen der traumatischen Situation und der spezifischen traumainduzierten Angst. Diese Angst sei so primitiv, dass sie nur in ökonomischen Termini beschrieben werden könne: Die Reizschranke wird durchbrochen und nicht verarbeitbare Mengen von Erregung rufen eine seelische Desorganisation und eine vollständige Hilflosigkeit hervor. Deshalb plädiert Bohleber dafür, in der psychoanalytischen Traumatheorie beide Modelle zu nutzen: das objektbeziehungstheoretische ebenso wie das psychoökonomische, und schließt damit dann auch an die neurobiologisch fundierte Psychotraumatologie an.

4 Kernelemente der Diagnostik

4.1 Einführung

Auch wenn Diagnostik und Therapie in den psychoanalytischen und psychodynamischen Therapieverfahren untrennbar miteinander verbunden sind – Hohage et al. (1981) sprechen von einer therapeutisch-diagnostischen Funktion des Erstgespräches – benötigt gerade auch die TP mit der in den Richtlinien geforderten Fokussierung auf einen symptomauslösenden Konflikt und/oder umschriebene strukturelle symptomrelevante Beeinträchtigungen eine klar definierte diagnostische Phase. Ziel ist es, eine »logische Kette« (Rudolf und Rüger, 2013, S. 301) zwischen den Elementen Biografie, Persönlichkeitsstruktur, auslösendem Konflikt und Erkrankung herzustellen, um bei Ausschluss organischer Befunde das Vorliegen einer psychischen Störung zu sichern. Die »psychodynamische Fallformulierung« (ebd.) oder das »Arbeitsmodell« (Hohage 2011) sind das eigentliche Anliegen der Diagnostik, weil sie zum einen eine hinreichende Erklärung für die Entwicklung und den Ausbruch der Störung erlauben und sich zugleich daraus eine therapeutische Zielsetzung ableiten lässt. Im Kasten werden zusammenfassend die unterschiedlichen Themen veranschaulicht, die ein Therapeut in der diagnostischen Phase zu bearbeiten hat.

Das Erstgespräch aus Sicht des Therapeuten (mod. n. Rudolf und Rüger 2013, S. 296)

Ebene der Patient-Therapeut-Beziehung

- vorherrschende Beziehungsmuster und Interaktionsangebote des Patienten
- spezifisches Übertragungsangebot des Patienten
- eigene emotionale Antwort auf die Persönlichkeit des Patienten (Gegenübertragung)

Ebene der klinischen Interpretationen

- dysfunktionales Beziehungsverhalten
- lebensbestimmende unbewusste Konflikte
- strukturelle Vulnerabilität bzw. Defizite
- Abwehr- und Bewältigungsmodi
- Psychodynamik der symptomauslösenden Situation
- Psychodynamik des Krankwerdens
- sekundäre Verarbeitung des Krankseins
- anstehende Entwicklungsaufgaben

Ebene der klinischen Schlussfolgerungen

- Diagnose bzgl. Symptom, Konflikt, Struktur, diagnostischer Klassifikation
- prognostische Einschätzung (spontane Entwicklung und therapeutische Chance)
- Indikationsstellung
- Therapieplanung

Bis eine abschließende Beurteilung auf der Ebene der klinischen Schlussfolgerungen möglich ist, müssen Therapeut und Patient in der diagnostischen Phase viele unterschiedliche Rollen annehmen und in ihnen agieren (mod. n. Rudolf und Rüger 2013, S. 301):

Der Patient als ...

- der Klagende
- der Berichterstatter
- der introspektive Beobachter
- der Interpret
- der Regisseur für die Inszenierung seiner Person und seiner Geschichte

Der Therapeut als ...

- der Chronist für die Geschichten des Patienten
- der objektive Beobachter
- der teilnehmende Beobachter
- der introspektive Beobachter
- der Interpret
- der Prognostiker
- der Therapeut, der die Behandlung plant, verabredet oder vermittelt

Die vielfältigen Ausgestaltungsmöglichkeiten der therapeutischen Rollen werden im Folgenden Thema sein. Da es in diesem Kapitel aber um *Kern*elemente der Diagnostik geht und nicht um eine umfassende Ausleuchtung des Bereiches, werden Schwerpunkte und Begrenzungen gesetzt. So wird auf die Darstellung psychometrischer Fragebögen verzichtet; diese können je nach Fragestellung als Ergänzung des Erstgespräches eingesetzt werden und liefern durchaus wertvolle Informationen, die im direkten Kontakt mit dem Patienten manchmal nur schwer zu erzielen sind. Als Beispiel sei hier auf die detaillierte Messung dissoziativer Symptome anhand des FDS (Fragebogen zu Dissoziativen Symptomen; Spitzer et al. 2015) verwiesen. Auch verleihen Selbsteinschätzungsinstrumente der Sicht des Patienten noch einmal ein größeres Gewicht und können insbesondere auch bei Verlaufseinschätzungen, nicht nur zur Veränderung von Symptomen wertvolle Informationen liefern. Zu nennen wären die Symptomcheckliste (SCL-90-R; Derogatis 1994) das Inventar Interaktionaler Probleme (IIP; Horowitz et al. 2000) oder die Strukturale Analyse Sozialen Verhaltens (SASB; Benjamin 1974; deutsch: Tress 1993) zur standardisierten Erfassung zwischenmenschlicher Transaktionen und Beziehungsmuster. Auch gibt es viele interessante, testtheoretisch gut gesicherte klinische Interviews zu unterschiedlichen Fragestellungen (Strauß und Schumacher 2004; ▶ Kap. 4.1). Das gebräuchlichste ist sicherlich das SCID-5-Interview (Strukturiertes Klinisches Interview für DSM-5) zur Erfassung der diagnoserelevanten phänomenal deskriptiven Symptomatik (First et al. 2015).

Die Auswertung der im Erstgespräch erhobenen diagnostischen Informationen anhand der Achsen I, III und IV der Operationalisierten Psychodynamischen Diagnostik (OPD; Arbeitskreis OPD 2006) entspricht einem weitverbreiteten Vorgehen tiefenpsychologisch fundiert arbeitender Psychotherapeuten und wird deshalb im Weiteren ausführlicher dargestellt. Die Achse II Beziehung zur Erfassung der Übertragungs-Gegenübertragungs-Dynamik wird hingegen seltener benutzt, gilt aber als operationalisierte Methode dieses genuin psychoanalytischen Konzeptes.

4.2 Explorativ oder beziehungsdynamisch?

Das Regelwerk der Gesetzlichen Krankenversicherung (GKV) sieht formal für die Diagnostik vor Behandlungsbeginn die sog. probatorischen Sitzungen vor. In der Fachliteratur wird diese Phase als Erstinterview (Argelander 1970), biografische Anamnese (Dührssen 1981/2011) oder als Erstgespräch (z. B. Eckert et al. 2010) bezeichnet, wobei damit nicht eine singuläre Sitzung gemeint ist, sondern der diagnostische Prozess vor Beginn der Behandlung. Im Weiteren wird der Begriff »Erstgespräch« bevorzugt, weil er am ehesten den dialogischen Charakter dieser Kontakte betont. Insgesamt werden die Bezeichnungen jedoch synonym verwendet; gerade der Begriff des Erstinterviews als terminus technicus verfügt über eine lange Tradition in der Psychoanalyse (ebd., S. 9). Das Erstgespräch dient zwei Zielsetzungen: einerseits der Beziehungsaufnahme und der Entwicklung eines Arbeitsbündnisses (▶ Kap. 5) und andererseits der Klärung diagnostischer Fragen. Es ist leicht nachvollziehbar, dass im Vergleich zur AP die TP mit der Fokussierung auf einen aktuell wirksamen

Konflikt und auf umschriebene strukturelle Beeinträchtigungen ein stärker strukturierendes Vorgehen erfordert. Auch wenn die Beziehung zwischen Therapeut und Patient bereits von Beginn an im Erstgespräch im Zentrum des Interesses steht, gilt es, eine angemessene Balance zwischen einer freien Entfaltung des Gespräches und der Klärung notwendiger Fragen zu realisieren. Letzteres gelingt umso eher, je mehr sich der Therapeut bei der initialen Gestaltung der intersubjektiven Beziehung durch den Patienten zurückhalten kann, ohne dass er als abweisend erlebt wird. Der Therapeut ist aber nicht nur Objekt des Beziehungsangebotes des Patienten; mit seinen eigenen Affekten, Erwartungen und Bewertung ist er aktiver Partner des Geschehens. Das ist das Spezifische jedes psychoanalytischen/psychodynamischen Erstgespräches:

»Der Therapeut gibt dem Patienten einerseits den Raum für die Inszenierung eines vertrauten Beziehungsangebotes, indem er sich vom Patienten dazu ›benutzen‹ lässt, eine von ihm zugewiesene Rolle einzunehmen, als ein ganz spezifisches Objekt erlebt zu werden. Andererseits und zugleich ist er ein handelndes Subjekt in der intersubjektiven Beziehung. Es geht also darum, die Übertragung, genauer den Übertragungsraum bereits im initialen Kontakt zu ermöglichen« (Richter 2010, S. 36 f).

Freud (1925, S. 455) zeigte eine auffällige diagnostische Zurückhaltung; er empfahl stattdessen eine Probeanalyse von ein bis zwei Wochen Dauer. Er konnte sich einen solchen »diagnostischen Nihilismus« (Arbeitskreis OPD 2006, S. 282) auch leisten, da es eigentlich nur eine Frage zu entscheiden gab: Ist der Patient für eine Psychoanalyse geeignet oder nicht? Diese sog. *adaptive* Indikation ist aber angesichts der modernen Pluralität der Behandlungsmöglichkeiten längst nicht mehr ausreichend; wir müssen eine *differenzielle* Indikation stellen, d. h., wir müssen die Frage beantworten, welche Therapieform für den Patienten geeignet ist. Dass sich die Indikationsfrage bei genauerem Hinsehen noch viel komplexer gestaltet, indem es nämlich um die Herstellung vielfältiger »Passungen« geht, soll hier nicht weiter ausgeführt werden (vgl. Boll-Klatt et al. 2005). Für die Durchführung eines psychodynamischen Erstgespräches stehen zwei grundsätzlich unterschiedliche Ansätze zur Verfügung:
1. ein explorativer Ansatz, der seine Wurzeln in der biologisch orientierten Psychiatrie hat und auf das Sammeln von Fakten ausgerichtet ist, die durch das Stellen spezifischer Fragen erhoben werden, und 2. ein

beziehungsdynamischer Ansatz, der auf dem Boden einer genuin psychoanalytischen Haltung seine Informationen aus»… der Wiederherstellung infantiler Objektbeziehungen in der Übertragung-Gegenübertragung zwischen Therapeut und Patient« (Janssen et al. 1996, S. 300) gewinnt.

Die Entwicklung hin zu den heute gebräuchlichen multimodalen und multiaxionalen Interviewformen lässt sich anhand einiger Meilensteine beschreiben, von denen hier nur einige ausdrücklich erwähnt werden sollen. Balint und Balint (1972) betonten in ihrem »Diagnostischen Interview«, dass es sich dabei um die Untersuchung zwischenmenschlicher Beziehungen handele, und hoben erstmals explizit die Bedeutung der Gegenübertragung für den diagnostischen Prozess hervor (Arbeitskreis OPD 2006, S. 283). In seiner weit verbreiteten Monografie »Das Erstinterview in der Psychotherapie« arbeitete Argelander (1970) diesen Ansatz weiter aus, indem er drei Ebenen der Informationsgewinnung differenzierte:

- *Objektive Informationen* beinhalten lebensgeschichtliche und medizinische Daten, Angaben über Symptome und Beschwerden sowie psychopathologische Befunde. Die Informationen werden durch *strukturierendes Erfragen* gewonnen. Eine vertrauensvolle Atmosphäre ist förderlich, aber nicht notwendig.
- *Subjektive Informationen* geben Aufschluss über Einstellungen, Erwartungen, Bewertungen des Patienten bzgl. der Beschwerden, seiner aktuellen und früheren Lebenssituation unter besonderer Beachtung der damit verbundenen Emotionen wie Scham- und Schuldgefühle, Ängste, Trauer und Aggressionen, aber auch liebevoller Gefühle, Hoffnung, Freude und Sehnsucht. Voraussetzung ist eine vertrauensvolle, interessierte Gesprächsatmosphäre, auch wenn diese konfliktbedingt beeinträchtigt sein kann.
- *Szenische Informationen* betreffen Aspekte der Beziehung zwischen Therapeut und Patient und die interaktionelle Gestaltung des Erstgespräches. Während die ersten beiden Ebenen verbale Mitteilungen des Patienten enthalten, geht es auf dieser Informationsebene um nonverbale Mitteilungen in Form von »Inszenierungen«, die anhand folgender Fragen zu entschlüsseln sind: »Was tut der Patient?«, »Wie sagt er das?«, »Welche indirekte Botschaft bringt er zum Ausdruck?«, »Welche Bedeutung hat das Gesagte?«.

4 Kernelemente der Diagnostik

Argelander betrachtete die szenischen Informationen als die wichtigste Ebene für das diagnostische Erstinterview:

»Das Kerngerüst des Erstinterviews, die schöpferisch gestaltete Szene, ist eine Schlüsselinformation zur Erfassung fremdseelischen Geschehens. Sie hat naturgemäß eine eigene Dynamik oder Dramatik, die sich aus unbewussten Quellen speist« (Argelander 1970, S. 63).

Anhand zweier Fallbeispiele soll gezeigt werden, wie die unbewusste szenische Gestaltung durch den Patienten *und* den Therapeuten bereits in den ersten Begegnungen eine grundlegende diagnostische Orientierung bezüglich des strukturellen Niveaus wie auch möglicher Konfliktinhalte des Patienten ermöglicht.

Fallbeispiel 1: »Bin ich gewollt?«

Herr X steht pünktlich zum Erstinterview vor der Praxistür. Nach dem Öffnen hat der Therapeut sofort den Eindruck eines mürrischen, missgelaunten, misstrauischen Mannes. Er begrüßt den Patienten und streckt ihm die Hand entgegen. Dieser erwidert den Handschlag spürbar verzögert und tritt langsam über die Schwelle. Der Therapeut hat subjektiv den Eindruck, den Patienten fast über die Schwelle hineinzuziehen. Dabei meint er, ihn leicht triumphierend lächeln zu sehen.

Im zweiten diagnostischen Interview wiederholt sich die Szene. Der Therapeut ergreift jetzt nicht die Initiative, wartet ab, bis der Patient von sich aus die Hand ausstreckt. Er wartet auch den motorischen Impuls des Patienten, einzutreten ab, bevor er zur Seite tritt.

Der Patient erlebt diese Szene als spürbar dramatisch. Er habe sich abgewiesen gefühlt, nicht gewollt, am liebsten würde er gleich wieder gehen. Der Therapeut spricht die Szene jetzt an und schildert sein eigenes konflikthaftes Erleben. Er habe den Eindruck, dem Patienten die Aktivität des Eintritts und der Begrüßung gewissermaßen abnehmen zu müssen oder aber ihn mit der unangenehmen Spannung stehen zu lassen. Der Patient ist erstaunt. Er bestätigt, dass er sich ebenfalls unwohl gefühlt habe. Beim ersten Mal habe er noch angenommen, der Therapeut habe vielleicht einen schlechten Tag gehabt. Jetzt beim zweiten Mal habe er sich aber tatsächlich regelrecht stehengelassen, eigentlich schon fast abgelehnt, nicht gewollt gefühlt. Dafür sei er sehr sensibel, da würde er am liebsten dann gleich gehen. Allerdings müsse er zugeben, dass das Thema nicht neu für ihn sei. In seiner Familie habe sich stets als Außenseiter gefühlt. Er habe schon als Kind um die Aufnahme in die Gruppe der Jungen gerungen. Das sei ihm auch manches Mal gelungen, er habe es aber eigentlich nie glauben können. Bis heute sei er sehr empfindlich für kleine Hinweise, dass man ihn nicht für voll nehme. Er halte sich lieber am Rande auf und sei gerne mit sich allein.

Fallbeispiel 2: »Die Tür muss auf!«

Herr Y betritt zum Erstinterview den Behandlungsraum. Er stürmt unmittelbar zur Terrassentür, öffnet diese und erklärt, er müsse die unangenehme Atmosphäre hinauslüften, sonst sei an ein unbefangenes Gespräch nicht zu denken. Er könne die Aggressivität geradezu mit Händen greifen, die sicher noch aus der letzten Sitzung stamme. Der Therapeut fühlt sich bereits leicht gereizt, überrollt und nimmt sich zunächst zurück. Der Patient fährt fort, er sei sehr sensitiv, nehme feinste Schwingungen wahr, ob das hier akzeptiert würde?

Der Therapeut bemüht sich zunächst um Deeskalation. Er könne sich vorstellen, dass der Patient dann sicher häufig mit vielen Wahrnehmungen konfrontiert sei, die er vielleicht nicht immer bewältigen könne. Das wird vom Patienten mit spürbarer Beruhigung, aber noch immer misstrauisch bestätigt.

Auf die Frage, ob es nicht aber doch sein könne, dass die soeben entlüftete Aggression nicht zumindest teilweise auch einer eigenen Anspannung des Patienten entstammen könne, was ja angesichts der ungewohnten Situation nicht unbedingt verwunderlich sei, reagiert der Patient mit einem äußerst heftigen Wutausbruch. Wenn man seine Wahrnehmungen nicht gelten ließe, könne man die Behandlung gleich beenden. Das erlebe er nicht zum ersten Mal, der Fehler liege immer bei ihm, so sei er schon aufgewachsen.

4 Kernelemente der Diagnostik

Ohne auf alle Implikationen der sehr verdichtet dargestellten Vignetten eingehen zu können, soll Folgendes deutlich werden:

In Beispiel 1 stellt der Patient von Beginn an eine atmosphärische, szenische Begegnung her, die einen Einblick in eine hoch konflikthafte internalisierte Objektbeziehung erlaubt, da er diese auf den Therapeuten überträgt. Dieser Einblick ist aber nun eben kein intellektuelles Verstehen, sondern verwickelt den Therapeuten auf dem Wege der Gegenübertragung unmittelbar emotional und durch sein Verhalten. Da dieser den Prozess aber schnell wahrnimmt und in die Kommunikation einzubringen versucht, stellt er die für den psychodynamischen Ansatz unverzichtbare »dritte Position« her, aus der heraus beobachtet, mentalisiert und gemeinsam nachgedacht werden kann. Für die hier diskutierte diagnostische Perspektive ist entscheidend, dass der Patient bei durchaus spürbarer Neigung, sich der unangenehmen und schmerzhaften Gefühle durch Projektion zu entledigen, ansatzweise zu dieser Reflexion bereit und fähig ist. Er stellt sogar schon erste biografische Zusammenhänge her. Es ist von einem recht hohen strukturellen Niveau auszugehen, die unbewusste pathologische Konstellation beruht auf konflikthaften Objekt- und Selbstrepräsentanzen mit hoher aggressiver Besetzung, die einer aufdeckenden Erarbeitung mit guter Prognose zugänglich sein sollten.

In Beispiel 2 wird ein sehr viel geringeres Strukturniveau deutlich. Das Beispiel wird andernorts ausführlich besprochen (Boll-Klatt und Kohrs 2018, S. 508 f). Hier sei nur hervorgehoben, dass der Patient seine projektive Abwehr – alles Aggressive, Belastende kommt von Außen und muss dort entsorgt, entgiftet, entlüftet werden – nicht in Frage stellen lässt. Es ist jetzt schon davon auszugehen, dass ein aufdeckender therapeutischer Ansatz mit deutenden Interventionen kaum Aussicht auf Erfolg hätte. Bezüglich der strukturellen Diagnose ist es prognostisch als hoch problematisch einzuschätzen, dass der Patient seine belastenden Befindlichkeiten kaum als integrierte und mentalisierte Verfassungen seines Selbst im Rahmen beschreibbarer Objektbeziehungen kommunizieren kann. Er erlebt und beschreibt eher *mediale* als *objektale* Vorgänge (vgl. Boll-Klatt und Kohrs 2018, S. 426) und ist darauf angewiesen, in fast magischer Weise seine Zustände zu regulieren. Der Patient schilderte im Weiteren dann auch eine Affinität zu esoterischen Denksystemen.

Ein psychodynamischer therapeutischer Ansatz müsste dieser strukturellen Einschätzung gerecht werden und dürfte den Patienten nicht mit Deutungen seiner Aggressivität und Destruktivität überfordern. Ein sinnvoller Ansatz wäre z. B. die Mentalisierungsbasierte Therapie nach Fonagy (▶ Kap. 3.2.4 und ▶ Kap. 5.2.3).

Die kurzen Ausführungen berühren auch ein Problem, das bereits Freud beschäftigte, nämlich die Frage der »Einleitung der Behandlung« (Freud 1913c). Wie schon erwähnt, empfahl Freud anstelle »langer Vorbesprechungen« (ebd., S. 156) eine Art Probeanalyse, in der sich zeige, ob ein Patient für die psychoanalytische Behandlung geeignet sei. In der Nachfolge Freuds wurde in diesem Kontext häufig von »Probedeutungen« gesprochen, mit denen sich z. B. Dantlgraber (1982) ausführlich befasst hat. Sie haben u. U. hohe diagnostische und prognostische Aussagekraft, beinhalten aber die Gefahr, den Patienten zu kränken, seine Abwehr zu früh zu erschüttern und ihn insgesamt durch das hintergründige ›auf die Probe Stellen‹ in eine unterlegene Beziehungsposition zu bringen. Die Begriffe *Probetherapie* und *Probedeutungen* tauchen wohl daher in zeitgenössischer Literatur immer seltener auf.

Allerdings zeigen die o. g. Beispiele, dass es nach wie vor von hoher Bedeutung ist, aus szenischem Geschehen heraus möglichst bald ein hypothetisches *Arbeitsmodell* (vgl. Hohage 2011, S. 6 ff) zu generieren, dass sich dann vor allem in Hinblick auf die stets miteinander verschränkten Dimensionen der strukturellen und konfliktspezifischen Dynamik über verbale Interventionen wie o. g. bereits ansatzweise verifizieren bzw. falsifizieren lässt. Es sei noch einmal betont, dass solche ersten Hypothesen keinesfalls ›von oben herab‹ mitgeteilt werden dürfen, sondern im Sinne einer gemeinsamen Suchbewegung im Prozess der Beziehungsgestaltung entstehen sollen. Diesem Prozess ist ja der Therapeut ebenso unterworfen, in gewisser Weise ausgeliefert, wie der Patient und erfahrungsgemäß ist es von hohem Wert für den Aufbau einer therapeutischen Arbeitsbeziehung, wenn sich der gemeinsame – oft beschwerliche und schmerzhafte – Weg der Suche von Beginn an entfaltet. Dazu ist es natürlich sehr wohl unverzichtbar, dass der Therapeut über ein gut sortiertes inneres Repertoire von Arbeitsmodellen verfügt (▶ Kap. 3). Er demonstriert durch den eben geschilderten Prozess aber auch modellhaft etwas Entscheidendes: dass auch er im

Umgang mit dem Unbewussten zunächst ein Nicht-Wissender ist (vgl. Buchholz und Gödde 2005).

Vor allem in Deutschland, bedingt durch das in den Psychotherapie-Richtlinien vorgegebene Antragsschema, stellt die »Biographische Anamnese unter tiefenpsychologischem Aspekt« (Dührssen 1981/2011) einen weiteren wesentlichen Baustein der psychodynamischen Diagnostik dar. Dieser diagnostische Ansatz basiert auf dem klassischen Neurosemodell, das eine psychische Störung als Folge der Reaktualisierung eines lebensgeschichtlich begründeten abgewehrten Konfliktes versteht. Informationen für das Verständnis der Zusammenhänge werden für unterschiedliche vorgegebene Lebensbereiche erhoben (▶ Kap. 4.7.3).

Doering und Schüßler (2004) beschreiben die psychodynamische Erstuntersuchung als eine Aufeinanderfolge von psychoanalytischem Erstinterview, explorativer psychopathologischer Untersuchung, die dann eine ICD-10-Diagnose begründet, und biografischer Anamnese. Es bestehen heutzutage durchaus kontroverse Auffassungen zum Verhältnis explorativer und beziehungsdynamischer Anteile am Erstgespräch. In der Psychoanalyse ist Argelanders Position (Argelander 1970) weit verbreitet, die das szenische Verstehen ganz und ausschließlich in den Mittelpunkt stellt und so unstrukturiert wie möglich dem Patienten eine Bühne für die Entfaltung einer Szene in der Übertragungsbeziehung bereitstellt. So vertritt Laimböck (2000) den Standpunkt, dass biografische Daten lediglich zur weiteren Unterstützung der Beziehungsdiagnose dienen, ohne aber deren Basis zu sein. Tiefenpsychologisch fundiert arbeitende Therapeuten – und von ihnen die eher Unerfahrenen – lassen häufig die entgegengesetzte Sichtweise erkennen, indem sie die biografischen Angaben mit der kindlichen Lebensrealität gleichsetzen und dysfunktionale aktuelle Beziehungen in einen Kausalzusammenhang zu den vermeintlichen realen Erfahrungen mit den infantilen Objekten stellen.

Unter dem Druck der evidenzbasierten Wissenschaft, die die Psychotherapie weltweit zu einem Wirksamkeitsnachweis zwingt, wurde eine Reihe von forschungsorientierten strukturierten diagnostischen Interviews entwickelt, von denen nur einige beispielhaft aufgeführt werden sollen:

- das »Adult Attachment Interview« (AAI; George et al. 1985; vgl. Boll-Klatt und Kohrs 2018, S. 166 ff), das der Bindungsdiagnostik bei Erwachsenen dient,
- das »Strukturierte Interview zur Persönlichkeitsorganisation« (STIPO; Clarkin et al. 2004, Doering und Hörz 2012),
- sowie die Heidelberger Umstrukturierungsskala (Rudolf et al. 2000).
- Die »Zentrale Beziehungskonflikt-Thema-Methode« (ZBKT; Luborsky und Crits-Christoph 1998), Luborsky 1999) erfragt klar definierte Kriterien sog. Beziehungsepisoden; dieses narrative Material dient dann der Erfassung der prägenden internalisierten Beziehungsstrukturen, die das interpersonelle Verhalten bestimmen.

Diese formalisierten Interviewansätze sind in erster Linie explorativ und stellen einen Gegenpol zum beziehungsdynamisch ausgerichteten psychoanalytischen Erstinterview dar. Sie verzichten auf die Berücksichtigung der Beziehungsdynamik im Hier und Jetzt zugunsten einer reliablen Einschätzung kleiner und kleinster messbarer psychopathologischer Einheiten (Arbeitskreis OPD 2006, S. 286 f).

4.3 Das Interview der OPD – eine Synthese?

Mit der Operationalisierten Psychodynamischen Diagnostik (OPD), die in den 1990er Jahren entstand (Arbeitskreis OPD 2006), liegt ein standardisiertes Manual für die psychoanalytisch orientierte Diagnostik vor, das die störungsrelevanten psychodynamischen Merkmale differenziert erfasst. Zunächst war dieses Instrument nur für die Diagnostik entwickelt worden, inzwischen kann es auch zur Therapieplanung und zur Veränderungsmessung benutzt werden. Die *Voraussetzungen* für die Entwicklung der OPD lassen sich folgendermaßen zusammenfassen (Arbeitskreis OPD 2006, S. 33 f):

- Orientierung am ICD-Modell, da dieses traditionell von den psychotherapeutischen Einrichtungen verwendet wird

- Entwicklung und Evaluierung psychodynamisch relevanter diagnostischer Achsen in Ergänzung zur ICD-10-Klassifikation
- Entwicklung eines relevanten psychodynamisch orientierten Instrumentes unter Beachtung und Adaptation bereits vorhandener Ansätze
- Nutzbarkeit des Instrumentes unter Einhaltung eines »mittleren Abstraktionsniveaus«, angesiedelt zwischen »reiner« Verhaltensdeskription und »reiner« metapsychologischer Begriffsbildung
- Erarbeitung einer schulenübergreifenden, möglichst einheitlichen und präzisen Sprach- und Begriffskultur, die so weit wie möglich auf eine schulenspezifische Terminologie verzichten sollte

Operationalisierungsversuche psychoanalytischer Konstrukte wurden bisher von ihren Vertretern eher mit Skepsis betrachtet. Es wurde bezweifelt, ob die untersuchten Gegenstandsbereiche bzw. theoretischen Konzepte noch eine inhaltliche Nähe zu psychoanalytischen Konzeptbildungen bzw. theoretischen Vorstellungen haben oder ob nicht über den Prozess der Operationalisierung der inhaltliche Bezug zwischen psychoanalytischem Konstrukt und konkretem Forschungsgegenstand verloren geht. Die OPD-Autoren hatten es sich zur Aufgabe gemacht, Mittelwege zu finden zwischen einem Zugewinn an Klarheit und Eindeutigkeit ohne Aufgabe der Einbindung der Konzepte in ihren dynamischen Gehalt. Dabei waren sie konfrontiert mit einem Dilemma: Operationalisierungen sollten in der Definition immer ohne Rückgriff auf nicht selbst operational zu definierende Fakten auskommen. Dies ist in der Konsequenz für die Operationalisierung psychoanalytischer Inhalte nicht möglich, ohne die Essenz dessen, was definiert werden soll, bis zur Unkenntlichkeit zu verändern. Die Unlösbarkeit dieses Dilemmas beantworten die OPD-Autoren mit einer kompromisshaften Formel: So viel Widerspruchsfreiheit wie möglich gewinnen, so viel dynamischen Gehalt wie möglich erhalten. Dem entspricht auch die Anerkennung von »Voraussetzungsbegriffen« für die Nutzer der OPD; dazu zählen z. B. das dynamische Unbewusste, der innere Konflikt, Abwehr, psychische Struktur, Ich und Selbst sowie Selbst- und Objektrepräsentanzen (Boll-Klatt und Kohrs 2018, S. 295 f). Die OPD-Autoren (2006, S. 40) schlagen vor, statt von Konsens, den es unter Psychoanalytikern sowieso nur selten gebe, vom

4.3 Das Interview der OPD – eine Synthese?

»kleinsten gemeinschaftlichen Vielfachen« zu sprechen. Sie betonen, dass die brauchbaren Werte der Interrater-Reliabilitäten dazu beitragen, dass die psychodynamischen Überlegungen aufgrund der verhaltensnahen OPD-Beschreibungen nicht so sehr ins Kraut schößen.

»Das Wesensmerkmal des Systems OPD ist die sorgfältige Operationalisierung aller verwendeten Merkmale, so dass sich unterschiedliche Untersucher, auch solche mit unterschiedlichem theoretischen Hintergrund, anhand der Begriffsdefinitionen über Qualität und Ausprägungsmerkmale einigen können« (Rudolf 2014, S. 83).

In der OPD, die sich seit ihrer ersten Publikation (1996) weit über die Psychodynamische Psychotherapie hinaus in der Aus- und Weiterbildung, in der klinischen Versorgung und in der Forschung bewährt hat, werden fünf unterschiedliche Bereiche als Achsen konzeptualisiert (zit. n. Richter 2010, S. 39 f; Schneider 2017, S. 54 ff):

- Achse I: anamnestische Angaben zur Symptomatik und zu Krankheitserleben sowie zur Krankheitsverarbeitung, Angaben zur aktuellen Lebenssituation und zur früheren Lebensgeschichte sowie zu den Behandlungsvoraussetzungen und den Veränderungsressourcen inkl. der Behandlungserwartungen des Patienten;
- Achse II: Diagnostik typischer, insbesondere dysfunktionaler Beziehungsmuster, die den Patienten in der Gestaltung seiner interpersonalen Beziehungen beeinträchtigen; anhand konkreter Beziehungsepisoden werden sowohl das Selbst- als auch das Objekterleben erfasst;
- Achse III: Diagnostik der zugrundeliegenden psychodynamischen Konflikte, insbesondere derjenigen, die den Patienten bei der Gestaltung seiner Objektbeziehungen und der erfolgreichen Bewältigung seiner alterstypischen Entwicklungsaufgaben behindern; Konflikte werden verstanden als überdauernde dysfunktionale repetitive Muster;
- Achse IV: Beurteilung der psychischen Struktur, d. h. Einschätzung der Verfügbarkeit derjenigen psychischen Funktionen, die für die Gestaltung angemessener Beziehungen zu den Objekten und zu sich selbst erforderlich sind;
- Achse 5: Phänomenal-deskriptive Diagnostik anhand der diagnostischen Glossare ICD-10 oder DSM-5

Rudolf (2014, S. 83) stellt heraus, dass sich die OPD als eines der wenigen psychodiagnostischen Instrumente nicht auf Selbsteinschätzungsdaten der Patienten, sondern auf eine Experteneinschätzung stützt. In einem ein- bis zweistündigen halbstrukturierten Interview werden Patienteninformationen erhoben, die dann anhand der operationalisierten Kriterien im Hinblick auf die vier Achsen ausgewertet werden. Das Interview der Operationalisierten Psychodynamischen Diagnostik (OPD) wird oft als »vierte Generation« psychodynamischer Interviews bezeichnet (Dahlbender et al. 2004), weil es einen Schritt weitergeht und eine Synthese der vorangegangenen Generationen diagnostischer Interviewansätze darstellt. Für seine Durchführung wird zunächst eine psychoanalytische Grundhaltung verlangt, die die Reinszenierung infantiler Objektbeziehungen in der Übertragungs-Gegenübertragungs-Dynamik ermöglicht. Das unstrukturierte Vorgehen wird jedoch von mehreren explorativen Interviewphasen, die z. T. aus bereits vorhandenen Interview-Instrumenten entlehnt sind, unterbrochen, wie z. B. die Klärung bestimmter Fragen zur biografischen Anamnese oder zur Erfassung psychopathologischer Symptome. Das OPD-Interview ist multiaxial und multimethodal (ebd., S. 287); es werden Informationen für die Einschätzungen der fünf Achsen der OPD gesammelt, und es kommen je nach Kriterium bzw. Achse unterschiedliche Interviewmodi zum Einsatz. Die Abbildung veranschaulicht die diagnostischen Ebenen und technischen Strategien des OPD-Interviews im Vergleich zu anderen Interviewtechniken (▶ Abb. 4.1).

Natürlich kann man einwenden – und dies wird von psychoanalytischer Seite auch getan (z. B. Mertens 2004a) – dass sich durch die strukturierten Anteile des Interviews die Übertragungs-Gegenübertragungs-Beziehung nicht richtig entfalten kann. Da dieses im Rahmen einer TP (▶ Kap. 5) auch gar nicht im vollen Umfang angestrebt wird und es mehr um verwertbare Übertragungsaktivierungen geht, kann dieser Einwand sicherlich entkräftet werden. Dennoch ist eine sensible psychodynamische Grundhaltung gefordert, die genügend Spielraum für die Entwicklung einer diagnostisch relevanten Übertragungs-Gegenübertragungs-Dynamik lässt.

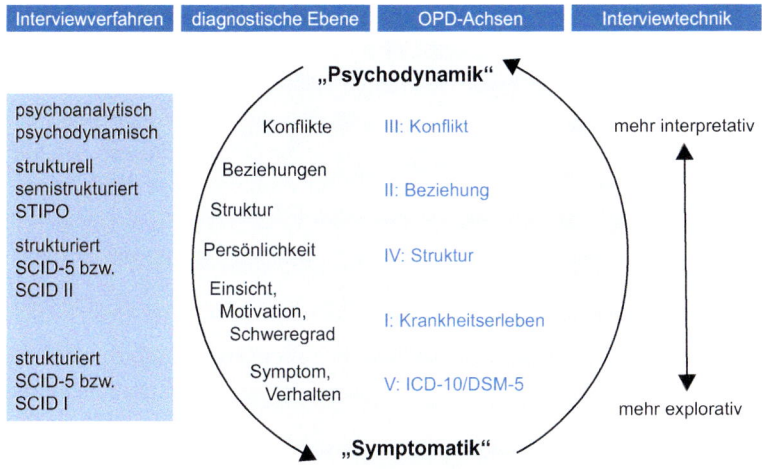

Abb. 4.1: Diagnostische Ebenen und technische Strategien des OPD-Interviews im Vergleich zu anderen Interviewtechniken (modifiziert nach Arbeitskreis OPD 2014, S. 287, mit freundlicher Genehmigung von Hogrefe)

4.4 Durchführung und Ablauf eines Erstgespräches

Es sollte deutlich geworden sein, dass das Erstgespräch nicht durch eine Aneinanderreihung diagnostisch relevanter Fragen charakterisiert ist, sondern dass angestrebt werden sollte, den Patienten so offen und frei wie möglich über sich berichten zu lassen, ihn sozusagen ins spontane Erzählen zu bringen. Um das Material sortieren und einordnen zu können, hilft die Orientierung an den vier Formen psychologischer Diagnostik, die Pawlik (2006, S. 565) beschreibt:

- *Deskriptive Diagnostik*: Beschreibung der psychischen Störung; Klassifikation der Störung auf Grundlage von ICD-10; DSM-5; Erfassung und Beurteilung weiterer therapierelevanter Aspekte (z. B. OPD-Achse I)

- *Explikative oder explanatorische Diagnostik*: Erklärung der Entstehung und Aufrechterhaltung der Störung anhand der Formulierung psychodynamischer Hypothesen (z. B. OPD-Achse II, III und IV)
- *Dezisionale Diagnostik*: Entscheidungen z. B. für eine Kontraindikation für Psychotherapie, Empfehlungen für eine bestimmte Art von Psychotherapie (TP vs. AP, TP vs. VT; Einzel oder Gruppe; Beratung vs. Psychotherapie; ambulant vs. stationär).
- *Prädiktive oder prognostische Diagnostik*: Vorhersage des Behandlungserfolges

Die deskriptive und die explanatorische Diagnostik werden in diesem Kapitel behandelt. Die dezisionale Diagnostik wird im Zusammenhang mit Fragen der Indikation erörtert und in Kapitel 7 ausgeführt. Die prädiktive Diagnostik verbindet sich mit Befunden zur wissenschaftlichen und klinischen Evidenz und wird in Kapitel 9 dargestellt.

Tab. 4.1: Diagnostische Teilschritte und Leitfragen (mod. n. Rudolf 2014, S. 85)

Diagnostischer Teilschritt	Leitfragen
Abklärung des klinischen Bildes und der aktuellen sozialen Situation	Woran leidet der Patient? Wie lebt er aktuell?
biografische Situation	Wie ist der Patient geworden? Welche prägenden Erfahrungen und Belastungserfahrungen hat er erlebt?
Hypothesen zur Ätiopathogenese	Welche Belastungen haben welche Störungsdisposition hinterlassen?
Hypothesen zur symptomauslösenden Situation	Was hat die Störung/Erkrankung ausgelöst?
psychodynamische Fallformulierung	Welches psychodynamische Verständnis der Persönlichkeit, ihrer Entwicklung und aktuellen Erkrankung lässt sich gewinnen?
therapeutische Zielsetzung und Behandlungsplanung	Welcher Therapieentwurf resultiert aus der Diagnostik?

4.4 Durchführung und Ablauf eines Erstgespräches

Die in der Tabelle aufgelisteten sechs diagnostischen Teilschritte und die entsprechenden Leitfragen (▶ Tab. 4.1) sind als Orientierungshilfe sicherlich wertvoll, sollen aber nicht dazu verleiten, diese Schritt für Schritt sukzessive abzuarbeiten. Im Gegenteil: Begriffe wie »Gratwanderung«, »Doppelgesichtigkeit«, »Balance« oder »in-der-Schwebe-halten«, die in diesem Buch immer wieder auftreten, gelten auch für das Erstgespräch. Nur so lässt sich der Anspruch, einen Übertragungsraum zu ermöglichen und gleichzeitig das Gespräch zu strukturieren, aufrechterhalten und dies nicht als einen unauflösbaren Widerspruch zu erleben. Es empfiehlt sich, strukturierende Fragen möglichst erst im oder am Ende des zweiten Kontaktes zu stellen, um dem Patienten genügend Spielraum zu geben, die therapeutische Beziehung aus sich heraus zu gestalten (Richter 2010, S. 46 ff). Vom Therapeuten ist ein permanenter Wechsel der Aufmerksamkeit verlangt: Er ist aufgefordert, sowohl die verbalen Mitteilungen zu registrieren, den Patienten zu beobachten, aber auch sein eigenes Erleben im Sinne der Gegenübertragung wahrzunehmen. Die Reflexion der Gegenübertragung sollte sich an den von Kernberg formulierten vier unterschiedlichen Formen orientieren (▶ Kap. 3). Wie in der Therapie geht es auch in der Diagnostik darum, Phantasien, Affekte und Wünsche, die zur eigenen Lebensgeschichte gehören und Eigenübertragungen darstellen, möglichst gut zu differenzieren von der eigenen inneren Resonanz auf die Übertragung des Patienten.

Das Erstgespräch beginnt typischer Weise mit der meistens spontanen Schilderung des Patienten, seiner Beschwerden, der Krankengeschichte und der Probleme. Aus den o. g. Gründen ist es besonders wichtig, in dieser Initialphase dem Patienten die Möglichkeit zu lassen oder durch kleine Hilfestellungen auch zu schaffen, die Gesprächssituation aus sich selbst heraus zu strukturieren. Es folgt dann die Konzentration sowohl auf das Narrativ zu den wichtigsten Objektbeziehungen als auch auf deren Reinszenierung im Hier und Jetzt der therapeutischen Situation. Bereits in dieser Sequenz werden dysfunktionale Beziehungsmuster und sich wiederholende repetitive Konfliktmuster ahnbar. Um sie genauer fassen zu können, kann es notwendig sein, nach konkreten Beziehungsepisoden zu fragen etwa folgendermaßen: »Sie berichten, dass Ihr Mann häufig zu viel Alkohol trinkt. Könnten Sie mir noch genauer beschreiben, wie sich das auf Ihre Beziehung auswirkt?« oder »Sie sagen, Ihr Mann sei oft abweisend.

4 Kernelemente der Diagnostik

Ich kann mir noch nicht so recht vorstellen, was Sie damit meinen. Vielleicht könnten Sie mir ein Beispiel geben und mir eine Begebenheit schildern, die zeigt, was Sie damit zum Ausdruck bringen möchten.«

In der mittleren Phase des Erstgespräches geht es um das Selbsterleben des Patienten und um Informationen zu seinem Selbstbild. Fragen zum Selbsterleben werden auch auf frühere Lebensphasen ausgeweitet. Günstig ist es, das Gespräch auf sog. Schwellensituationen und deren Bewältigung zu lenken. Man erhält so biografische Informationen und Angaben zu belastenden früheren Lebensereignissen (»life-events«) und Brüchen, ohne direkt danach zu fragen: »Sie beschreiben sich ja als einen Menschen, der auch früher schon oft zurückstehen und auf vieles verzichten musste. War das bereits so, bevor Sie in die Schule gekommen sind?«

Ziel dieser Sequenz sind möglichst anschauliche Schilderungen nicht nur des Selbsterlebens, sondern auch des Erlebens bedeutsamer Objekte in verschiedenen Altersstufen und Lebensbereichen. In diesem Abschnitt geht es insbesondere auch um die strukturellen Fähigkeiten, wie sie in den vier Dimensionen der Strukturachse der OPD sowohl mit der Fokussierung des Selbst- als auch des Objektbezuges erhoben werden. Die häufig zitierten, schon nahezu klassisch zu nennenden Fragen zum Selbst- und Objekterleben bzw. zur Integration und Kohärenz der Selbst- und der Objektrepräsentanzen sind dem STIPO entnommen und werden im Kapitel 4.6.3 dargestellt. Es wird immer wieder vorkommen, dass ein Patient nur ungern über bestimmte Themen und Lebensbereiche spricht oder ihm die Erinnerung an frühere Lebensphasen nicht zugänglich ist. Die geforderte Balance zwischen beziehungsdynamischem und explorativem Vorgehen impliziert, den Patienten nicht zur Beantwortung von Fragen zu drängen, sondern sorgsam zu registrieren, wie und wo Informationen ausgespart werden. Unerfahrene Therapeuten neigen manchmal dazu, unverständliche, bruchstückhafte oder widersprüchliche Mitteilungen durch eigene Vorstellungen über mögliche Zusammenhänge aufzufüllen und auszugleichen und dabei die pathogenen Hinweise im Narrativ des Patienten zu übersehen. Den Abschluss bildet dann eine Zusammenfassung der Sichtweisen des Patienten durch den Therapeuten, die auch neu entwickelte Sinnzusammenhänge in einer für den Patienten akzeptablen Formulierung einschließt. Die Akzeptanz der therapeutischen Ausführungen kann erhöht werden, wenn nicht nur Probleme und

Defizite, sondern auch Ressourcen (▶ Kap. 5) benannt und gewürdigt werden. Der wichtigste Teil dieser abschließenden Zusammenschau besteht in einer möglichst im Konsens entwickelten Vorstellung über das weitere Vorgehen (»informed consent«).

Wird eine ambulante Behandlung als Leistung der GKV beantragt, müssen die vorgegebenen Formulare der die Richtlinien ergänzenden Psychotherapie-Vereinbarung (PTV) ausgefüllt werden, die dann Gegenstand eines von der Krankenkasse veranlassten Gutachterverfahrens bilden (vgl. Rüger et al. 2015, S. 89 ff). Das Informationsblatt zum Erstellen des Berichtes für eine TP enthält mit seinen neun Punkten, die von der Beschreibung der Symptomatik bis zur Beurteilung der Prognose reichen, eine klar vorgegebene Gliederung dieses Berichtes (ebd., S. 150 f). Den Kristallisationspunkt des Berichtes stellt sicherlich der Abschnitt zur Psychodynamik dar, der aber gleichzeitig auch der schwierigste ist. Entsprechend groß ist der Markt für Anleitungen, Handbücher und Leitfäden; zu nennen wären Boessmann (2004), Hohage (2011), Jungclaussen (2013) sowie Statsch et al. (2015).

4.5 Deskriptive Diagnostik

In den psychoanalytischen und psychodynamischen Therapieverfahren muss eine mehrdimensionale Diagnose gestellt werden, die sich aus einer prägnanten und aufeinander bezogenen Darstellung von Symptomdiagnose, Konfliktdiagnose, Persönlichkeitsstruktur- bzw. Neurosenstrukturdiagnose und der Einschätzung der Funktionsfähigkeit der psychischen Struktur unter Berücksichtigung des auslösenden Momentes zusammensetzt. Im deutschsprachigen Raum orientiert sich die Symptomdiagnose bzw. die deskriptive Diagnostik psychischer Störungen am internationalen Klassifikationssystem ICD-10 (Dilling et al. 2000), während im angloamerikanischen Raum das Diagnostische und Statistische Manual psychischer Störungen (DSM) gebräuchlich ist, das nun in seiner 5. Version (DSM-5) auch deutschsprachig vorliegt (Falkai und Wittchen

2015). In der traditionellen psychoanalytischen Neurosenlehre wurden in der Diagnose die deskriptiv-phänomenale und die psychodynamische Ebene miteinander vermischt, da man annahm, dass hinter dem Störungsbild stets die gleichen psychodynamischen Muster standen. So sprach man von Angst-, Zwangs- oder depressiver Neurose sowie von Hysterie oder auch Charakterneurosen, womit die Persönlichkeitsstörungen gemeint waren. Diese Auffassung lässt sich heute nicht mehr aufrechterhalten und gilt als überholt. Klar ist, dass die Symptomatik auf sehr verschiedenen psychodynamischen Hintergründen inklusive unterschiedlich gut integrierten Funktionsniveaus der psychischen Struktur beruhen kann. So gibt es z. B. depressive und Angststörungen auf Borderline-Strukturniveau im Rahmen einer komplexen Traumapathologie oder auch als konfliktpathologisch geprägte Symptomatik auf einem reifen Niveau (► Kap. 3).

Sowohl im ambulanten als auch im stationären Bereich von Psychotherapie sind in Deutschland ICD-10-Diagnosen obligatorisch. Nicht umsonst wurde die ICD-10-Diagnostik als fünfte Achse in die OPD aufgenommen. Da die Kenntnis der ICD-10 mit der Verschlüsselung der psychischen Störungen im Kapitel F zum Grundlagenwissen zählt, soll es hier nicht weiter ausgeführt werden. Dies bedeutet aber nicht, dass die Beschäftigung mit diesen Fragestellungen hinter den psychodynamischen zurückstehen könnte, denn auch solide phänomenal-deskriptive diagnostische Kompetenz gehört zu den Voraussetzungen für erfolgreiche Psychotherapie, wie es sich z. B. auf die symptomatische Besserung beziehen lässt, die ja zur Definition und Zielsetzung der TP gehört. Während mit der ICD-10 ausschließlich die Art der psychogenen Störung diagnostiziert und klassifiziert wird, erlaubt die Achse I der OPD »Krankheitserleben und Behandlungsvoraussetzungen« auch die Einschätzung des Schweregrades. Diese Achse enthält 19 Variablen, deren Ausprägung auf einer Skala von 0 (nicht oder kaum vorhanden) bis 4 (sehr hoch) zu beurteilen ist. Die Merkmalsabstufungen sind ausführlich definiert und mit Ankerbeispielen versehen, so dass eine weitgehend standardisierte Einschätzung vorgenommen werden kann.

Viele Psychotherapeuten arbeiten mit Anamnesefragebögen, die sie ihren Patienten am Ende des Erstgespräches mit der Bitte, diesen sorgfältig auszufüllen, aushändigen. Rudolf und Rüger (2013, S. 295) geben einen differenzierten schematischen Überblick über die Themen und Informationen sowohl auf der Ebene der lebensgeschichtlichen Daten und Fakten als auch der subjektiven Bedeutungen, die in einem Fragebogen gewonnen werden könnten. Ob man solch einen Anamnesebogen einsetzt oder nicht, wird sehr unterschiedlich gehandhabt. Einerseits ist es durchaus vorteilhaft, den Patienten schon vor Beginn der Therapie damit anzuregen, sich mit persönlichen Themen intensiv zu beschäftigen. Auch spart man als Therapeut mit dem Anamnesefragebogen Zeit und verfügt über eine systematische Auflistung zumindest der objektivierbaren Fakten. Andererseits entgehen einem dann aber auch manchmal wichtige Informationen, die sich mehr auf das »Wie« des spontanen Berichtes des Patienten beziehen als auf die Inhalte: Wie kohärent sind die Schilderungen? Was bzw. wer wird nicht erwähnt? Wo finden sich Sequenzen hoher emotionaler Beteiligung etc. In Bezug auf das Erwachsenen-Bindungsinterview sprach Köhler (1998, S. 373) einmal von einem »Überraschungsüberfall auf das Unbewusste«, den es durchaus auch im Erstgespräch zu nutzen gilt, z. B. indem man recht unvermittelt fragt, was dem Patienten als erstes einfalle, wenn er sich an Kindheit und Jugend erinnere.

4.6 Explanatorische Diagnostik

Das Kernstück der psychodynamischen Diagnostik bildet die ätiologische Ebene, auf der ein Zusammenhang zwischen der vorliegenden Störung und deren Verursachung hergestellt wird. In Kapitel 3 wurden bereits die drei entscheidenden ätiopathogenetischen Modelle beschrieben, mit denen wir heute in den psychodynamischen Therapien arbeiten. Dass Konflikt-, Struktur- oder Traumapathologie keine abgegrenzten Entitäten darstellen, sondern mehr oder weniger in einem Ergänzungsverhältnis zueinander stehen, kann nicht oft genug betont werden (Rudolf 2013a, S. 117; ▶ Kap. 3.3). Die jeweilige Diagnostik wird hier jedoch aus Gründen der Übersichtlichkeit getrennt dargestellt.

4.6.1 Konfliktpathologische Diagnostik auf Achse III der OPD

»Achse III – Konflikt kann für sich beanspruchen, ein Stück klassischer psychoanalytischer Diagnostik umzusetzen, die zentrale Rolle innerer Konflikte. Dabei können lebensbestimmende, verinnerlichte Konflikte den eher aktuellen äußerlich determinierten konflikthaften Situationen gegenübergestellt werden. Die Bearbeitung eines Konfliktes kann als Behandlungsziel definiert werden« (Arbeitskreis OPD 2006, S. 35).

Sieben Merkmale charakterisieren die mit der Achse III erfassten Konflikte:

- In Übereinstimmung mit klassischen psychoanalytischen Definitionen sind Konflikte zunächst nicht erlebbare (unbewusste) Gegensätzlichkeiten und Problembereiche des Erlebens und Handelns, die von bewusst erlebter Spannung abgegrenzt werden.
- Sie sind über lange Zeiträume erlebens- und handlungsbestimmend und müssen unterschieden werden von aktuellen konflikthaften Lebensbelastungen.
- Sie erschließen sich aus der klinischen Beschreibung wahrnehmbarer Verhaltens- und Erlebensweisen; sie manifestieren sich sowohl auf der Subjekt- als auch auf der Objektebene, d. h. innerpsychisch und in der Interaktion mit anderen Personen.
- Sie treten oft in Verbindung mit leitenden Affekten; häufig ergibt sich eine Unmittelbarkeit des Konfliktes in Übertagung und Gegenübertragung.
- Die Konfliktdefinition bezieht sich nicht auf Freuds entwicklungspsychologische Annahmen (oral, anal, genital). Sie bezieht sich explizit nicht auf das klassische Drei-Instanzen-Modell.
- In der Regel sind zumindest 2 bis 3 von 6 der operationalisierten Kriterien hinreichend für eine positive Diagnostik.
- Jeder der konzeptualisierten Konflikte wird definiert durch einen aktiven und einen passiven Modus. Darin spiegeln sich die Bipolaritäten zwischen Passivität und Aktivität sowie zwischen Selbst- und Objektbezogenheit wider. Beim aktiven Modus überwiegen kontraphobische Abwehr und Reaktionsbildungen, beim passiven Modus

dominieren regressive Abwehrhaltungen. Beide Tendenzen sind nicht unabhängig voneinander, sondern interdependent. Aber gerade die Betonung des einen oder des anderen entspricht häufig einer konflikthaften Verarbeitung, da eine »Sowohl-als-auch-Lösung« nicht gefunden werden kann.

In Anlehnung an Dührssen (1981/2011) werden im diagnostischen Interview sieben unterschiedliche Lebensbereiche mit dem Patienten thematisiert:

- Herkunftsfamilie
- Partnerschaft/Familie
- Beruf und Arbeitswelt
- Besitz und Geld
- Soziales Umfeld
- Körper/Sexualität
- Erkrankung

In der Tabelle werden die Benennung der Konflikte, die typischen Konfliktthemen sowie die jeweiligen Leitaffekte in einer Übersicht dargestellt (▶ Tab. 4.2).

Tab. 4.2: Überblick über die Konflikte der OPD-Achse III, ihre Themen und ihre Leitaffekte (Boll-Klatt und Kohrs 2018, S. 299)

Konflikt	Thema	Leitaffekte des passiven vs. aktiven Modus
Individuation vs. Abhängigkeit	subjektiv erlebte existenzielle Bedrohung in den Bereichen von Nähe und Distanz	existenzielle Angst bei Verlust, Trennung und Einsamkeit vs. existenzielle Angst vor Nähe, Vereinnahmung und Verschmelzung
Unterwerfung vs. Kontrolle	Selbst- und Fremdkontrolle sind erlebens- und verhaltensbestimmend	ohnmächtige Wut; Unterwerfungslust; Furcht; Scham vs. trotzige Aggressivität, Machtlust; Wut, Ärger

Tab. 4.2: Überblick über die Konflikte der OPD-Achse III, ihre Themen und ihre Leitaffekte (Boll-Klatt und Kohrs 2018, S. 299) – Fortsetzung

Konflikt	Thema	Leitaffekte des passiven vs. aktiven Modus
Versorgung vs. Autarkie	etwas zu bekommen oder zu verlieren; einer Zuwendung sicher zu sein vs. keiner Versorgung zu bedürfen	Trauer, Depression mit der Angst, den anderen zu verlieren, Neidgefühle vs. Sorge um den anderen, untergründige Depressivität
Selbstwertkonflikt	Regulierung des Selbstwerts hat eindeutig Vorrang vor den anderen Konflikten	deutlich wahrnehmbare Scham vs. narzisstische Wut
Schuldkonflikt	Schuldgefühle nach Verletzung des anderen sozialen Objektes	Trauer, Depression, Schuld vs. Ärger
ödipaler Konflikt	Konflikte zwischen den erotischen und sexuellen Beziehungswünschen und Hemmungen	konfliktspezifische Lücken, Schüchternheit, (Scham), Angst vs. stark wechselnde, z. T. dramatische Emotionen, Erotisierung/Sexualisierung, Rivalisieren, (Schamlosigkeit, Aggression)
Identitätskonflikt	widersprüchliche Selbstrepräsentanzen mit Unsicherheits- und Unlustgefühlen	Gefühl des chronischen und immer wiederkehrenden Identitätsmangels vs. Befürchtung und Angst, das Identitätssystem könne gefährdet werden
abgewehrte Konflikt- und Gefühlswahrnehmung	Konflikte in sich und in zwischenmenschlichen Beziehungen übersehen; Schwierigkeit, Gefühle und Bedürfnisse bei sich selbst und anderen wahrzunehmen	kein Leitaffekt, da Zurückdrängen vor allem anhedonischer Affekte und Konflikte durch übersteigerte Abwehr i. S. einer Schutzfunktion

Die Konflikthypothese bildet sich im anamnestischen Gespräch anhand des biografischen Materials, der Leitaffekte sowie der Gegenübertragung und Interaktion ab. Die operationalisierten Items der Fremdeinschätzung liegen jeweils für einen aktiven und einen passiven Modus der Ausgestaltung des Konfliktes vor. In den jedem Konflikt vorangestellten allgemeinen Kriterien wird die konflikttypische Gegenübertragung und Interaktion definiert.

4.6.2 Die OPD-Konfliktachse im Vergleich mit der herkömmlichen psychoanalytischen Konfliktdiagnostik

Die OPD-Autoren nehmen sicherlich zu Recht für sich in Anspruch, Aspekte herkömmlicher psychoanalytischer Beziehungsdiagnostik mit einer wissenschaftlich beschreibenden und einschätzenden »operationalen« Vorgehensweise zu verbinden. Hohage (2011, S. 75) merkt allerdings kritisch an, dass in der Konfliktachse weniger die grundlegenden eigentlichen Konfliktspannungen beschrieben werden, sondern eher die habituellen Muster der individuellen Konfliktlösungen. Er spricht von Konfliktlösestilen und meint damit die operationalisierten Beschreibungen des aktiven und passiven Modus, die im Grundsatz eher strukturellen Merkmalen zuzuordnen seien. Denn wenn ein Patient z. B. einen Autarkie-Versorgungs-Konflikt auf der Basis eines depressiven Grundkonfliktes pseudo-autonom und aktiv durch Autarkie löst, sagt die OPD mehr über die strukturellen Fähigkeiten eines Patienten als über seine unbewusste dahinterliegende Konfliktspannung und deren lebensgeschichtlich gewachsene Sinnzusammenhänge aus. Insofern würden Therapeuten, die sich an der OPD-Konfliktachse in ihrer Behandlung ausrichten, in indirekter Weise mehr die inhaltlichen Aspekte der Struktur lt. OPD sowie der Neurosenstruktur berücksichtigen als den Konflikt an sich. Das Konfliktverständnis der OPD steht nach Hohage (ebd., S. 97) dem Reifungsparadigma der Rudolfschen Struktursichtweise näher als dem klassischen psychoanalytischen Konfliktmodell. Diese Kritik schmälert jedoch nicht den Wert der Konfliktachse, nämlich eine standardisierte, reliable und valide wissenschaftliche Diagnostik psychodynamisch bedeutsamer Konflikte zu ermöglichen. Die Autoren der OPD verstehen die von ihnen definierten Konflikte einerseits ausdrücklich als »unbewusste« Konflikte (Arbeitskreis OPD 2006, S. 54), andererseits möchte die OPD aber explizit primär oberflächennahe Konflikte beschreiben, die sowohl als äußerlich beobachtbare Konfliktmuster als auch durch Berücksichtigung der Gegenübertragung identifizierbar sind und eindeutig nicht phasenspezifisch zu verstehen sind: »Unsere Konfliktdefinitionen beziehen sich erklärtermaßen nicht auf traditionelle psychoanalytische entwicklungspsychologische Annahmen« (ebd., S. 122). So ist es teils umstritten, ob die OPD-Konflikte tatsächlich unbewusste Grundkonflikte abbilden oder nicht. Dass diese in der TP auch gar nicht Gegenstand der Behandlung sein können, macht es nicht gerade einfacher, einen eigenen Standpunkt zu entwickeln. Eine ausführliche Darstellung der kritischen Auseinandersetzung mit dieser Thematik findet sich außer bei Hohage (2011) z. B. auch bei Jungclaussen (2013, S. 182 ff), bei Mertens (2004a) oder Küchenhoff (2010).

Aber welche konkrete Bedeutung haben denn diese Ausführungen in diesem Buch? Die detaillierten, differenziert für die unterschiedlichen Lebensbereiche ausgearbeiteten operationalisierten Konfliktbeschreibungen der OPD können dazu verleiten, diese wie Textbausteine zu verwenden; d. h., sich nicht dem mühsamen Prozess zu unterziehen, für den singulären Einzelfall die individuellen Konfliktbestandteile zu reflektieren und zu formulieren, sondern nach der Methode des Wiedererkennens die operationalisierten Definitionen dem einzelnen Patienten zuzuordnen. Dabei geht dann das eigentliche Merkmal des psychodynamischen Verfahrens, nämlich die Beschäftigung mit und das Denken im Unbewussten, verloren (▶ Kap. 1 und ▶ Kap. 3). An die Stelle eines ätiologisch orientierten und genetisch rekonstruierenden Konfliktverständnisses unter Berücksichtigung der Vielfalt psychoanalytischer Entwicklungstheorie als Voraussetzung für psychodynamisches Verstehen treten bewusstseinsnahe erschließbare Muster von Konfliktlösungen. Das Denken im Bereich unbewusster, nur zu rekonstruierender biografisch gewachsener Konfliktspannung mit »biographischen Sinnzusammenhängen« (Mertens 2004a, S. 169) ist aber unverzichtbar für das eigene klinisch-psychodynamische Verständnis und das sich daraus ableitende Vorgehen in der Behandlung. Die Autoren der OPD (2006, S. 39) erkennen die Grenzen ihrer Methode durchaus an und empfehlen »… ein oszillierendes Betrachten des Gegenstandes«: Das auf Quantifizierung ausgerichtete Vorgehen könnte durch ein qualitatives Vorgehen erweitert werden, indem in offenen narrativen Interviews die individuelle und subjektive Seite im Gesamt der Biografie eine verstärkte Berücksichtigung fände. Anders gesprochen, lässt sich mit dieser Auffassung z. B. durchaus ein »Plädoyer für ein archaisches Narrativ« (Boll-Klatt und Kohrs 2018, S. 263 ff), nämlich den ödipalen Konflikt (▶ Kap. 3) verbinden. Insbesondere die sehr enge Definition des ödipalen Konfliktes in der OPD entspricht keineswegs der Komplexität, Differenziertheit und Tiefe der Freud'schen Konzeptualisierung.

4.6.3 Neurosenstruktur

Die Einschätzung des Strukturniveaus, die im nächsten Abschnitt behandelt wird, muss unterschieden werden von inhaltlichen Aspekten der Persönlichkeitsstruktur, die Schultz-Henke (1988) mit dem Begriff der Neurosenstruktur beschrieben hat. In der Literatur finden sich unterschiedliche Ansätze der Klassifikation von Neurosenstrukturen. Sicherlich die bekannteste stammt von Riemann (2009), der vier Hauptstrukturen differenziert: die depressive, die zwanghafte, die schizoide und die hysterische/histrionische. König (2004) ergänzt die narzisstische und die phobische Neurosenstruktur. Rudolf nennt sie Verarbeitungsmuster und fasst sie relativ weit, indem er auch die strukturellen Defizite berücksichtigt, die durch die Neurosenstruktur aufgefangen werden können (▶ Tab. 4.3).

Hohage (2011, S. 108) spricht von der »Struktur des Gewordenen« und verdeutlicht damit ein noch offeneres Verständnis der Neurosenstruktur, auch wenn er sie nicht so benennt. Alle für einen Menschen typischen inneren psychischen Prozesse, die sich verfestigen und strukturbildend sind, gehören für ihn zur Struktur des Gewordenen, also zu strukturell verankerten Persönlichkeitsmerkmalen. Dazu zählen auch jede Form habitueller Affekte, Introjekte, Identifikationen und Gegenidentifikationen sowie jede Form der Abwehr. Demnach können auch verfestigte Beziehungskonfliktmuster, Überzeugungen sowie verdrängte Bedürfnisse,

Tab. 4.3: Verarbeitungsmuster psychischer Konflikte und struktureller Vulnerabilität (zit. n. Rudolf 2013a, S. 112)

Bezeichnung des Verarbeitungsmusters	Merkmale
schizoid	Distanzierung und Vermeidung von emotionalem Kontakt und emotionaler Bindung, Unterbrechung der Kommunikation
altruistisch-fürsorglich	Sicherung wichtiger Bindung durch Übernahme von Verantwortung, Fürsorglichkeit; Unterordnung eigener Interessen
überkompensatorisch-aktiv	progressive Abwehr im Sinne von Aktivität, Leistungsbereitschaft, Produktivsein, nicht-zur-Ruhe-Kommen
regressiv	passiv-oral, erwartungsvoll, hilflos, kränkbar, Rückzugsneigung
normativ	»alles ist normal«, nichts in Frage stellen; wenig Fantasien
narzisstisch	Bemühungen, einem eigenen hohen Ideal gerecht zu werden und dadurch Bewunderung und Anerkennung zu erlangen; Tendenz zum Rivalisieren und zur Objektentwertung
manisch-philobatisch	traumhafte oder rauschhafte Befriedigung durch die Verwirklichung riskanter Ziele, die aus eigener Kraft und allein realisiert werden
zwanghaft	Sicherheit durch Ordnung, Prinzipien, Regeln, Festlegungen; Vermeidung von Spontanem, Emotionalem
hysterisch	emotionalisierter, sexualisierter Umgang mit der Realität; Agiertendenz; Dramatisierung, Verwirrung, Faszination

aus denen unbewusste Motivationen und somit neurotische Verhaltensbereitschaften entstehen, struktur- und dispositionsbildend sein (Jungclaussen 2013, S. 121). Im Faber-Haarstrick-Kommentar der Psychotherapie-Richtlinien wird betont, dass die Neurosenstruktur per se keine neurotische Erkrankung mit einer Behandlungsindikation darstellt (Rüger et al. 2015), sie bildet vielmehr den Nährboden, aus dem die neurotische Störung erwächst. Sie wird als passiver Faktor im Hintergrund – als »passiv-kausale Matrix« – verstanden (ebd., S. 19), als eine lebensgeschichtlich begründete

Präformation, auf die ein aktiver Faktor in Gestalt eines Auslösers und dessen Konfliktstoff treffen müssen.»Das strukturelle Moment muss auf aktuelle Konflikterlebnisse warten, die es in der seelischen Krankheit zur Geltung bringen; die Konflikte bedürfen der Anlehnung an die Struktur, um intrapsychisch zur Wirkung zu kommen« (ebd.). Die die Neurosenstruktur prägenden Bestandteile sind zum großen Teil bewusst und direkt beobachtbar. Losgelöst vom theoretischen psychoanalytischen Hintergrund besteht die Möglichkeit, die jeweiligen Persönlichkeitsmerkmale auch anhand der ICD-10 zu erfassen. Unter der Codierungsziffer Z 73.1 können akzentuierte Persönlichkeitszüge verschlüsselt werden; diese beziehen sich auf die bei den unterschiedlichen Persönlichkeitsstörungen (F 60) angeführten Kriterien mit dem Unterschied, dass die für die Diagnose einer Persönlichkeitsstörung geforderte Anzahl nicht erreicht wird. In klinischen Settings, die häufig multimethodal geprägt sind, kann es sinnvoll sein, auf diese Möglichkeit auszuweichen, um das gegenseitige Verständnis auch mit nicht-psychodynamisch ausgerichteten Therapeuten, vor allem den Verhaltenstherapeuten, zu fördern.

4.6.4 Strukturpathologische Diagnostik

Diagnostik anhand der Achse-IV-Struktur der OPD-2

Bei der Beurteilung der strukturellen Fähigkeiten sind die folgenden Fragen aus dem Interviewtool der OPD-2 (Arbeitskreis OPD 2006, S. 457 ff) hilfreich:

- Kann der Patient sich reflexiv wahrnehmen und insbesondere seine Affekte differenzieren?
- Kann der Patient andere ganzheitlich und realistisch wahrnehmen?
- Kann der Patient sich selbst, seine Impulse und Affekte sowie sein Selbstwerterleben steuern?
- Kann der Patient den Bezug zu anderen so regulieren, dass bestehende Beziehungen geschützt und die Interessen beider berücksichtigt werden?

- Kann der Patient in einem inneren Dialog seine Affekte und Phantasien nutzen und sich auf ein lebendiges Körperselbst beziehen?
- Kann der Patient sich anderen gegenüber affektiv mitteilen und andere empathisch verstehen?
- Kann der Patient die Beziehungserfahrungen innerlich bewahren und zur Selbstberuhigung nutzen, kann er sich an andere binden und auch von ihnen Abschied nehmen?

Die Beantwortung dieser Fragen gibt Aufschluss über die Verfügbarkeit von psychischen Funktionen in der Regulierung des Selbst und seiner Beziehung zu den inneren und äußeren Objekten (▶ Kap. 3). Die anhand der Strukturachse erfassten Fähigkeiten und ihr durch das steuernde Ich abgestimmte Zusammenspiel werden oft mit einem sog. Orchestermodell veranschaulicht (▶ Abb. 4.2).

Die Strukturachse gliedert sich in 4 Dimensionen, die wiederum durch je 6 operationale Aspekte des Selbst- und Objektbezuges definiert werden

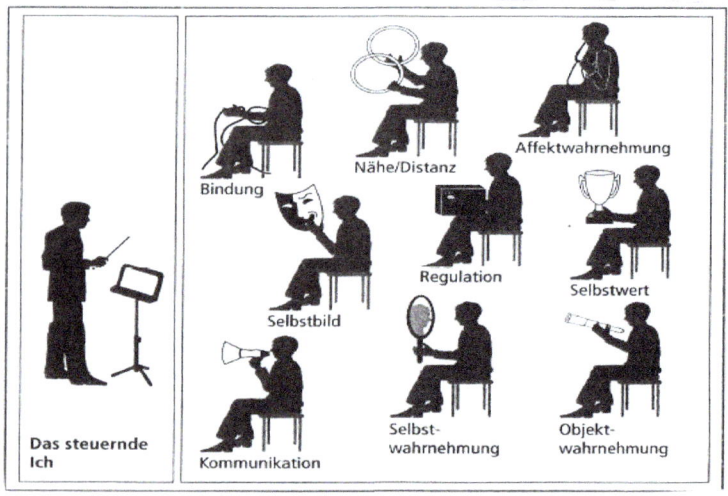

Abb. 4.2: »Orchester-Modell« der strukturellen Fähigkeiten (Jungclaussen 2013, Abb. C-2, S. 96, mit freundlicher Genehmigung von Schattauer © J. G. Cotta'sche Buchhandlung Nachfolger GmbH, Stuttgart)

(vgl. Rudolf 2013, S. 111; Arbeitskreis OPD 2006, S. 259 ff). An dieser Stelle sollen nur die Dimensionen genannt werden:

- Selbstwahrnehmung und Objektwahrnehmung; im Orchestermodell dargestellt durch die Musiker mit dem Stethoskop (für die Affektwahrnehmung), mit Fernglas sowie mit dem Spiegel und der Maske.
- Steuerung des Selbst und der Beziehungen; im Orchestermodell dargestellt durch den Musiker mit dem Regulationskasten, dem Pokal (Selbstwert) und den Ringen (Nähe und Distanz).
- Emotionale Kommunikation nach innen und mit anderen; dargestellt durch den Musiker mit dem Megaphon.
- Innere Bindung und äußere Bindung; dargestellt durch den Musiker mit dem Seil.

Das »klinische Material«, das es unter strukturellen Gesichtspunkten zu untersuchen gilt, beinhaltet:

- die vom Patienten berichteten Interaktionen und Erfahrungen seines Lebens,
- die in der diagnostischen Beziehung gezeigten strukturellen Fähigkeiten,
- die vom Therapeuten erlebte Gegenübertragung,
- die vom Patienten spontan oder auf Nachfrage introspektiv gewonnenen Einschätzungen der eigenen Person und seines Verhaltens.

Die Einschätzung erfolgt für einen Beobachtungszeitraum der letzten ein bis zwei Jahre; d. h., dass diese sich nicht notwendigerweise auf die vorliegende krankheitswertige Störung beziehen muss. Aktuelle psychische Krisen, wie sie z. B. im Zusammenhang mit einem schwerwiegenden Verlusterlebnis auftreten können, führen zu einer regressiven Entdifferenzierung der psychischen Struktur, die aber oft nur passager das psychische Funktionsniveau beeinträchtigen und im Zuge des Bewältigungsprozesses zu einer Erholung führt.

Jeder Aspekt der Strukturachse wird auf einer 4-stufigen Skala von gut integriert über mäßig und gering integriert bis desintegriert eingeschätzt. Zur Einschätzung des Strukturniveaus gilt es zu prüfen, welche im Manual gegebenen Operationalisierungen auf den Patienten am ehesten zutreffen. Die Strukturcheckliste enthält operational definierte Kriterien für jede Stufe der einzelnen Aspekte. Des Weiteren wird jede Stufe der zusammenfassenden Einschätzung für jede Dimension und auch für die Gesamtbeurteilung der Funktionsfähigkeit der Struktur beschrieben. Inzwischen liegt auch ein valider und reliabler, zwölf Items umfassender Fragebogen zur Erfassung der strukturellen Fähigkeiten bzw. Beeinträchtigungen vor (OPD-SFK; Ehrenthal et al. 2015).

Strukturdiagnostik anhand des Strukturierten Interviews zur Persönlichkeitsorganisation (STIPO-D)

Neben der OPD-Strukturachse steht im deutschsprachigen Bereich noch ein weiteres Instrument für die Strukturdiagnostik zur Verfügung. Die ältere diagnostische Methode stammt von Kernberg, dessen Ziel es war, durch eine Integration verschiedener theoretischer Ansätze (▶ Kap. 3) ein konsistentes Modell für die nicht neurotischen schweren Persönlichkeitsstörungen zu entwickeln (vgl. Kernberg 1996; auch Boll-Klatt und Kohrs 2018, S. 315 ff). Er spricht von einer strukturellen Analyse (z. B. Kernberg 1981) und von der Möglichkeit, das strukturelle Funktionsniveau der Persönlichkeit als Indikator für die Schwere der Störung gestuft zu beschreiben. Kernbergs Strukturelles Interview ist der Vorläufer des Strukturierten Interviews zur Persönlichkeitsorganisation (STIPO; Clarkin et al. 2004)). Die deutsche Version (STIPO-D) stammt von Doering (2008; vgl. auch Hörz et al. 2010; Doering et al. 2013). Die Strukturdiagnose erfolgt auf der Basis eines semistrukturierten Interviews mit 100 Items zu unterschiedlichen Bereichen der Struktur der Persönlichkeit, die im Wesentlichen Schlüsselfunktionen des Ichs beinhalten:

- Fähigkeit zur Realitätstestung
- Reife der Abwehrmechanismen
- Ausmaß der Identitätsdiffusion
- Qualität der Objektbeziehungen
- Integration des Über-Ich
- Fähigkeit zur Intimität

Die Ratings erfolgen auf einer sechsstufigen, mit Ankerbeispielen versehenen Skala; in der Auswertung werden ein normales, ein neurotisches Niveau sowie verschiedene Abstufungen eines Borderline-Niveaus unterschieden. Insbesondere mit dem niedrigen Borderline-Niveau, der sog. Borderline-Persönlichkeitsorganisation (BPO), die bei schweren Persönlichkeitsstörungen wie der Borderline-Persönlichkeitsstörung, dem malignen Narzissmus u. a. vorliegen, haben sich Kernberg und seine Arbeitsgruppe intensiv beschäftigt.

Wie die OPD, so erfordert auch die fachgerechte Durchführung und Auswertung des STIPO eine gesonderte Einführung und Anleitung. Aber auch wenn man das nicht das komplette Interview durchführt, ist es für Therapeuten ausgesprochen hilfreich, die Frage zur Integration des Selbstkonzeptes und die zur Integration des Konzeptes bedeutsamer anderer Menschen verfügbar zu haben. Bei dem Verdacht auf BPO kann deren Einsatz durchaus wertvolle diagnostische Informationen liefern. Die Beispiele im nachfolgenden Kasten geben einen Einblick in die beschriebene Art der Informationserhebung.

Im Kapitel 4.2 wurde beispielhaft eine kurze interaktionelle Sequenz mit einem Patienten mit einer Identitätsdiffusion auf BPO-Niveau geschildert. Die im STIPO erfasste Integration des Über-Ich ist differenzialdiagnostisch insbesondere bei unterschiedlichen narzisstischen Persönlichkeitsstörungen von Interesse. Beim malignen Narzissmus und der antisozialen Persönlichkeitsstörung liegt eine ausgeprägte Desintegration des Über-Ich vor, die das weitgehende Fehlen von Schuld- und Schamgefühlen erklärt. Eine schwere Über-Ich-Pathologie – allerdings im umgekehrten Sinne – kennzeichnet auch die sog. Borderline-Depression, bei der sadistisch-verfolgende Über-Ich-Anteile dominieren. In mehreren wissenschaftlichen Untersuchungen hat sich das STIPO als ein klinisch hilfreiches und reliables strukturdiagnostisches Instrument erwiesen (Doering et al. 2013; Hörz et al. 2010).

Spätestens jetzt fragt sich der interessierte Leser, wann eher die Anwendung der Strukturachse der OPD oder des STIPO angezeigt ist. Diese Frage lässt sich nur beantworten, wenn man gleichzeitig nach der therapeutischen Ausrichtung des Behandlers fragt. Die sehr eng mit der OPD-Achse verbundene Strukturbezogene Therapie von Rudolf (▶ Kap. 5.2.1) beruht auf völlig anderen theoretischen Konzepten und behandlungstechnischen

> **Beispiele für Fragen aus dem STIPO-Interview**
>
> **Identität: Integration des Selbstkonzeptes**
>
> »Sie haben mir von Ihren Schwierigkeiten erzählt, jetzt würde ich gern mehr über Sie selbst als Person hören. Können Sie sich selbst beschreiben, Ihre Persönlichkeit, was ich Ihrer Meinung nach wissen sollte, um ein wirkliches Gefühl für Sie als Mensch zu bekommen?«
> Oder:
> »Als ich Sie bat, mir mehr über sich selbst zu erzählen, schienen Sie zuerst verblüfft, und dann fingen Sie an, darüber zu sprechen, wie Ihr Mann Sie behandelt. Als ich Sie etwas später fragte, ob Sie es unter diesen Umständen schwierig fänden, mit Ihrem Mann zu kommunizieren, und warum Sie gerade dieses Beispiel genannt hätten, reagierten Sie darauf, indem Sie über andere Aspekte im Verhalten Ihres Mannes sprachen. Es schien so, als ob Sie sich durch die Bitte, über sich selbst zu sprechen, gezwungen fühlten, darüber zu sprechen, wie Ihr Mann Sie behandelt. Ich finde das verwirrend. Können Sie sich vorstellen, dass Ihre Haltung mir Schwierigkeiten macht?«
>
> **Identität: Integration des Konzeptes bedeutsamer anderer Menschen**
>
> »Ich möchte Sie bitten, mir etwas über die Menschen zu erzählen, die im Augenblick in Ihrem Leben die wichtigsten sind. Könnten Sie mir etwas über sie erzählen, so dass ich mir angesichts unserer begrenzten Zeit miteinander doch einen klaren Eindruck von ihnen verschaffen kann.«

Vorgaben als die Übertragungsfokussierte Psychotherapie (TFP) aus der Kernberg-Gruppe (▶ Kap. 5.2.2). Während Rudolf mit der von ihm konzeptualisierten Therapie einem Reifungsparadigma folgt (Hohage 2011, S. 75 ff), bleibt die TFP dem traditionellen psychoanalytischen Theorieansatz verpflichtet. Auf die Frage, was G. Rudolf und O. F.

Kernberg am meisten trennt, könnte man salopp formuliert antworten: Melanie Klein. Borderlinetypische archaische Abwehrmechanismen, die auf frühe Entwicklungsstadien zurückgehen, bedienen sich der Spaltung in nur »gute« und nur »böse« Objekte, wie Klein sie sehr anschaulich beschrieben hat (▶ Kap. 3). Ein weiterer Unterschied der beiden diagnostischen Methoden betrifft den Anwendungsbereich. Das Strukturniveau wird in der OPD unabhängig von der Diagnose bzw. der Verdachtsdiagnose einer Persönlichkeitsstörung erhoben, so dass das ganze Spektrum der psychischen Störungen bzw. der strukturellen Defizite beurteilt werden kann.

4.6.5 Traumapathologische Diagnostik

Wie schon unter Kapitel 3.3 ausgeführt, werden die Ätiopathogenese, Diagnostik und Therapie der Traumapathologien wegen ihrer Spezifität in diesem Band nur übersichtsmäßig mit der Betonung ihres Überschneidungsbereiches zur Strukturpathologie dargestellt. Für deren Erwähnung spricht allerdings auch die Tatsache, dass seit 2014 die Behandlung von Traumafolgestörungen (▶ Kap. 3.3) zum Indikationsbereich der Tiefenpsychologisch fundierten Richtlinientherapie gehört, wenn folgende Voraussetzungen erfüllt sind (Rüger 2013):

- eine valide Diagnostik der Traumafolgestörungen und eine Beschreibung ihrer psychischen, somatischen und sozialen Auswirkungen im Lebensalltag
- ein Behandlungsplan, der auf die Psychodynamik des Krankheitsgeschehens ausgerichtet ist, nicht aber auf die Bearbeitung einer biografisch vermuteten Belastung bzw. einer vermuteten Akuttraumatisierung
- eine plausible Beschreibung traumaspezifischer Behandlungsformen und ihre Einbettung in eine psychodynamische Behandlungsplanung
- eine Behandlungsplanung, die den Zeitrahmen der Richtlinien-Kontingente beachtet.

Schaut man in einschlägige Lehrbücher, wie z. B. in das von Sachsse (2013) oder Sack et al. (2013), so findet man durchaus eine Reihe von

Kapiteln, die sich der Diagnostik von Traumafolgestörungen widmen. So geben z. B. Wirtz et al. (2013) einen umfassenden Überblick sowohl über Screening-Instrumente zur Selbsteinschätzung als auch über strukturierte und standardisierte Interviews und dieses wiederum sowohl für die Erhebung von Traumafolgestörungen nach Akut- als auch nach Komplextraumatisierung. Renommierte Traumaspezialisten (z. B. Sack und Ebbinghaus 2013, S. 34) empfehlen den Einsatz eines strukturierten Interviews bei Verdacht auf Vorliegen einer Posttraumatischen Belastungsstörung, wie dieses als Modul im Strukturierten Klinischen Interview zur Diagnostik von Psychischen Störungen vorliegt (SCID-PTBS; Wittchen et al. 1997). Eine reliable, aber aufwändige Diagnosestellung dissoziativer Symptomatik ermöglicht das Strukturierte Interview für Dissoziative Störungen (SCID-D; Gast et al. 1999).

Während die Konflikt- und die Strukturpathologie typischen psychoanalytischen Modellvorstellungen folgen, befinden wir uns mit der modernen Traumapathologie bzw. den Traumafolgestörungen in einer völlig anders aufgebauten Konzeption psychischer Pathologie (▸ Kap. 3), die zwar Überschneidungen mit Freuds sog. Verführungstheorie aufweist, aber doch wesentlich dem Bild der heutigen posttraumatischen Belastungsstörung, wie sie in den diagnostischen Glossaren ICD-10 und DSM-5 definiert werden, folgt. Die traumainduzierte Symptomatik im Sinne der Akuttraumatisierung leitet sich ausdrücklich nicht aus der früheren Persönlichkeitsentwicklung ab, sondern ist die unmittelbare Folge der psychischen Nicht-Verarbeitung von überflutenden Erlebnissen. Jedoch muss in Betracht gezogen werden, dass ein traumatisches Erlebnis durchaus einen Einbruch in das strukturelle Gefüge eines Menschen bedeutet, so dass strukturelle Beeinträchtigungen als Folgen immer mit zu bedenken sind (vgl. Rudolf 2014, S. 49). Insbesondere das reflektorische Misstrauen sowie die massiv infrage gestellte Möglichkeit, Beziehungen selbst regulieren zu können, erschweren jeglichen therapeutischen Zugang zu den Betroffenen.

Allerdings zeigt sich hier der Überschneidungsbereich zur Strukturpathologie, denn es ist immer erst jeweils im individuellen Fall zu entscheiden, ob bereits strukturelle Beeinträchtigungen vor Eintritt des traumatischen Erlebnisses vorgelegen und eine psychische Vulnerabilität bedingt haben, die dann letztlich das Ausmaß der pathogenen Auswirkungen des

4.6 Explanatorische Diagnostik

Einbruchs in das Gefühl der persönlichen Sicherheit wesentlich beeinflusst bzw. determiniert hat (▶ Kap. 3.3). Die relativ niedrigen Raten Posttraumatischer Belastungsstörungen nach vielen Monotraumatisierungen im Erwachsenenalter z. B. nach Verkehrsunfällen weisen in diese Richtung.

Im Falle der Komplextraumatisierungen, also der Folgen weit zurückliegender überwältigender Belastungserfahrungen in der Kindheit, lässt sich Struktur- und Traumapathologie nur sehr viel weniger differenzieren, wie dies am Beispiel der Borderline-Persönlichkeitsstörung gezeigt werden kann (Boll-Klatt und Kohrs 2018, S. 473 ff). Schellong (2013) schlägt mit ihrer Typisierung von Traumafolgestörungen eine sinnvolle differenzialdiagnostische Einteilung vor (ebd., S. 49), die von der »einfachen« Posttraumatischen Belastungsstörung (PTBS) vom Typ I mit der klassischen Symptomtrias (Flashback-Erlebnisse, Vermeidungsverhalten, Hyperarousal) über die PTBS mit traumakompensatorischer Symptomatik, die als Komorbiditäten auftreten (Typ II), und die komplexe chronifizierte PTBS mit persönlichkeitsprägender Symptomatik (Typ III) bis hin zur PTBS mit Teilidentitätsstörungen und Identitätswechsel (Typ IV) reicht.

Im Hinblick auf die Entfaltung der Übertragungs-Gegenüberragungs-Dynamik gilt es besonders bei überwiegend komplextraumatisierten Patienten mit Typ-III- und Typ-IV-Traumafolgestörungen einige Besonderheiten zu beachten. Je negativer das Selbst- und Weltbild ist, desto weniger wird ein Patient in der Lage sein, sich dem Therapeuten anzuvertrauen. Benecke (2014, S. 571) spricht von einer »störungsbedingten Ambivalenz« gegenüber der Behandlung, die es erforderlich mache, dass der Therapeut in Diagnostik und Behandlung eine Gratwanderung zwischen der Berücksichtigung der Vulnerabilität und Instabilität einerseits und der Notwendigkeit der Exploration und Konfrontation mit traumatischen Erinnerungen andererseits hinbekomme. Für die diagnostische Phase reicht es in der Regel aus, wenn ein erster Überblick über die Lebensgeschichte gewonnen werden kann. In Bezug auf die Belastung durch traumatische Lebenserfahrungen ist eine »orientierende Exploration« (Sack und Ebbinghaus 2013, S. 36) zu empfehlen, ohne dass bereits Details über die Traumata mitgeteilt werden müssen. Für die Therapieplanung werden Informationen über die Art der Traumata, über das Alter zu Beginn und Ende der Traumatisierung und über wichtige Begleitumstände gebraucht. Wichtiger und auch weniger belastend als die dezidierte Schilderung des Ereignismerkmals sind die traumaassoziierten Symptome und Störungen. Neben der Typisierung der Traumafolgestörung und der strukturellen Beeinträchtigungen sind komorbide Krankheitsbilder im Sinne der Typ-II-PTBS wie z. B. Ängste, somatoforme Störungen und Abhängigkeitserkrankungen sowie selbstverletzendes Verhalten und Suizidalität gesondert zu erfassen. Auch den Ressourcen sollte gezielt Aufmerksamkeit geschenkt werden, weil ihnen ein hoher Stellenwert in der Therapie zukommt. Für die Einschätzung, inwieweit Krisensituationen bewältigt werden können oder ob genügend Möglichkeiten der Selbsthilfe bestehen, ist die Identifizierung von Ressourcen eine wertvolle Hilfe.

5 Kernelemente der Therapie

5.1 TP als konfliktorientierte Methode

In Kapitel 3 wurde ja schon näher ausgeführt, dass psychische Symptome als Hinweise auf persönliche unbewusste Konflikte zu interpretieren sind, die in erster Linie verstanden statt »geheilt« werden wollen. Symptome sind oft berechtigte Symbole für persönliches und allgemein-menschliches Leiden an der eigenen Lebensgeschichte und/oder – wie Leuzinger-Bohleber (1985; in: Rudolf 2014, S. 106) es formuliert – an gesellschaftlich bedingten Problemen. Als die TP 1967 als psychoanalytisch orientiertes Verfahren in den Katalog der Pflichtleistungen der Krankenkassen aufgenommen wurde, konzentrierte sich das vorherrschende Denken bezüglich der Entstehung von Symptomen auf die ätiopathogenetische Bedeutung innerseelischer, biografisch determinierter unbewusster Konflikte. Die Behandlungsstrategie richtet sich auf das Aufarbeiten von Konflikten in ihrem psychosozialen Bezug sowie auf die (Außen- und Binnen-)Übertragungen. Die Tabelle gibt eine Zusammenfassung des therapeutischen Vorgehens in der TP (▶ Tab. 5.1); die Spezifität der TP wird auch hier durch den unmittelbaren Vergleich mit der AP betont (▶ Kap. 2).

Tab. 5.1: Konfliktzentrierte Tiefenpsychologisch fundierte versus Analytische Psychotherapie (mod. n. Ermann 2016a, S. 532)

	Tiefenpsychologisch fundierte Psychotherapie	Analytische Psychotherapie
Behandlungsstrategie	Aufarbeiten von Konflikten in ihrem psychosozialen Bezug und als (Außen-)Übertragungen	Herstellung einer Übertragungsneurose; Aufarbeitung von unbewussten Grundkonflikten in der (Binnen-)Übertragung
Einstellung zur Regression	Regressionsbegrenzung durch Betonung der äußeren Realität, Gestaltung des Rahmens, progressorientierte therapeutische Haltung	Förderung der therapeutisch nutzbaren Regression und deren Nutzung zur Veränderung der Tiefenstruktur
Umgang mit der Übertragung	Begrenzung der Binnenübertragung, zügige Bearbeitung von störenden Übertragungsmanifestationen	Fokussierung auf die Binnenübertragung, Transposition von Außen- in Binnenübertragungen
Frequenz	1 Wochenstunde	2 bis 3 Wochenstunden
Position	Behandlung im Gegenübersitzen	Behandlung im Liegen
Gesamtdauer	50 (80) Stunden, Ausnahme: 100 Stunden	160 (240) Stunden, Ausnahme: 300 Stunden
Regeln	Grundregel der Offenheit	freie Assoziation
Haltung des Therapeuten	technische Neutralität, (selektive) Abstinenz	technische Neutralität; (restriktive) Abstinenz
Verhalten des Therapeuten	aktives Zuhören, hohe Interventionsaktivität, Verwendung »importierter« Techniken	gleichschwebende Aufmerksamkeit, abwartend, ermöglichend, deutend

5.1.1 Therapeutische Grundhaltung: Abstinenz und technische Neutralität

Wie im psychoanalytischen Verfahren ist die therapeutische Grundhaltung in der TP durch emotionale Präsenz, Abstinenz und technische Neutralität gekennzeichnet.

Mit Abstinenz war im traditionellen Verständnis der Verzicht auf die Präsenz der realen Person des Therapeuten und eine betont zurückhaltende und abwartende Interventionstechnik gemeint. Solch eine Umsetzung des Abstinenzgebotes folgt dem traditionellen Freud'schen Diktum, dass die Analyse in der Versagung stattzufinden habe. Freud veranschaulichte die Haltung mit der Spiegel- und der Chirurgenmetapher (Freud 1912e, S. 380 f). »Ein Arzt soll undurchsichtig für den Analysierten sein und wie eine Spiegelplatte nichts anderes zeigen, als was ihm gezeigt wird« (ebd., S. 384). »Ich kann den Kollegen nicht dringend genug empfehlen, sich während der psychoanalytischen Behandlung den Chirurgen zum Vorbild zu nehmen, der alle seine Affekte und selbst sein menschliches Mitleidbeiseite drängt und seinen geistigen Kräften ein einziges Ziel setzt: die Operation so kunstgerecht wie möglich zu vollziehen« (ebd., S. 380 f). Diese Sichtweise von Abstinenz, die auf dem Paradigma der Ein-Person-Psychologie beruht, hat sich eher als hinderlich erwiesen, gleichwohl stellt Abstinenz in einem wohldefinierten Sinne eine wesentliche Voraussetzung einer jeden Therapie dar (Wöller und Kruse 2015b, S. 123 f). Sie schützt die therapeutische Situation, indem sie beide Beteiligten anhält, ihre Beziehungsphantasien und -wünsche nicht durch Handeln zum Ausdruck zu bringen. Auch bei allem Drängen mancher Patienten, dass wir ihre Versorgungswünsche und sexuellen Bedürfnisse doch erfüllen mögen, ist es gerade auch für sie ein unentbehrlicher Schutz zu wissen, dass wir dieses nicht tun. Angeregt durch die kritischen Arbeiten von Paula Heimann (1950/1996) wuchs die Bereitschaft, in der therapeutischen Situation ein interaktionelles Geschehen zu erkennen. Diese Veränderung führte zu einem »instrumentellen Begriff« von der Gegenübertragung (Körner 1990) oder zum Konzept der Rollenübernahme (Sandler 1976) und entsprechend veränderte sich die Abstinenzregel. Unter Abstinenz wird heute vielmehr der Verzicht auf die Verfolgung eigener bewusster oder unbewusster Bedürfnisse zu Lasten des Patienten verstanden. Im Wesentlichen beinhaltet dies den Verzicht auf Befriedigung eigener heimlicher (sexueller und aggressiver) Triebimpulse, den Verzicht auf die Befriedigung eigener narzisstischer Bedürfnisse und den Verzicht auf die Realisierung eigener Wert- und Normvorstellungen. Diesen Forderungen lässt sich zunächst einmal leicht zustimmen, aber unser eigenes Unbewusstes ist damit noch lange nicht automatisch auf Verzicht ausgerichtet. Nicht allzu selten verlockt ein anspruchsvoller Patient zu besonders inspirierten, triumphalen Interventionen, die ein Labsal für den eigenen therapeutischen Narzissmus beinhalten. Oder ein zwanghaft rationalisierender, subtil feindseliger Patient, der jede affektive Bewegung negiert, erweckt im Therapeuten aggressive und sadistische Impulse, die in Form besonders konfrontierender, z. T. bloßstellender Deutungen dann agiert werden. Die Liste solcher Abstinenzverletzungen ließe sich noch lange fortsetzen und lenkt damit das Augenmerk auf den Umgang mit der Gegenübertragung). Aber eines lässt sich bereits feststellen: Die Forderung nach Abstinenz wird nicht durch ein einförmiges, anonymes und betont zurückhaltendes Verhalten des Therapeuten eingelöst! Den Patienten das Machtgefälle in der therapeutischen Situation spüren zu lassen, ihn »zappeln« oder »verhungern« lassen, ist das Gegenteil von Abstinenz. Ermann (2016, S. 466) unterscheidet zwischen *restriktiver* und *selektiver* Abstinenz und differenziert damit die Umsetzung der Abstinenzregel zwischen Patienten mit Konflikt- und Strukturpathologien. Selektive Abstinenz ist besonders dann indiziert, wenn Zurückhaltung und Versagung leicht zur Wiederholung und Fixierung basaler kindlicher, nicht-spiegelnder, entbehrungsreicher Erfahrungen führen und somit das pathogene Narrativ vieler Patienten mit strukturellen Beeinträchtigungen fortschreiben, statt den Raum für das Wagnis neuer Beziehungserfahrungen und deren Internalisierung in der therapeutischen Situation zu eröffnen.

Unter technischer Neutralität wird ein Merkmal der therapeutischen Haltung verstanden, das darauf abzielt, keinen aktiven Einfluss auf den Patienten auszuüben, sondern einen gleichen Abstand – eine Äquidistanz – zu Es, Ich, Über-Ich und äußerer Realität zu wahren bzw. im Bereich der objektbeziehungstheoretisch definierten Konflikte beiden Konfliktpolen gegenüber neutral zu bleiben und sich nicht mit dem unserer Einschätzung nach progressionsorientierten Anteil zu verbünden. So mag z. B. die Verstärkung und Erweiterung autonomer Strebungen noch so erstrebenswert sein, dennoch gilt es, die Abhängigkeitsbedürfnisse des Patienten gleichermaßen zu würdigen. Wie noch zu zeigen sein wird, ist es in der Behandlung von Patienten mit Strukturpathologien manchmal nötig, auf den Standpunkt strikter technischer Neutralität zugunsten einer »reflektierten Neutralität« (Richter 2013) zu verzichten, wie dies in der Anwendung der Strukturbezogenen oder der Mentalisierungsbasierten Therapie der Fall ist. Hier kann es sein, dass wir uns im Interesse des Patienten mit einer Instanz verbünden, z. B. indem Triebimpulse gefördert oder eingeschränkt, Werte in Frage gestellt oder impulsive Handlungen begrenzt werden (Wöller et al. 2015, S. 189 f).

5.1.2 Einsicht des Patienten und Techniken des Therapeuten

Der Gewinn von Einsicht zählt bekanntlich neben der Internalisierung einer positiven Beziehungserfahrung zu den zentralen Wirkfaktoren psychodynamischer Therapie (▶ Kap. 9). Der Einsicht wird die Wirkung zugeschrieben, abgewehrte seelische Konflikte zu lösen und Spaltungen auf der Ebene der Repräsentanzen zu überwinden. Der Deutung als bevorzugter Interventionsform des Therapeuten wird die Einsicht auf Seiten des Patienten als eine kreative Möglichkeit gegenübergestellt, die darauf abzielt, »... in sich eine Antwort zu erschaffen, die in der Lage ist, eine pathogene Verarbeitung eines psychischen Traumas in eine ichsyntone, realitätsgerechte zu transformieren« (Schöpf 2014, S. 202). Ob die Behauptung, dass Heilung durch Einsicht möglich ist, haltbar ist, hat in wissenschaftstheoretisch-philosophischen Fragestellungen zu lebhaften Diskussionen geführt (Grünbaum 1988). Im Lehrbuch der psychoanalytischen Therapie (Thomä und Kächele 2006) hingegen nimmt Einsicht einen hervorragenden Rang unter den Wirkfaktoren ein. Psychodynamisch relevante Einsicht bleibt aber nicht bei einem intellektuellen Verstehen von Zusammenhängen stehen, sondern beinhaltet neben dem kognitiven Begreifen die gleichzeitige emotionale Erfahrung, verbunden mit einem leiblichen Erleben. Eine so definierte affektive Einsicht kommt einem sog. »Aha-Erlebnis« nahe und unterscheidet sich maßgeblich von intellektualisierenden Pseudo-Einsichten (Wöller et al. 2015,

S. 182), die meistens nur der noch subtileren Ausgestaltung von Widerstand und Abwehr dienlich sind und somit die Therapie eher behindern als fördern. Affektive Einsicht bzw. Aha-Erlebnisse sind notwendig, um – in der Sprache der Neurowissenschaften – das in den neuronalen Netzwerken des impliziten Gedächtnisses gespeicherte Beziehungswissen zu modifizieren. Die Förderung von Einsicht kann nie Selbstzweck sein, sondern muss sich gerade in der TP immer an den Zielen der Therapie, am Behandlungsfokus und an der übergeordneten Behandlungsstrategie orientieren.

Allerdings ist der Weg zu den unbewussten Prozessen des Patienten durch den Einsatz einsichtsfördernder Deutungen oft steinig und weit. Deutungen, die in der mittleren Phase von Therapie, also in der Phase des Durcharbeitens ihren Hauptstellenwert haben, müssen immer wieder flankiert werden von den anderen beiden klassischen psychodynamischen Therapietechniken, dem Klarifizieren und dem Konfrontieren. Wöller et al. (2015, S. 181 ff) geben eine ausführliche systematische Übersicht über die Vielzahl psychodynamischer Interventionen mit konkreten Beispielen, auf die in de folgenden Darstellung Bezug genommen wird. Unter *Klarifizieren* verstehen wir das Bemühen des Therapeuten, das vom Patienten angebotene Material so zu ordnen, dass aus der Fülle zunächst verwirrender und manchmal auch widersprüchlicher Angaben eine nachvollziehbare Abfolge seines Erlebens und Verhaltens entsteht. Mit Klarifikationen sprechen wir bewusste Gefühle, Gedanken oder Erinnerungen des Patienten an; wir erfassen sein subjektives Verständnis und seine eigene Deutung von Zusammenhängen, um seine subjektive Realität konstruieren zu können, ohne auf Hypothesen über unbewusste Zusammenhänge zurückgreifen zu müssen. Körner (2016, S. 20 f) bezieht Klarifikationen auch auf vorbewusste, bewusstseinsfähige Phänomene und definiert es als deren Ziel, dem Patienten vor Augen zu führen, was er vor sich selbst verbirgt, z. B. peinliche Gefühle und bedrängende Phantasien, als ein Patient berichtet, bis zu seinem 16. Lebensjahr anstelle seines Vaters im Doppelbett neben der Mutter geschlafen zu haben. Beim *Konfrontieren* geht es darum, den Patienten mit widersprüchlichen und konflikthaften Aspekten des von ihm eingebrachten Materials vertraut zu machen, ihn auf Aspekte seines Erlebens, Denkens und Verhaltens hinzuweisen, die ihm nicht bewusst sind, die sich aber aus seinen

5.1 TP als konfliktorientierte Methode

Verhaltensweisen oder aus anderen Einfällen erschließen lassen und im Widerspruch zu seinen verbalen Ausführungen stehen. Konfrontationen sind indiziert, z. B. wenn durch klarifizierende Interventionen ganz natürliche Widerstände entstehen, wie dies nach der Benennung schmerzhafter oder peinlicher Erinnerungen oft der Fall ist. Konfrontationen beziehen sich auch auf nonverbales Material, wie folgende therapeutische Äußerung verdeutlicht: »Als wir über die Beziehung zu Ihrem Mann sprachen, haben Sie von mir weg auf den Boden geschaut« (Wöller et al. 2015, S. 185). Konfrontationen setzen ein stabiles Arbeitsbündnis voraus, da der Patient sich hinreichend sicher sein muss, dass wir ihn nicht verletzen wollen. In der diagnostischen Phase können Konfrontationen als Diagnostikum eingesetzt werden, um zu klären, wie gearbeitet werden kann. In der Phase des Durcharbeitens kommen dann vermehrt *Deutungen* zum Einsatz. Eine Deutung ist zumeist eine verbale Aussage des Therapeuten, in der ausgehend vom Manifesten (dem, was der Patient erzählt, erinnert, assoziiert, träumt) die zugrundeliegende latente (unbewusste) Bedeutung mitgeteilt wird. Ziel der Deutung ist immer die Bewusstwerdung eines unbewussten Wunsches bzw. der Phantasie, die sich im bewussten, manifesten Inhalt (z. B. auch im Symptom) verbirgt. Deutungen können sich beziehen auf die Abwehr, den Widerstand oder die Übertragung des Patienten und werden meist in dieser Abfolge gegeben. Der Zeitpunkt einer Deutung in der Behandlung ist nicht vorhersehbar: Gedeutet wird dann, wenn ein unbewusster Wunsch relativ nahe in das Vorbewusstsein rückt (also bewusstseinsnäher wird), da sonst aufgrund von Angstentwicklung der Widerstand des Patienten wächst. Umgekehrt: Je tiefer verdrängt, verleugnet, abgespalten ein unbewusster Inhalt ist, desto länger wird es brauchen, bis dieser gedeutet werden kann. *Widerstandsdeutungen* sind eine eigene Gruppe von Interventionen, die sich auf Phänomene richten, mit denen sich der Patient bewusst oder meistens unbewusst gegen den Fortgang der Therapie zur Wehr setzt, wie dies z. B. durch das Versäumen von Stunden, durch Schweigen und Trivialisieren oder durch das Vortragen von Pseudo-Einsichten geschieht. Verhaltensbezogene Widerstände sind oft eng mit unbewussten intrapsychischen Abwehrbewegungen verbunden. Die Deutung von Widerstand und Abwehr folgen einem dreischrittigen Prinzip, das auch die Klärung dessen beinhaltet, gegen welche Erkenntnisse sich der Widerstand richtet.

Übertragungsdeutungen lassen sich dahingehend differenzieren, ob sie sich auf Außen- oder Binnenübertragungen bzw. auf das Zusammenspiel von beidem richten und ob sie genetische Aspekte einbeziehen oder ausschließlich das Hier und Jetzt der therapeutischen Situation fokussieren. Körner (2016, S. 22 f) unterscheidet Deutungen *an* von Deutungen *in* der Übertragung. Deutungen *an* der Übertragung zielen auf den Wiederholungscharakter innerer Konflikte ab, der dem Denken, Fühlen und Handeln eines Patienten eine gewisse Stereotypie verleiht, wenn er in sozialen Situationen seines Alltags und auch in der therapeutischen Beziehung die immer gleichen Konflikte erwartet und inszeniert. Deutungen *in* der Übertragung (Körner 2014) hingegen thematisieren die Übertragung als Beziehungskonflikt zwischen den Patienten und uns, wie im folgenden Beispiel gezeigt wird: »Ich glaube, Sie vermeiden es, über Ihre Affäre mit X zu sprechen, weil Sie befürchten, ich würde Sie dafür verurteilen und Sie kritisieren.«

Eine andere Variante, die auf dem Konzept der Rollenübernahme basiert, besteht darin, dass uns der Patient eine bestimmte Rolle zuschreibt und wir sie annehmen, vielleicht sogar passager mitspielen. Wenn der Therapeut die Rollenübernahme nicht bemerkt und durchschaut, gerät die Therapie in eine Sackgasse. Als Beispiel beschreibt Körner (2016, S. 23) einen Patienten, der vor dem Hintergrund eines Konfliktes auf der Ebene von Kontrolle und Unterwerfung dem Therapeuten die Rolle des autoritären Vaters zuschreibt: »Ich habe bemerkt, dass ich heute einen etwas autoritäreren Ton angeschlagen habe. Vielleicht entspricht das Ihrer Erwartung, dass ich nämlich verlange, dass Sie sich mir anpassen. Und dagegen wehren Sie sich natürlich.«

5.1.3 Gegenübertragung und die »korrigierende emotionale Erfahrung«

Bereits in Kapitel 3.2.2 wurde das Konzept der Gegenübertragung mit ihren unterschiedlichen Facetten dargestellt:

> »Nach wechselnden Begriffsbeschreibungen hat sich die breite Definition von Gegenübertragung durchgesetzt. Ihr zufolge verstehen wir unter Gegenübertragung die Gesamtheit aller unserer emotionalen Reaktionen, die im Kontakt mit

5.1 TP als konfliktorientierte Methode

einem Patienten entstehen, mögen sie nun ihren Ursprung im Patienten oder in uns haben« (Wöller und Kruse 2015c, S. 257).

Für die therapeutische Nutzung der Gegenübertragung bewährt es sich allerdings, diese in Bezug auf die vier unterschiedlichen Facetten der Gegenübertragung, wie Kernberg (1997) sie definiert hat, differenziert einschätzen zu können (▶ Kap. 3.2).

Ganz gleich um welchen Ursprung es sich bei der Gegenübertagungsreaktion bzw. beim Gegenübertragungsgefühl handelt, gilt es zu vermeiden, diese längerfristig zu agieren oder mitzuagieren. König spricht vom interaktionellen Anteil der Übertragung (1982), wenn auf ein agierendes Handeln des Patienten ein ebensolches des Therapeuten erfolgt. Häufig kann das unvermeidliche Mitagieren des Therapeuten als Auswirkung einer projektiven Identifizierung verstanden werden. Dieses kurzfristige Mitagieren ist häufig regelrecht nötig, um die unbewusste Rollenzuschreibung des Patienten überhaupt zu identifizieren, diese vor dem Hintergrund seiner biografischen Erfahrungen zu verstehen und im Zusammenhang mit dem Beziehungsgeschehen in der aktuellen Situation zu reflektieren. Erfahrungsgemäß ist der interaktionelle Anteil der Übertragungs-/Gegenübertragungsprozesse umso höher, unvermeidlicher und dringlicher, je schwerer die strukturellen Defizite des Patienten seine affektive Kommunikation und Mentalisierung einschränken (▶ Kap. 3.2.4).

Gegenübertragungsphänomene können sich in unterschiedlichen Abstufungen des Bewusstseinsgrades zeigen. Deshalb besteht die erste Anforderung an den Therapeuten darin, sich ihrer bewusst zu werden und auch auftretende, zunächst verwirrende und befremdliche Gefühle in diesem Kontext zu reflektieren. Es kann für den therapeutischen Prozess überaus erhellend sein, auch eigene Körperreaktionen sorgfältig zu beobachten und ernst zu nehmen, wozu uns die Embodiment-Forschung die theoretische Grundlage liefert (Leuzinger-Bohleber und Pfeifer 2013). Die konkrete Arbeit mit der Gegenübertragung bzw. deren konstruktive Nutzung sollte immer sechs unterschiedliche Schritte beinhalten (mod. n. Wöller und Kruse 2015c, S. 265):

1. Gefühle, Gedanken, Fantasien und Impulse gegenüber dem Patienten bewusst wahrnehmen.

2. Differenzieren, um welche Art der Gegenübertragung es sich handelt. Unterscheiden zwischen Eigen- und Gegenübertragung.
3. Impulse nicht in Handlung umsetzen, sondern ggf. als Ergebnis projektiv-identifikatorischer Prozesse identifizieren und den Aspekt der Rollenübernahme bedenken.
4. Distanz zum eigenen Affekt und/oder Impuls herstellen.
5. Gegenübertragung nicht unreflektiert dem Patienten mitteilen, sondern immer auf den Kontext des Beziehungsgeschehens beziehen.
6. Gegenübertragungsreaktionen in Gestalt einer affektgeladenen Objektbeziehungsfantasie konzeptualiseren. Diese kann, muss aber nicht zu jedem Zeitpunkt an biografisch determinierte Objektbeziehungserfahrungen anknüpfen.

Verkürzt könnte man sagen, dass die Arbeit mit der Gegenübertragung zumindest drei unterschiedliche Arbeitsschritte beinhaltet: nämlich 1. die bewusste Wahrnehmung, 2. die Analyse bzw. Reflexion und 3. die Formulierung einer Intervention, die den Kontext der aktuellen Beziehungssituation und ggf. auch deren biografischen Hintergrund mit einbezieht. Das Mitdenken der Unterteilung zwischen konkordanter und komplementärer Gegenübertragung gibt ein hilfreiches Raster für die Analyse des intersubjektiven Beziehungsgeschehens vor. Diese kurzen Ausführungen sollen vor allem eines verdeutlichen: Arbeit mit der Gegenübertragung ist alles andere, als Impulse in Handlung umzusetzen und Patienten unreflektiert die eigenen Befindlichkeiten oder Emotionen mitzuteilen. Die Spannung zwischen dem Verwickeltwerden durch den Patienten und den eigenen Versuchen der Distanzierung gilt es auszuhalten, manchmal auch über mehrere Therapiestunden. So wie es (Übertragungs-)Widerstände der Patienten gibt, gibt es auch *Gegenübertragungswiderstände* auf Seiten der Therapeuten (ebd., S. 270). Objektivierende Formulierungen der Therapeuten wie »der Patient ist im Widerstand« oder »die Patientin agiert« verunmöglichen die Nutzung der Gegenübertragung, wenn es nicht gelingt, diese in patientenzentrierte Formulierungen etwa nach folgendem Muster zu überführen: »Mir ist es bisher nicht gelungen, die Ängste des Patienten zu verstehen, die ihn hindern, sich mit seinen Gefühlen auseinanderzusetzen« oder »Ich habe noch nicht verstanden, was die Patientin mir mitteilen möchte«. Selbsterfahrung, aber auch Supervi-

5.1 TP als konfliktorientierte Methode

sion und Intervision sind unerlässlich, wenn man eine so definierte Arbeit mit der Gegenübertragung verantwortungsvoll durchführen will, denn die Differenzierung, welche Gefühle/Reaktionen eine unmittelbare Korrespondenz auf den Patienten darstellen und welche ihren Ursprung in unserer eigenen Konflikthaftigkeit haben, ist immer nur näherungsweise erreichbar. Es muss uns klar sein, dass wir stets mit Konstruktionen und Scheingenauigkeiten arbeiten, woraus sich dann ein fragender, den Konjunktiv verwendender Interventionsstil ableitet, etwa nach dem Muster: »Könnte es sein, dass ...«. Es empfiehlt sich, bei Verwendungen der gegenübertragungsgeleiteten Deutungstechnik den Patienten im Sinne eines »Reißverschlusssystems« (Lohmer 2013, S. 107) einzubeziehen und ihn vor jedem neuen Schritt aufzufordern zu überprüfen, ob sich diese Sicht der Dinge für ihn passend und stimmig anfühlt.

Das Erleben und die Verinnerlichung einer korrektiven entwicklungsfördernden Beziehung kann nicht nur in der AP, sondern auch in der TP vermittelt werden. Diese »*korrigierende emotionale Erfahrung*« (Alexander und French 1946) gilt neben der Aufdeckung und Bearbeitung unbewusster psychischer Prozesse als zweite Säule der psychoanalytischen Methode. Allerdings sind diese Säulen nicht getrennt zu betrachten, denn der Prozess der Deutung, in dem zutreffende Beschreibungen von unbewussten Zuständen und Wurzeln durch Verbalisierung auf eine bewusste sprachliche Ebene gehoben werden, ist einerseits das Ergebnis einer verstehenden, haltenden Interaktion und andererseits ist die Erfahrung des Patienten, dass jetzt etwas in Worte gefasst wird, was zuvor unaussprechlich war, per se schon korrigierend. Die Bezeichnung »korrektiv« oder »korrigierend« ist dabei durchaus diskussionswürdig, legt sie doch die Vorstellung einer eher kognitiven Überschreibung von etwas Korrekturbedürftigem nahe, und sollte besser als verändernde Beziehungserfahrung bezeichnet werden. Vielleicht auch deshalb sprechen Hoffmann und Schüßler (1999) stattdessen von der Vermittlung einer hilfreichen Beziehungserfahrung in der Therapie, deren Internalisierung eine innere Umstimmung ermöglicht. Auf jeden Fall ist das Korrigierende oder Korrektive nicht in Form eines Rollenspiels zu verstehen, indem z. B. der Therapeut einem sich selbst entwertenden Patienten gegenüber beteuert, dass er doch wertvoll und liebenswert sei und sich ihm so oder in anderer Form als ›gutes Objekt‹ anbietet. Auch aus neurobiologischer

Sicht kann die Ersterfahrung, die ein bestimmtes Geschehen oder ein Objekt mit sehr negativen Affekten und Kognitionen verbindet, nicht einfach gelöscht werden. Die alte Erfahrung wird zwar nicht verändert, aber im günstigen Fall wird eine neue hinzugefügt, die zumindest einen wirksameren Zugang zur Steuerung der Befindlichkeit und/oder des Verhaltens erlangen kann (Roth 2016, S. 459). Körner (2016, S. 18 f) gibt ein anschauliches Beispiel für eine wirkungsvolle Art des »korrektiven Erlebens«, wie er es nennt. Darin mutet er dem Patienten eine potenziell durchaus kränkende Aussage zu und geht damit in der Tat ein Wagnis ein. Aber dieses Wagnis wird abgefedert durch die innere Vorarbeit des Therapeuten: Er selbst hatte das in der Intervention enthaltene Ängstigende erlebt und sich selbst dann »einen Ruck« gegeben, es zu überwinden und auszusprechen. Dieser Prozess der inneren »Vorverdauung« schafft die Voraussetzung, dass bei unseren Patienten etwas »vom Kopf ins Herz« (ebd., S. 19) fallen kann. Die von der Boston Change Process Study Group (Stern et al. 2012) beschriebenen sog. »Now-Moments« bzw. Begegnungsmomente kommen dem sehr nahe. Stern und seine Mitarbeiter konnten durch Mikroanalysen in einer Untersuchung nachweisen, dass sich Interventionen, in denen sich Analytiker spontan anscheinend »unanalytisch« verhalten hatten, sehr positiv auf den Therapieprozess auswirkten. In Anknüpfung an Balint (1968) spricht Ermann (2016, S. 479 ff) von einer entwicklungsfördernden (Objekt-)Beziehung und führt aus, dass besonders strukturell gestörte Patienten von nichtdeutenden Interventionen profitieren (▶ Kap. 5.2). Der Autor gibt einen informativen Überblick über die Entwicklung einer »impliziten Behandlungstechnik« (Ermann 2016b) und betrachtet sie als Ergänzung einer reinen interpretativen, expliziten Behandlungskonzeption. Generell wird heute allgemein anerkannt, dass sich verändernde Einsicht auf Seiten der Patienten nur in einem verstehenden Klima in der therapeutischen Beziehung entfalten kann (Ermann 1993). Insgesamt sollte deutlich geworden sein, dass die Nutzung der Übertragungs-Gegenübertragungs-Prozesse eine der größten behandlungstechnischen Herausforderungen darstellt. Sie bewegt sich grundsätzlich auf dem imaginären, stets nur annähernd zu findenden Grat zwischen konzeptionellem Verständnis der Prozesse und affektiver Teilhabe. Zu starke Abweichungen in der einen oder anderen Richtung führen dann in eine zu distanzierte, vorgeblich

›wissende‹ Position des Behandlers bzw. in eine affektive und potenziell mitagierende Verwicklung, die u. U. nicht mehr auflösbar ist.

5.1.4 Arbeit mit den reaktualisierten Konflikten in der aktualgenetischen Dimension

Das Ziel der TP ist neben dem Verstehen des unbewussten Konfliktes auch die Reduzierung bzw. Auflösung der aktuellen Symptomatik und der Beeinträchtigungen, die den Behandlungsanlass darstellen. Es wird die unbewusste Fundierung der bewussten und bewusstseinsnahen Probleme des Patienten erarbeitet. D. h., im Mittelpunkt stehen akute und chronische Belastungen, aktuelle oder reaktualisierte Traumatisierungen, Verletzungen, Kränkungen, Trennungen oder andere psychosoziale Ereignisse, die zur Dekompensation der Abwehr und/oder zum Scheitern von Bewältigungsanstrengungen und damit zur Offenlegung von strukturellen Defiziten geführt haben. Der Kontext der Symptomentstehung, die auslösende Situation, sollte genau exploriert werden, so dass eine Verknüpfung der aktuellen Entstehungsbedingungen der Symptomatik und Beeinträchtigungen mit innerseelischen und interpersonellen belastenden Konstellationen hergestellt werden kann. Die häufigsten klinisch beobachtbaren Auslösebedingungen für die Entstehung psychischer Störungen listet Deneke (2013, S. 235) auf:

- drohender oder realer Verlust wichtiger Bezugspersonen durch Trennung oder Tod
- gravierende Beziehungsprobleme
- narzisstische, das Werterleben der eigenen Person verletzende Kränkungen im persönlichen oder beruflichen Umfeld
- Probleme bei der Bewältigung lebensgeschichtlicher Schwellensituationen wie dem Übergang von der Pubertät/Adoleszenz ins Erwachsenenleben oder dem Wechsel von der Berufstätigkeit in die Berentung
- lebensbedrohliche Erkrankungen der eigenen Person oder nahestehender Bezugspersonen

Dabei sind nicht nur die Begleitumstände des ersten Auftretens der Symptome interessant, sondern jeder Anlass für eine Symptomverstärkung oder ein erneutes Auftreten der Symptome z. B. auch in der Therapiestunde, wenn sich ein Patient durch den Therapeuten kritisiert, verletzt, beschämt, gekränkt oder alleingelassen fühlt. Die Anlässe können für einen Außenstehenden geringfügig sein, denn die subjektive Bedeutung, die der auslösenden Situation zukommt, kann nur im Zusammenhang mit den reaktualisierten Beziehungsrepräsentanzen und damit vor dem biografischen Hintergrund der unbewussten Repräsentanzen verstanden werden. Kruse und Wöller (2015, S. 62) betonen besonders die genaue Erfassung der vom Patienten wahrgenommenen ebenso wie der nicht oder nur sehr undifferenziert wahrgenommen Affekte, da diese als Signalgeber und Orientierungshilfen eine wesentliche Rolle in der Regulierung interpersoneller und intrapsychischer Prozesse spielen. Ohnmachtserfahrungen und Verlusterlebnisse müssen nicht mit realen Erfahrungen verknüpft sein, sondern können vor dem Hintergrund nicht lösbarer Konflikte in Objektbeziehungen auch fantasiert sein. Dies ist besonders in Versuchungs- und Versagungssituationen (▶ Kap. 3) der Fall, die als Auslöser einer neurotischen Symptombildung bedeutsam sind, indem sie unbewusste Wünsche, Impulse und Affekte aktivieren, deren Realisierung aber aus intrapsychischen und interpersonellen Gründen »gefährlich« wäre. Anders verhält es sich bei Patienten mit strukturellen Beeinträchtigungen (▶ Kap. 3.2); bei ihnen bricht in der auslösenden Situation eine oft nur unter Anstrengungen aufrechterhaltene Kompensation oder ein mühsam stabilisiertes interpersonelles Gleichgewicht zusammen, das der Patient zu seiner Stabilisierung dringend benötigt. Zu denken wäre hier an ein kompensatorisches Leistungsverhalten, das ein Patient zum Schutz seines vulnerablen narzisstischen Gleichgewichts entwickelt hat und das ihm Zugang zu Anerkennung und Wertschätzung von außen geboten hat. Eine schwere körperliche Krankheit mit einer Reduzierung der körperlichen und mentalen Belastbarkeit bedeutet dann eine bedrohliche Labilisierung der bisherigen narzisstischen Balance (vgl. Boll-Klatt 2018b).

In der Auflistung von Deneke werden Traumata nur deshalb nicht erwähnt, weil sie nicht zu den häufigsten Auslösebedingungen gehören. Traumatisierungen sind vom Erleben anderer stressreicher, belastender Lebensereignisse eigentlich nur durch die unterschiedlichen neurobiologischen Prozesse, insbesondere durch eine andere Prozessualisierung des

Gedächtnisses zu unterscheiden. Traumatisierende Auslösesituationen gehen mit einem intensiven Bedrohungserleben und Gefühlen der Ohnmacht und hilflosen Preisgabe einher, die subjektiv das völlige Überschreiten der zur Verfügung stehenden Bewältigungskapazitäten anzeigen. Die spezifische posttraumatische Symptomatik ist in erster Linie nicht das Ergebnis eines reaktualisierten Konfliktes oder einer Dekompensation struktureller Eigenschaften, sondern dient als Versuch, die Überwältigung und Überflutung mit dem nicht integrierbaren Erlebten zu verarbeiten (► Kap. 3.3).

Die Identifikation der auslösenden Situationen und deren Bearbeitung mit dem Fokus auf der Klärung der darin enthaltenen vor- und unbewussten Affekte, Phantasien und Impulse macht einen wesentlichen Bestandteil der TP aus. Diese Arbeit in der aktualgenetischen Dimension beinhaltet gleichwohl auch die Beschäftigung mit lebensgeschichtlichen Erfahrungen inkl. der Bewusstmachung bis dato unbewusster Beziehungsrepräsentanzen, die die aktualisierten Beziehungsrepräsentanzen und die aktuelle Beziehungsgestaltung beeinflussen. Die Grenzziehung zur AP definiert Ermann wie folgt:

> »Persönlichkeit, Grundkonflikt und Biographie bilden zwar auch in der TP wichtige Anhaltspunkte für den Behandler, um die Störung einzuordnen und ihre Dynamik und Struktur zu verstehen. Sie sind aber nur so weit Gegenstand der Behandlung, wie sie unmittelbar am Zustandekommen und an der Aufrechterhaltung der Störung beteiligt sind« (Ermann 2016, S. 527).

Durch emotional geprägte Einsicht in diese unbewussten Prozesse soll dem Patienten eine Entkoppelung von Vergangenem und Gegenwärtigem ermöglicht werden und somit ein autonomerer und flexiblerer Umgang mit der aktuellen inneren und äußeren Realität gelingen, wie dies im Fallbeispiel (»Nicht mit, aber auch nicht ohne meinen Mann«, ► Kap. 2.1) beschrieben wurde. In anderen Worten (Jungclaussen 2013, S. 173) besteht das Ziel der Therapie aus psychodynamischer bzw. aus Sicht der TP darin, dass der Patient seine unbewussten Erinnerungsspuren aus dem Grundkonflikt so integrieren kann, dass sie im Hier und Jetzt eine verringerte konflikthafte Verhaltens- und Erlebensbereitschaft nach sich ziehen. Durch die bewusste Auseinandersetzung mit den vormals unbewussten Gefühlen und Strebungen, die die Differenzierung von Vergangenheit und Gegenwart fokussieren, entwickelt der Patient eine erhöhte

Toleranz gegenüber gefährlichen und verpönten Affekten, Impulsen und Fantasien, so dass die eigene Vulnerabilität verringert wird. Die Stärkung des Ich geht einher mit einer erhöhten Toleranz für belastendes inneres Erleben und macht so den unbewussten Einsatz dysfunktionaler Abwehr- und Bewältigungsstrategien in Bezug auf den Umgang mit der jeweiligen Problematik verzichtbar bzw. verzichtbarer. Angestrebt wird das kohärente Zusammenwirken aller eigenen Substrukturen des Patienten: des Selbst, der Motivationen, der Triebe, des Ich, der inneren Objekte, der eigenen Normen und Werte sowie der Ideale (Sasse 2011).

5.1.5 Arbeit mit Außen- und Binnenübertragungen und Begrenzung der Regression

Das Setting der TP mit 1 Wochenstunde Therapie im Sitzen wirkt in den meisten Fällen schon per se regressionsbegrenzend, vergleicht man es mit der liegenden Position in der höherfrequenten AP. Die *Einschränkung regressiver Prozesse* ist nötig, um die Fokussierung der Behandlung auf einen aktualisierten Konflikt oder auf umschriebene Strukturdefizite, wie sie in den Richtlinien gefordert wird, umsetzen zu können. Aber auch hier begegnet uns wiederum eine der zahlreichen Unschärfen der TP. Wenn das Unbewusste und die biografischen Prägungen der Patienten – wenn auch eingegrenzt – den Gegenstand der Therapie bilden, ist Regression der Patienten in einem bestimmten Umfang nötig, um überhaupt tiefenpsychologisches therapeutisches Arbeiten im engeren Sinne zu ermöglichen. Diese Art der Regression, die im Dienste des Ich steht, ist z. B. die Voraussetzung dafür, um verdrängte infantile Gefühle jetzt einem bewussten Nacherleben zugänglich zu machen und sie in das Selbst zu integrieren. Aber genau das versuchen viele Patienten zunächst zu vermeiden und einen Widerstand dagegen zu errichten, weil sie regressive innere Anflutungen als zu ängstigend erleben und sie mit Kontrollverlust gleichsetzen. Die im Fallbeispiel beschriebene Patientin hingegen profitierte sehr von einer begrenzten Regression, die es ihr ermöglichte, einen Teil ihrer heftigen unterdrückten Ärger- und Enttäuschungsgefühle sozusagen »auf den richtigen Haken zu hängen« und gegen den Vater zu richten statt ausschließlich gegen den Ehemann zu wüten (▶ Kap. 2.1). Nicht nutzbare

Abhängigkeiten hingegen sollten vermieden werden, um die progressive Orientierung aufrechtzuhalten, schreibt Ermann (2016, S. 529). Jeder, der TP durchführt, weiß, wie schwierig es ist, diese Forderung durchgehend umzusetzen. Regressionen entfalten sich in unvorhersehbaren therapeutischen Situationen, und es ist gut, darauf auch eingestellt zu sein, um dann in einem gemeinsamen reflexiven Prozess mit dem Ziel darüber nachzudenken, entweder die Regression als Widerstandsphänomen zu verstehen oder sie z. B. im Zusammenhang mit bis dato zu wenig berücksichtigten lebensgeschichtlich nachvollziehbaren Abhängigkeitsbedürfnissen neu zu konzeptualisieren.

Hier deutet sich schon an, dass die Begrenzung der Regression nicht allein durch das Setting geschieht. Gefordert ist auch eine *progressionsorientierte Einstellung des Therapeuten*, der die Eigenverantwortung und Unabhängigkeit des Patienten anerkennt und fördert. Auch das sagt sich leicht, lässt aber ahnen, wie kompliziert es manchmal sein kann, progressive, »gesunde« autonome Strebungen von Widerstand und Abwehr zu unterscheiden. Wenn z. B. eine Studierende während der Therapie die Möglichkeit zu einem attraktiven Auslandsaufenthalt angeboten bekommt und diese annimmt, ist das dann therapiewidriges Agieren oder ein konstruktiver, förderungswürdiger altersgemäßer Entwicklungsschritt? Ähnlich der Begrenzung der Regression gilt auch hier die sorgfältige Untersuchung der Entscheidung hinsichtlich ihrer bewussten und unbewussten Anteile im Kontext des jeweiligen Standes des Therapieprozesses. Behandlungstermine sollten schon vom Patienten als sehr wichtig und vorrangig behandelt werden, aber nicht unbedingt als das Wichtigste in ihrer gegenwärtigen Lebensphase. D. h., dass manchmal auch Therapeuten es unkommentiert hinnehmen müssen, wenn Patienten deren Urlaub gut überstehen und die Unterbrechung gar nicht als etwas Belastendes erlebt haben. In der Einstellung des Therapeuten sollte das Arbeitsbündnis (Greenson 2007), das ggf. durch eine Therapievereinbarung mit klar benannten oder sogar schriftlich ausformulierten Zielsetzungen ergänzt werden kann, eine hohe Bedeutung besitzen. Der Rückbezug auf die gemeinsam vereinbarten Ziele in schwierigen kontraproduktiven therapeutischen Situationen als ein Rückbezug auf etwas gemeinsam Vereinbartes und damit auf etwas Drittes reduziert regressive Tendenzen und unterstreicht die Eigenverantwortung des Patienten.

5.1.6 Der »klassische« Umgang mit der Übertragung in der TP

In allen Definitionen des Psychodynamischen Verfahrens und auch der TP spielt die Arbeit mit Übertragung und Gegenübertragung die bestimmende Rolle. Auf die unterschiedliche Nutzung der Übertragung bei Patienten mit wenig integrierter Funktionsfähigkeit der psychischen Struktur wird im Kapitel 5.2 eingegangen. Durchgängig wird in der schon häufig zitierten Literatur (z. B. Ermann 2016a, Wöller und Kruse 2015) ausgeführt, dass das regressionsbegrenzende Setting der TP, insbesondere auch die Position des Sich-Gegenübersitzens die Entwicklung von Übertragungen auf den Therapeuten reduziert und ihn in der Wahrnehmung von Patienten mehr als professionellen Behandler und als Realperson erscheinen lässt. Ob dem so ist, kann man auch bezweifeln und Argumente für das Gegenteil finden. Gerade im Gegenübersitzen kommt es zu einer ständigen, oft weitgehend subliminal ablaufenden Wahrnehmung assoziierter mimischer Veränderungen und Veränderungen der Körperhaltung, physiologischer Zeichen etc. und zwar sowohl auf Seiten des Therapeuten als auch auf Seiten des Patienten. Im Zuge der Tendenz zur Aktualisierung von Beziehungsrepräsentanzen auf diesem nonverbalen Wege verleiten Patienten zum »Mikroagieren« (Treurniet 1996) auf Seiten des Therapeuten, so dass sein Handeln dann wiederum Auslöser für Übertragungsphänomene des Patienten sein kann. In dieser Stelle kann nur auf die grundlegenden Forschungen Krauses zu dieser Thematik verwiesen werden (Krause 2012). Aus Sicht der Autoren kommt es im Liegen zu einer stärkeren Regression, aber nicht zwangsläufig zu einer intensiveren Übertragung. Deshalb sollten Regression und Übertragung getrennt betrachtet werden und nicht zu dem Irrtum verleiten, dass in der sitzenden Position der Arbeit mit TP bewusstseinsnahe Prozesse möglich sind, die auf den unbewussten Prozess verzichten. Als Beispiel können angstneurotische Patienten dienen, für die aufgrund ihrer strukturellen Defizite insbesondere im Hinblick auf die Objektkonstanz ein liegendes Setting eine Überforderung darstellen würde. Das Fehlen eines sinnlich unmittelbar erfahrbaren Gegenübers würde unkontrollierbare regressive Prozesse auslösen, die dann mit überflutenden Ängsten einhergehen. Die sitzende Position in der TP begrenzt diese Regression, da das potenziell beruhigende Objekt ja erfahrbar ist. Weniger erfahrene Therapeuten übersehen das unbewusste Geschehen eher, je intensiver es zu Übertragung und Gegenübertragung von Abwehr- und Widerstandsprozessen kommt, die sie als konkrete Gegenüber mit einbeziehen. Übertragen wird häufig der Wunsch nach einem idealen Objekt, das konträr zu den primären Beziehungserfahrungen steht. So wird z. B. das abwehrgespeiste Lächeln oder Lachen des Patienten unreflektiert spiegelnd durch ein beruhigendes Lachen des Therapeuten spontan beantwortet, denn Lachen steckt bekanntlich an. Dieses Geschehen käme einem zwar wohlmeinenden, aber dennoch einem Mitagieren in der Gegenübertragung gleich, das den Patienten zwar u. U. beruhigt, die Bearbeitung der abgewehrten Ängste aber oft wirksam verhindert.

Im Weiteren wird zumeist nicht von »der Übertragung« im Sinne einer Übertragungsneurose gesprochen, sondern von Übertragungsanteilen, -manifestationen oder -phänomenen, oder es werden Außen- und Binnenübertragung voneinander abgegrenzt. Die Tabelle enthält Kriterien, die Übertragungsmanifestationen fördern, wie sie typischerweise in der AP umgesetzt werden, oder vermindern, wie dies in der TP klassischer Weise der Fall ist (▶ Tab. 5.2).

Differenzierungen zwischen AP und TP heben häufig darauf ab, dass die AP durch die therapeutische Arbeit *in* der Übertragung gekennzeichnet sei und die TP *an* der Übertragung stattfinde (Körner 1989a). Mit Außenübertragungen sind Übertragungen auf andere Menschen in der Lebensrealität des Patienten gemeint. Um es zu veranschaulichen, sei auf noch einmal auf das Fallbeispiel zurückgegriffen (▶ Kap. 2.1). Wie verdeutlicht wurde, basiert der Konflikt mit dem Ehepartner nicht nur auf dessen problematischem Verhalten, sondern hat deutliche Zuflüsse aus der reaktualisierten väterlichen Beziehungsrepräsentanz. Im Rahmen einer Fokussierung der Binnenübertragung würde sich im Erleben der Patientin jetzt der Therapeut in das ersehnte und gehasste väterliche Objekt verwandeln. Das therapeutische Vorgehen wäre auf das Durcharbeiten der Gefühle und Phantasien im Hier und Jetzt des Übertragungsgeschehens gerichtet. Die Unmittelbarkeit des Erlebens von Ängsten, Aggressionen, Wünschen und Erwartungen in der aktuellen therapeutischen Beziehung und deren klassische Bearbeitung in der Übertragung setzt allerdings voraus, dass Patienten eine therapeutische

Tab. 5.2: Techniken zur Förderung bzw. Verminderung von Übertragungsmanifestationen (Wolberg 1995, S. 695)

Förderung von Übertragungsmanifestationen	Verminderung von Übertragungsmanifestationen
Passivität und Anonymität des Therapeuten; Verringerung der Interventionsaktivität; häufiges Schweigen; kein Eingehen auf Fragen	Aktivität und Realpräsenz des Therapeuten; Verstärkung der Interventionsaktivität; kein längeres Schweigen; Eingehen auf Fragen
Beschäftigung mit der Vergangenheit	Konzentration auf die Gegenwart
»tiefe« Deutungen; Konfrontation mit unbewussten Zusammenhängen; Beschäftigung mit Träumen und Phantasien	oberflächennahe Klärungen und Deutungen; Beschäftigung mit realen Gegebenheiten
Erhöhung der Sitzungsdichte	Verringerung der Sitzungsdichte
zuwartendes Verhalten bei Anzeichen von Übertragungsmanifestationen	sofortiges Ansprechen von Anzeichen negativer oder erotisierter Übertragung und Klärung der Realität: Tolerieren mild positiver Übertragungen
kein aktives Bemühen, sich konträr zu pathogenen Beziehungserwartungen zu verhalten	aktives Bemühen, sich konträr zu pathogenen Beziehungserwartungen zu verhalten

Ich-Spaltung (Sterba 1934) vollziehen können bzw. zum Als-ob-Modus (▶ Kap. 3.2) fähig sind, d. h., insbesondere Patienten, die sich auf einem höheren Strukturniveau bewegen.

In der TP hingegen bietet meistens zunächst die Außenübertragung – im Fallbeispiel ist es der Ehemann – den therapeutischen Ansatzpunkt, indem die Mechanismen der Verschiebung und projektiven Verzerrung aufgedeckt werden und somit eine bessere Differenzierung zwischen Mann und Vater gelingen kann. Aber selbst wenn man die Entstehung von Binnenübertragungen nicht explizit durch die therapeutische Haltung und spezifische Techniken fördert, kommt sie doch auch in der TP zum Tragen, oftmals stärker, als man es sich wünscht. Je pathogener bzw. je weniger integriert und kohärent die unbewussten Beziehungsrepräsentanzen sind und je schwächer das Ich ist, desto schneller und intensiver finden auch in der TP ausgeprägte Übertragungsmanifestationen statt, ohne dass es gelingt, durch die therapeutische Haltung und das therapeutische Verhalten prophylaktisch gegenzusteuern.»Die Übertragung ist zu analysieren, wenn sie zum Widerstand geworden ist« schreiben Wöller und Kruse (2015d, S. 239) und folgen damit zunächst der klassischen Auffassung von Greenson (2007). Übertragungsphänomene gilt es dann zu klären, zu konfrontieren und zu deuten, wenn sie die therapeutische Arbeit beeinträchtigen. Dieses Vorgehen bezieht sich sowohl auf das positive, insbesondere grob verzerrende idealisierende als auch auf das negative und sexualisierende Übertragungsgeschehen. Das Spezifikum der TP verglichen mit der AP im Umgang mit behindernden Übertragungsmanifestationen besteht darin, diese relativ rasch anzusprechen und nicht anwachsen zu lassen. Problematische Übertragungen sollen sich gerade nicht erst lange entfalten und sich regressiv vertiefen, weil die sich dann ausbildende Übertragungsneurose mit hoher Wahrscheinlichkeit die therapeutischen Möglichkeiten im TP-Setting überfordern würde. Oft wird der Widerstandscharakter positiver Übertragungen zu wenig oder zu spät erkannt. Wenn ein Patient beginnt, sich mehr mit der Wichtigkeit der therapeutischen als mit anderen Beziehungen zu beschäftigen, hat dies meistens einen Abwehrcharakter: Statt sich mit bedrohlichen Anforderungen des Alltags zu konfrontieren, setzt eine unerwünschte Regression ein, indem sich der Patient in den Schutz der therapeutischen Beziehung zurückzieht. Der Umgang mit idealisierenden Übertragungsmanifestationen bedeutet wieder eine der schon häufiger erwähnten Gratwanderungen: Die Doppelgesichtigkeit der Idealisierung zeigt sich noch einmal deutlicher bei persönlichkeitsgestörten Patienten, in deren Behandlung eine leichte Idealisierung durchaus adaptiv sein kann. Idealisierung ist aber auch ein Ergebnis eines malignen regressiven Prozesses, was unerfahrene Therapeuten häufig übersehen und eher den vermeintlich konstruktiven Verlauf der Behandlung darin zu erkennen meinen. Ihnen fällt es oft nicht leicht,»Wasser in den Wein schütten« bzw. die Illusion von Harmonie und konfliktlosem Verstehen aufzugeben, wenn sie solche positiven Übertragungsphänomene ansprechen und zum Reflektieren deren Widerstandsgehaltes auffordern. Der Preis für solch eine Scheu besteht in der Begünstigung dysfunktionaler Abhängigkeitsbedürfnisse und unrealistischer Versorgungswünsche, die spätestens am Ende der Therapie als uneinlösbar erfahren werden. Die dann einsetzende massive Enttäuschungsreaktion des Patienten ist schwer zu handhaben, birgt in ihrer destruktiven Wucht dann oft das Risiko, dass die Therapie als Ganzes regelrecht vernichtet wird.

Übertragungen können zum Widerstand werden; des Weiteren können sich aber auch Widerstände gegen die Bewusstwerdung und Auflösung von Übertragungsphänomenen aufbauen. Gerade in gut laufenden, erfolgreichen Therapien gelingt es trotz entsprechender Bemühungen der Therapeuten manchmal nicht, negative Übertragungsanteile zu thematisieren. Patienten schützen die Beziehung und können es zumeist aus Angst vor Scham- und Schuldgefühlen nicht riskieren, negative Affekte und bedrohliche aggressive oder libidinöse Impulse dem Therapeuten gegenüber zuzulassen. Diese Doppelgesichtigkeit von Widerstand und Übertragung macht die therapeutische Arbeit mit diesen Konzepten zu einer Gratwanderung, die so etwas wie die Etablierung eines inneren Schwebezustandes erfordert, der es ermöglicht, das Geschehen im therapeutischen Prozess mal mehr zur einen oder mal mehr zur anderen Seite hin auszuloten. Nur in selteneren Fällen wird man in solchen Situationen zu einer klaren Richtig-oder-Falsch-Einschätzung gelangen können. Eine andere Situation liegt besonders bei Patienten mit Ich-strukturellen Störungen und traumatisierten Patienten vor: Diese können gerade in frühen Phasen der Therapie oft nicht von einem deutenden Umgang mit Übertragungen profitieren. Im krassesten Fall kann sich die Notwendigkeit ergeben, negative Übertragungsphänomene aktiv zurückzuweisen, um sie zu begrenzen. Ein Therapeut könnte z. B. die Täterübertragung einer innerfamiliär sexuell traumatisierten Patientin direkt beantworten mit dem Verweis auf die Realität, dass er nicht ihr Vater sei. Aber spätestens hier scheiden sich die oft zitierten Geister; gemeint ist der Unterschied im therapeutischen Vorgehen von unterschiedlichen TP-Therapeuten, der noch einmal auf das unter Kapitel 2.3 beschriebene analytische Kontinuum verweist. Es dürfte eher unwahrscheinlich sein, dass ein traditioneller Psychoanalytiker, der eine TP durchführt, auf solche direkt antwortenden Interventionen zurückgreift. Ein psychotraumatisch versierter TP'ler hingegen wird viel weniger Bedenken haben, diese zu nutzen (Sachsse 2016, mündliche Mitteilung).

5.1.7 Die Übertragungsanalyse im Hier und Jetzt

Die Untersuchung der Übertragung geschieht nach neuerer Auffassung (Gill und Hoffmann 1982) nicht nur in Bezug auf die Identifikation von Widerständen, sondern auch der Klärung konflikthafter Beziehungsphänomene, die sich direkt in der therapeutischen Beziehung manifestieren. In der dortigen vertrauensvollen schützenden Atmosphäre können die bis dato ins Unbewusste verbannten unaussprechlichen Ängste, die schwer erträglichen Scham- und Schuldgefühle, aber auch die aggressiven Regungen und Impulse sowie die verpönten Wünsche und Phantasien dem bewussten Erleben und der Benennung zugänglich werden. Wie schon unter Kapitel 5.1.4 ausgeführt, besteht die oft zitierte »korrigierende Beziehungserfahrung« aus beiden Anteilen: der wohlwollenden Annahme durch den Therapeuten und der verbalen Explikation des vermeintlich Unaussprechlichen durch einen klärenden, konfrontierenden und deutenden Umgang mit den Phänomenen. Ähnliches gilt für die sog. Übertragungsanspielungen. Damit sind Narrative von Außenübertragungen gemeint, die aber eigentlich transponierte Binnenübertragungen sind. So berichtet z. B. ein Patient in einer schwierigen, angespannten Situation in der Therapie unvermittelt ausführlich und detailreich über seine Gespräche mit einer äußerst verständnisvollen Kollegin, die er als sehr wohltuend und hilfreich erlebe. Es liegt dann nahe, die unbewusste Botschaft aufzugreifen und danach zu fragen, ob er sich vom Therapeuten ein solches Verständnis wünsche bzw. dies gerade sehr vermisse. Übertragungsanspielungen treten laut Mertens (2004b) meist in einer von zwei Formen auf: 1. in der Form einer Verschiebung wie im o. g. Beispiel, in dem das Erleben der therapeutischen Situation in der Schilderung einer außertherapeutischen Begebenheit untergebracht wird, und 2. in Form einer Identifikation, die dann vorliegt, wenn sich ein Patient selbst z. B. so interesselos und unengagiert beschreibt, wie er seinen Therapeuten seit geraumer Zeit wahrnimmt. Das Aufgreifen von Übertragungsanspielungen führt meistens zur Intensivierung der Binnenübertragung (Gill 1996). Wird die Beziehung der Außen- zur Binnenübertragung jedoch nicht angesprochen, kann dies die Ent-

5 Kernelemente der Therapie

wicklung einer unbeabsichtigten, im TP-Setting oftmals schwer auflösbaren Übertragungsneurose begünstigen.

Das Arbeiten mit Übertragungsmanifestationen ist in der TP eng verknüpft mit der Identifikation von Übertragungsauslösern in der aktuellen Realität, die in Deutungen dann unbedingt aufgegriffen werden sollten. Aktuelle Übertragungsauslöser können durch bestimmte Ereignisse im psychosozialen Umfeld geprägt sein, z. B. wenn ein Patient gerade ein schweres Verlusterlebnis erlitten hat und dann besonders vulnerabel auf die anstehende urlaubsbedingte Unterbrechung der Therapie reagiert. Aber natürlich sind auch Reaktionen und Verhaltensweisen des Therapeuten, sein Befinden bis hin zu nur subliminal wahrgenommenen Veränderungen Auslöser von Übertragungen (► Kap. 5.1.2).

Die im Fallbeispiel beschriebene Patientin ist in eine heftige negative Übertragung geraten und agiert ihre Ängste und ihre Gefühle des Unverstandenseins, indem sie den Abbruch der Behandlung beabsichtigt. In der Therapie können dann ihr Unmut und ihre Verunsicherung sowie ihre Unzufriedenheit mit der Therapeutin bewusstwerden. TP'ler sollten in der Lage sein, Übertragungen – auch die negativen – zunächst einmal anzunehmen, anzusprechen und sie im Hier und Jetzt als reales Erleben anzuerkennen. Dies bedeutet, sich in gewisser Weise in das Übertragungsszenario des Patienten hineinziehen zu lassen, ohne es vorschnell in den Als-ob-Modus (► Kap. 3) zurückzuweisen. Ein häufig genutztes, aber nur anscheinend probates Mittel, sich diesem Prozess zu entziehen, besteht in der unmittelbaren Nutzung genetischer Deutungen, die die schwer auszuhaltenden übertragenen Affekte im Dort und Damals der infantilen Beziehung zu den primären Objekten verweisen. Dadurch wird auch in der TP eine Chance vertan, durch neue unmittelbare affektive Erfahrungen und emotionale Einsicht in vormals unbewusste Prozesse die bewussten und unbewussten konflikt- und strukturbezogenen Determinanten der aktuellen Problematik so zu verändern, dass eine Reduzierung oder nachhaltige Verbesserung der Symptomatik erfolgen kann. Das Annehmen von Übertragungsmanifestationen, insbesondere der negativen, und die Anerkennung derer realer Anteile heißt in der Mehrzahl der Fälle nicht, sich für das eigene therapeutische Vorgehen, das die Übertragungsphänomene ausgelöst hat, zu entschuldigen. Die therapeutische Kommunikation richtet sich nicht vorrangig nach den Regeln des

»normalen« Gespräches, sondern ist bestrebt, das motivationale Selbstverständnis des Patienten zu erweitern. Auch vorschnelles Einlenken und Entschuldigen kann dazu führen, dass eine Chance für Weiterentwicklung nicht genutzt wird. Diese Thematik lenkt das Augenmerk verstärkt auf die Gegenübertragung, die im beschriebenen Fall in ihrer Facette der Eigenübertragung zum Tragen käme, wenn der Therapeut nicht ausreichend in der Lage wäre, negative Spannungen aushalten zu können.

Wie schwierig sich die Bestimmung der Spezifität der TP basierend auf dem Kriterium des Umgangs mit Übertragungen gestaltet, bringt Benecke (2014, S. 481) zum Ausdruck, wenn er schreibt, dass zwar die Entwicklung einer Übertragungsneurose in der TP ausdrücklich nicht angestrebt wird, aber gleichwohl die Übertragungsbeziehung eine tragende Rolle im Veränderungsprozess spielt, die deutend und auch in Verbindung zur lebensgeschichtlichen Entwicklung gewinnbringend bearbeitet werden kann. Zusammenfassend lässt sich zur Spezifität der TP im Hinblick auf die Bedeutung der Übertragung sagen, dass sich das regressionsbegrenzende Setting der TP generell auch auf die Übertragungsdynamik auswirkt und dass das rasche Ansprechen mit Verzicht auf ein Anwachsen von Übertragungsphänomenen und damit auf deren systematische Nutzung diese Methode kennzeichnet. Betrachtet man die therapeutische Beziehung auf den Ebenen 1. Therapiebeziehung als Arbeitsbündnis als Voraussetzung dafür, dass sich ein Patient auf die Behandlung einlässt, 2. Therapiebeziehung als Instrument: die vom Therapeuten mitgestaltete Beziehung als Wirkfaktor per se und 3. reflektierende oder deutende Bearbeitung der therapeutischen Beziehung (Körner 2016, S. 39), so lässt sich die Arbeit der TP prinzipiell auf allen drei Ebenen einordnen, allerdings mit der beschriebenen Spezifität auf der dritten Ebene.

5.1.8 Klärung und Reflexion der genetischen Anteile

Genetisch-(re-)konstruierende Übertragungsdeutungen benennen zusätzlich die Person der Vergangenheit und die im jeweiligen Kontext aktualisierten Beziehungserfahrungen und -fantasien. Das Timing, das heißt, der Moment, wann eine genetische Deutung bzw. eine Deutung der genetischen Anteile indiziert ist, sollte sehr sorgfältig überlegt werden. Erst wenn ein Patient sich mit seinen Gefühlen, Phantasien und Wünschen dem Therapeuten gegenüber angenommen und ernst genommen fühlt, kann eine Verbindung zwischen dem Beziehungserleben zum Therapeuten und zu einer bedeutsamen Person in der Vergangenheit des Patienten hergestellt werden. Auch sollten Parallelen im aktuellen Umfeld des Patienten offenkundig sein, so dass das Ansprechen der genetischen Anteile der Übertragungsmanifestation auf mehreren Füßen steht: dem interaktionellen Geschehen 1. in der aktuellen therapeutischen Situation und 2. in den Außenübertragungen. So lässt sich dann ein gemeinsames Muster der Gestaltung einer Objektbeziehung fundiert herausarbeiten. In unserem Fallbeispiel (▶ Kap. 2.1) konnte exploriert werden, dass die Patientin schon mehrere Male die Stelle als Rechtanwaltsgehilfin gewechselt hatte, nachdem sie sich durch männliche ältere Vorgesetzte gemobbt gefühlt hatte. Die Identifikation dieser Außenübertragung im Narrativ, d. h., im manifesten Material der Therapie, stärkte die Evidenz der genetischen Deutung, die in einem umfassenden Kontext wie folgt lautete:

> »Wenn Sie über Ihre Arbeit berichten, wird deutlich, wie wenig Sie sich von Ihrem Chef anerkannt fühlen und wie sehr Sie das verletzt. Das erinnert mich an Ihre Schilderungen zu Ihren früheren Arbeitsstellen. Auch dort waren Sie öfter enttäuscht von Ihren Chefs, die Sie als wenig wertschätzend und uninteressiert an Ihrer Arbeit erlebt haben. Und ähnlich geht es Ihnen ja mit Ihrem Mann. Auch bei ihm haben Sie das Gefühl, dass er viel zu wenig auf Sie eingeht, Sie oft ungerechtfertigt kritisiert, statt Sie auch mal zu loben. Auch hier in unserem Gespräch fühlen Sie sich nicht richtig verstanden und möchten die Klinik verlassen. Irgendwie könnte man ja mich, die Chefs und Ihren Mann alle in einer Reihe mit Ihrem Vater sehen, von dem Sie sich als Kind so oft enttäuscht und zurückgesetzt gefühlt haben. Und Sie haben erlebt, dass es niemanden gab, mit dem Sie damals über Ihre Enttäuschungen, Verletzungen und Ihren Ärger hätten sprechen können. Vielleicht tragen diese unterdrückten kindlichen Gefühle heute dazu bei, dass es Sie besonders schmerzt und auch wütend macht, wenn Sie sich missachtet fühlen.«

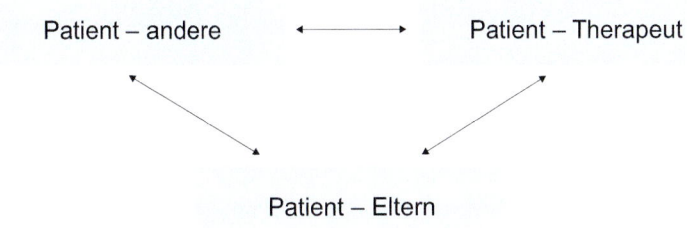

Abb. 5.1: Das Deutungsdreieck (modifiziert nach Benecke 2014, S. 468)

Dieses Beispiel veranschaulicht das sog. Deutungsdreieck in der Abbildung (▶ Abb. 5.1) (vgl. Benecke 2014, S. 468).

Auch bei wohlwollender empathischer Formulierung ist es dennoch stets ein Balanceakt zwischen einem progressiven Effekt einer genetischen Deutung, indem nun problematische Gefühle und Verhalten in einen neuen Kontext gestellt werden, und einer entblößenden Wirkung, die Ängste, Scham und Schuldgefühle nach sich zieht. Letzteres führt u. U. zur Fortschreibung des pathogenen Narrativs, wenn der Patient nun in der Therapie die gleiche belastende Beziehungserfahrung macht, die ihn eigentlich in die Behandlung geführt hat. Deutungen sind Verstehens-Angebote und weder Wahrheiten noch Feststellungen. Die Auffassung, dass es nicht »die allein richtige« (Hartkamp 2006, S. 79) Deutung gibt, schafft therapeutischen Spielraum, mit den unbeabsichtigten negativen Auswirkungen einer Deutung einen professionellen psychodynamischen Umgang zu finden, vorausgesetzt man ist als Therapeut bereit und in der Lage, Zeichen des Unbehagens, Missfallens oder der Beschämung beim Patienten wahr- und ernst zu nehmen. Je ausgeprägter die Abhängigkeits- und Loyalitätsgefühle gegenüber den Eltern sind, desto mehr wird ein Patient nicht nur sich selbst schützen, sondern auch die primären Objekte. Deutungen, die im Sinne einer Nestbeschmutzung verstanden werden, müssen dann nachvollziehbarer Weise zurückgewiesen werden.

In der Darstellung des klinischen Fallbeispiels im Kapitel 6 spielen der Umgang mit Übertragungsmanifestationen bzw. das Verhältnis von Binnen- und Außenübertragungen, die Arbeit an und in der Übertragung sowie der Einsatz von genetischen Deutungen eine zentrale Rolle.

5.1.9 Ziele und Interventionen nach Rudolf

Rudolf empfiehlt folgende Teilziele bei der Arbeit an der unbewussten Konfliktdynamik (mod. n. Rudolf 2005, S. 334 f):

- Konfrontation mit der unbewussten Abwehr (»so schütze ich mich vor unliebsamen Selbstwahrnehmungen und Impulsen«)
- Exploration von ungelebten Bedürfnissen und Konfrontation mit diesen Bedürfnissen (»das möchte ich, das will ich, das begehre ich, das brauche ich«: verborgene, abgewehrte, verpönte, tabuisierte, beschämende, schmerzliche, gefährliche, destruktive, ängstigende infantile Regungen)
- Exploration nicht zugelassener Gefühle und Konfrontation mit diesen Gefühlen (»das empfinde ich«: Angst, Scham, Schuld, Wut, Hass, Neid, Schmerz, Sehnsucht, Trauer)
- Konfrontation mit verdrängten und/oder beiseite gehaltenen Erinnerungen (»das habe ich erlebt, das ist meine Geschichte«: ängstigende, kränkende, beschämende, frustrierende, hass- und neiderfüllte, schmerzliche, schuldhafte Beziehungserfahrungen der eigenen Geschichte)
- Konfrontation mit Normen, Regeln, Werten, Loyalitäten (»so soll ich handeln, wenn ich nicht Schuld auf mich laden will; so möchte ich sein, wenn ich nicht beschämt werden möchte«)
- Exploration der abgewehrten strukturellen Vulnerabilität (»das ist meine Schwierigkeit mit mir selbst, mit meinem Selbstwert, mit meinem inneren Gleichgewicht, mit meinen Beziehungen; das ist meine Störbarkeit, Enttäuschungsbereitschaft, Hilflosigkeit, Erregung, Unfähigkeit zur Konfliktlösung«)
- Konfrontation mit lebensfeindlichen, strengen Über-Ich-Geboten mit dem Ziel, diese zu lockern, um eigene differenzierte Gewissensstrukturen (des Über-Ichs) aufzubauen

Die therapeutischen Techniken Klarifikation, Konfrontation und die unterschiedlichen Arten der Deutung wurden schon beschrieben (▶ Kap. 5.2); es folgen Beispiele für tiefenpsychologisch relevante Prozesse aus Sicht des Patienten, mit denen diese Teilziele erreicht werden sollen (n. Rudolf 2005, vgl. auch Jungclaussen 2013, S. 173).

- Selbstreflexion
- Selbstaufmerksamkeit bzw. Affektwahrnehmung und -klarifikation (Gewahrwerden der eigenen psychischen und körperlichen Regungen; sich selbst differenzierter wahrnehmen können)
- Selbstexploration
- Selbstkonfrontation (innere Auseinandersetzung mit problematischen eigenen Anteilen)
- Beschäftigung mit der Autobiografie (die eigene Lebensgeschichte kennenlernen/(re-)konstruieren)
- Selbstverständnis (die inneren Zusammenhänge der eigenen Persönlichkeit verstehen lernen)
- Bewusstseinserweiterung (bisher verdrängte Bereiche erkennen lernen)
- Einsicht (die eigene innere Wirklichkeit in ihren Zusammenhängen erkennen)
- Selbstverantwortung (die eigene innere Wirklichkeit akzeptieren und verantworten)
- Selbstverwirklichung (mit den eigenen Möglichkeiten gestaltend umgehen)

5.1.10 Der prototypische Verlauf einer TP

Folgende Stufen des therapeutischen Prozesses (Rudolf et al. 2000) lassen sich differenzieren:

- Aufbau der therapeutischen Beziehung
- Aufbau einer vertrauensvollen Beziehung
- Aufbau der Therapiemotivation, Konsensfindung für Therapieziele
- unbewusste Konstellation der zentralen Beziehungserfahrung (Übertragungsangebot, Gegenübertragung; insbesondere initiales Testen des Therapeuten durch die Aktualisierung negativer Übertragungsaspekte)
- Einübung der therapeutischen Arbeit
- Einübung der Selbstwahrnehmung
- Ermutigung zur umfassenden Mitteilung
- Fokussierung auf problematische Erfahrungen
- Aktualisierung problematischer Erfahrungen in der therapeutischen Beziehung

- Durcharbeiten
- Produktion von psychischen Inhalten (Einfälle, Erinnerungen, Phantasien, Bilder)
- gemeinsame Reflexion der psychischen Produktionen durch Patient und Therapeut (Sinnzuschreibung und Integration)
- Suche nach neuen Lösungen (neue Aspekte der therapeutischen Beziehung)
- neue Ansätze des Selbstverständnisses
- neue Ansätze der Lebensgestaltung und Konfliktlösung

Nach dem diagnostischen Stadium (▶ Kap. 4) lässt sich der Behandlungsverlauf einer TP prototypisch in drei Phasen mit einer unterschiedlichen Gewichtung der Interventionsmethoden einteilen (z. B. Hiller et al. 2006; Jungclaussen 2013). Die folgende Einteilung orientiert sich an Wöller und Kruse (2015, S. XI ff).

Anfangsphase: Beziehungsaufbau und Problemexposition

In dieser Phase geht es schwerpunktmäßig um den Aufbau und die Aufrechterhaltung der therapeutischen Arbeitsbeziehung. Ein therapeutisches Arbeitsbündnis mit expliziter Benennung von inhaltlichen Zielen, die der Patient im Zuge seines Veränderungsprozesses erreichen will, sollte im Rahmen einer konfliktorientierten TP bereits zu diesem frühen Zeitpunkt etabliert werden. In diese Phase fällt auch der Wirkfaktor der Problemaktivierung (Grawe 1998), d. h., es ist notwendig, dass der Patient seine Problematik so zur Entfaltung bringt, dass es an ein unmittelbares Erleben geknüpft ist. Bereits Strachey (1935) hatte gefordert, dass die Deutungsarbeit am »Punkt der Dringlichkeit« ansetzen müsste; nur das, was aktualisiert ist, ist das emotional Relevante. Es nutzt wenig, wenn der Patient distanziert über ein bestimmtes Erleben oder Verhalten spricht, aber es nutzt auch wenig, wenn die Problematik übermäßig stark aktiviert ist. Insbesondere aus der Traumatherapie wissen wir, dass therapeutische Arbeit nur auf einem mittleren Erregungsniveau sinnvoll und erfolgversprechend ist (Boll-Klatt und Kohrs 2018, S. 357). Wenn im Zuge der Anfangsphase die nicht im Fokus stehende, sondern eine andere Proble-

5.1 TP als konfliktorientierte Methode

matik aktiviert wird, gibt es zwei Möglichkeiten der Interpretation: 1. Der Patient hat zunächst eine weniger brisante Problematik präsentiert und dieses Verhalten im Sinne eines Widerstandes verwendet. Dies ist z. B. häufiger der Fall, wenn ein Patient sein subjektives Belastungserleben zunächst überwiegend mit seiner anspruchsvollen, überfordernden beruflichen Tätigkeit in Verbindung bringt, eine schwere, hoch schambesetzte Ehekrise aber erst bei größerer Vertrautheit und höherer Sicherheit in der therapeutischen Situation anspricht. 2. Der Widerstand ist anders herum zu denken: Der Patient weicht aus, vermeidet die Auseinandersetzung mit dem vereinbarten Problemfokus, in diesem Fall die berufliche Konfliktsituation. In beiden Fällen bedarf es der sorgfältigen Reflexion der Bedeutung der Veränderungen; im zweiten Fall geht es darum, im Rahmen der Widerstandsanalyse den Auslöser für das Umschwenken kenntlich zu machen, d. h., die anflutenden Ängste, Aggressionen und Schamgefühle zu verstehen, um danach kooperativer am ursprünglichen Fokus weiterarbeiten zu können. Schritt für Schritt werden die konflikthaften Objektbeziehungen und die aus ihnen resultierenden negativen Introjekte identifiziert, die den aktualisierten Konflikt prägen. Die Annahme und Klarifikation von Affekten liefert dafür wesentliche Erkenntnisse. Symptome und andere belastende Affekte sowie maladaptive innere Überzeugungen und Verhaltensmuster werden zunächst in ihrer Adaptivität anerkannt, wobei es sehr darauf ankommt, als Therapeut diese Adaptivität immer aus der subjektiven Sicht des Patienten und seines Lebenskontextes anzusprechen. Klassischer Weise geschieht die Arbeit in diesem Therapieabschnitt, die im Wesentlichen durch therapeutische Empathie und therapeutisches Containment charakterisiert ist, vorwiegend auf der Basis der konkordanten Gegenübertragung. Wöller und Kruse (2015e, S. 168 ff) schließen in die Anfangsphase der Therapie auch die Nutzung und Stärkung der Ressourcen des Patienten ein.

Der Begriff der Ressourcenaktivierung stammt auch aus der Grawe'schen Psychotherapieforschung und markiert einen der vier Wirkfaktoren von Psychotherapie. In den psychoanalytisch begrundeten/orientierten Therapieverfahren ist das Ressourcenkonzept traditionell nicht verankert; sie orientieren sich klassischer Weise einseitig an Problemen und Defiziten und nicht an Stärken und Ressourcen. Ressourcen können jeden Aspekt des seelischen Geschehens und darüber hinaus der gesamten

Lebenssituation eines Patienten umfassen. Unterschieden wird zwischen inneren Ressourcen wie persönlichen Kompetenzen und positiven Erfahrungen und äußeren Ressourcen wie sozialem Rückhalt, gesicherten finanziellen Lebensbedingungen, einer befriedigenden beruflichen Tätigkeit etc. (Grawe und Grawe-Gerber 1999). Insbesondere im psychodynamisch ausgerichteten Behandlungskonzept für traumatisierte Patienten (Reddemann 2012; Sachsse 2013; Wöller 2013; Reddemann 2012; ▶ Kap. 3.3) kommt der Arbeit mit den Ressourcen eine zentrale Bedeutung zu. In den TP-Richtlinien wird zwar gefordert, dass zum einen ein umschriebener aktueller Auslöser für die Manifestation der Symptomatik identifizierbar ist, der ein bislang etabliertes Gleichgewicht aus der Balance bringt, und zum anderen die Bewältigungs-, Kompensations- und Schutzmöglichkeiten, durch deren Einsatz der Patient sein Leben bisher hat symptomfrei meistern können, aufgeführt werden. Aber es wird nicht ausdrücklich gefordert, Ressourcen im umfassenderen, symptomunabhängigen Sinne aufzuzeigen. So ist es sicherlich kein Zufall, dass im Sachregister des Kommentars der Psychotherapie-Richtlinien (Rüger et al. 2015) und auch im Sachverzeichnis anderer psychoanalytischer Publikationen mit Lehrbuchcharakter (z. B. Hohage 2011) dieser Begriff fehlt. Andererseits steht die Pathologielastigkeit insbesondere des psychodynamischen Verfahrens zunehmend mehr in der Kritik mit der Forderung, vermehrt ressourcen- und lösungsorientierte Ansätze bei der Konzeptualisierung der Therapie zu berücksichtigen (z. B. Fürstenau 1992; Wöller 2013). Das heißt aber nicht, sich die betreffenden Techniken der Verhaltenstherapie (z. B. Frank 2011) zu eigen zu machen und damit die therapeutische Grundhaltung zu verlassen und aus der Übertragungs-Gegenübertragungs-Dynamik passager auszusteigen, sondern gemeint ist, eine andere Art der Wahrnehmungs- und Denkweise und damit eine ergänzende Komponente in die Grundhaltung zu integrieren. Anders als in der Mitte des letzten Jahrhunderts, als sich gut informierte kenntnisreiche Patienten sehr bewusst für eine analytische Therapie entschieden, kommen heutzutage Patienten in psychodynamische Behandlungssettings, die über die Behandlungsmethode wenig wissen und auch bei vorhandenen Fähigkeiten zur Selbstreflexion kaum geübt sind, über sich nachzudenken, geschweige denn gewohnt sind, sich im Lebensganzen, also auch vor dem Hintergrund ihrer Biografie zu verstehen. Diese wenig

Psychotherapie-affinen Patienten können sehr von Erklärungen, Erläuterungen und/oder selektiven Identifikationen des Therapeuten mit modellhaften Hinweisen profitieren. Man muss nicht das topische Modell (▶ Kap. 3) zeigen, um einem Patienten das Eisbergmodell des Bewusstseins nahezubringen, aber die Selbstverständlichkeit, dass nur ein geringer Teil unserer Erfahrungen und Erinnerungen bewusst und der deutliche höhere Anteil unbewusst ist, sollte sein Menschenbild kennzeichnen. Ganz basale Kenntnisse des Mentalisierungskonzeptes mit dem Unterschied zwischen Äquivalenz- und Als-ob-Modus oder auch das Wissen um die generelle Bedeutung der Prägungen der eigenen Lebensgeschichte und den bei jedem erwachsenen Menschen in unterschiedlichem Ausmaß vorhandenen Anteilen verbliebener Kindlichkeit stellen weitere Ressourcen dar, auf die in spannungsreichen Phasen der Therapie zurückgegriffen werden kann. Eine therapeutische Grundhaltung, die ein solches Vorgehen mit einbezieht, kann man durchaus ressourcenorientiert nennen.

Mittlere Phase: Einsicht und Beziehung, Widerstand und Übertragung

In diesem Therapieabschnitt kommen neben Klarifikationen und Interpretationen, die durchgängig wichtig bleiben, auch Konfrontationen und Deutungen vermehrt zum Einsatz. Es ist die Phase des Durcharbeitens, die durch den vermehrten Einsatz von Interventionen auf der Basis der komplementären Gegenübertragung gekennzeichnet ist. Die folgenden Ausführungen beziehen sich auf Patienten mit einer Konfliktpathologie auf mittlerem und gutem Strukturniveau, die überwiegend über reife Abwehrmechanismen verfügen können. Im Vordergrund stehen die Widerstandsanalyse sowie die Lockerung und Flexibilisierung von Abwehrmechanismen. Dabei sollte stets der »therapeutische Dreisprung«, der dem Grundsatz »von der Oberfläche in die Tiefe« (Fenichel 1945; Freud 1905d) folgt, beachtet werden.

1. Es wird gedeutet, dass eine Abwehr vorliegt, und die Schutzfunktion der Abwehr akzeptiert, indem die vermuteten, der Abwehr zugrundeliegenden bedrohlichen Affekte benannt werden.

2. Es wird gedeutet, wie abgewehrt wird. Die Form der Abwehr bzw. der Abwehrmechanismus wird in einer für den Patienten nachvollziehbaren Weise identifiziert.
3. Es wird gedeutet, was abgewehrt wird, indem die unbewussten Wünsche, Impulse und Bedürfnisse expliziert werden.

Diese drei Schritte veranschaulichen, was Freud meint mit seiner Aufforderung: »Man analysiere das Ich vor dem Es« (1933). Abwehr und Abgewehrtes gilt es, in der Formulierung der Abwehrdeutung miteinander zu verknüpfen, so dass sowohl der bedrohliche Affekt als auch der verpönte Wunsch oder der gefährliche Impuls dem Patienten rückgemeldet werden. »Ich glaube, Sie bemühen sich so sehr, mir Begründungen und Erklärungen für Ihr Verhalten gegenüber Ihrem Ehemann zu geben, weil Sie befürchten, ich könnte Ihre verborgenen Trennungswünsche erkennen und verurteilen.«

Hier werden in einer Intervention die Rationalisierung, der Affekt der Schuld- und Schamangst sowie die »verbotenen« Wünsche in Form der Trennungsgedanken zum Ausdruck gebracht. Insgesamt ist es meistens günstiger, wenn es gelingt, die bewusste Prägnanzhöhe von unbewusstem Material durch Fragen, Spiegelungen und Klarifizierungen langsam zu steigern, so dass »… die Impuls- und Triebregungen an die Oberfläche gelangen« (Wurmser 1993, S. 310). In dem oben skizzierten Beispiel könnte es gelingen, die Trennungsgedanken der Patientin und deren schuldhafte Überformung durch eine sorgfältige kleinschrittige Exploration ihrer bewussten Wahrnehmung zugänglich zu machen.

Abschlussphase

Die Beendigung der Behandlung kann durchaus zur »Achillesferse« werden (Diederichs 2006; vgl. auch Rieber-Hunscha 2005), wenn bestimmte Prozesse unberücksichtigt bleiben. Es sollte frühzeitig an das Therapieende erinnert werden; in der Endphase empfiehlt es sich, in jeder Sitzung an die noch verbleibende Anzahl von Stunden zu erinnern. Hinweise auf fortbestehende Abhängigkeitswünsche und Verlassenheitsängste gilt es, achtsam wahrzunehmen und einer bewussten Reflexion

5.1 TP als konfliktorientierte Methode

zugänglich zu machen. Sorgen und Ängste sollten klar exploriert, präzisiert und durchaus auch mit folgender Frage verknüpft werden: »Was meinen Sie, wie werden Sie mit der Situation X zurechtkommen, wenn Sie nicht mehr mit mir darüber sprechen können?« (Wöller und Kruse 2015 f, S. 504). Dies betrifft vor allem Patienten mit vorangegangenen schwierigen Trennungserfahrungen, die auch nach sorgfältiger Bearbeitung im Therapieprozess nahezu regelmäßig in der Endphase erneut aktualisiert werden. Der zu leistende Transfer des Erarbeiteten in den Alltag des Patienten bezieht sich natürlich auch auf konkretes Verhalten. So spielt z. B. die reale Konfrontation mit angstauslösenden Situationen natürlich über die gesamte Behandlung eine Rolle, sollte aber in der Endphase noch einmal besonders fokussiert werden. Manche Patienten neigen dazu, das Fortbestehen von Vermeidungsverhalten auch um den Preis heftiger Schamgefühle zu verschweigen oder unter Nutzung von Rationalisierungen zu vertuschen. Im Allgemeinen lässt sich eine zumindest leichte Traurigkeit seitens des Patienten bei Therapieende erwarten. Oft kommt es zu einer Reaktivierung schon überwundener Symptome, die als Ängste verstanden werden können, dass das Erreichte keinen Bestand haben könnte. Aber es gibt auch Patienten, die mit Optimismus und Zuversicht der Zeit ohne Behandlung entgegensehen und dies nicht als Abwehrphänomen zu interpretieren ist. Hier macht es sicherlich einen Unterschied, ob ein Patient ein Behandlungskontingent von 60 bis 100 TP oder von 240 bis 300 AP erhalten hat. Gerade bei erfolgreich verlaufender Therapie fällt es Therapeuten durchaus schwer, Patienten gehen zu lassen und sind enttäuscht, wenn diese ohne großartigen Abschiedsschmerz das Ende gestalten. Der Bilanzierung kommt eine große Bedeutung zu und zwar in beide Richtungen; dazu gehört die Frage »Was wurde erreicht?« genauso wie die Frage »Und was wurde nicht oder nicht vollständig erreicht?«. Je nach individuellem Fall sollte der Patient generell neben einem Rückgang der Symptomatik mehr Vertrauen und Sicherheit gewonnen haben, er sollte seine Emotionen und seine Bedürfnisse differenzierter erleben und wahrnehmen können, sein Selbstkohärenz- und Selbstwertgefühl sollten stabiler bzw. gestiegen sein. Ängste, Schuld- und Schamgefühle sollten geringer, autonome Strebungen ausgeprägter geworden sein. Von den Ich-Funktionen sollten insbesondere die Affektregulation und die Frustrationstoleranz erweitert worden sein.

Der Patient sollte Grenzen und Einschränkungen sowohl im Umgang mit sich selbst als auch mit anderen angemessen akzeptieren können und die Möglichkeiten des Kontaktes und der Kommunikation sollten gestiegen sein. Die Begrenztheit der Therapie per se kann dabei paradigmatisch genutzt werden, um Wünsche nach dem Idealen zu problematisieren. Dies gilt ebenso für den Therapeuten, der sich nicht scheuen sollte, Omnipotenzphantasien des Patienten über ihn zwar empathisch anzunehmen, diese aber gleichzeitig als uneinlösbar und damit irreal zu kennzeichnen. Dadurch ausgelösten Enttäuschungsreaktionen des Patienten bieten eine letzte gute Chance für eine gewinnbringende Bearbeitung im Hier und Jetzt der therapeutischen Beziehung, sofern der Therapeut es aushält und nicht positivierend darauf antwortet, etwa nach dem Muster »Aber schauen Sie doch mal, was wir alles erreicht haben«. Gleichwohl verbirgt sich hinter dem Ausdruck von Enttäuschung häufig auch die Trennungsaggression, ohne die – wie wir von adoleszenten Ablösungskrisen wissen – Trennung von den Primärobjekten und Verselbstständigung nur schwer gelingen können.

5.2 Strukturorientierte Behandlungsmethoden

Im Zuge der verstärkten wissenschaftlichen Beschäftigung mit strukturellen Defiziten und Strukturpathologien stieg auch der Behandlungsbedarf der daraus resultierenden Störungen. Seit 2009 tragen die Psychotherapie-Richtlinien durch eine entsprechende Erweiterung der TP-Indikation dieser Entwicklung Rechnung. Im Zentrum der Behandlung stehen die strukturellen Defizite, die im Vergleich mit der Fokussierung eines intrapsychischen Konfliktes als Ursache einer neurotischen Symptombildung Modifikationen des therapeutischen Vorgehens erforderlich machen (▶ Kap. 1). Strukturorientierte Behandlungsmethoden kommen vor allem bei schweren Persönlichkeitsstörungen zum Einsatz, bei denen eine gering oder desintegrierte Funktionsfähigkeit der psychischen Struktur laut OPD bzw. ein niedriges Borderline-Persönlichkeitsorganisationsniveau nach Kernberg diagnostiziert wurde (▶ Kap. 4). Im deutschsprachigen Raum hatten Heigl-Evers und Evers bereits 1973 die sog. »Psychoanalytisch-Interaktionelle Psychotherapie« für die Behandlung von Patienten mit Borderline-Störungen entwickelt. Die Psychoanalytisch-Interaktionelle Methode (PIM; Heigl-Evers und Ott 2002), wie sie heute genannt wird, geht mit speziellen Techniken auf die spezifische Entwicklungspathologie der schweren Persönlichkeitsstörungen ein. An die Stelle der Deutungsarbeit treten antwortende Interventionen, das »Prinzip Deutung« wird zugunsten des »Prinzips Antwort« aufgegeben. So teilt der Therapeut in bestimmten Situationen z. B. seine Gefühlsreaktionen dem Patienten mit, die der Patient in ihm auslöst. Er sagt z. B.: »Ich fühle Bedauern, dass ich Ihnen nicht mehr helfen konnte« (zit. n. Heigl-Evers et al. 1993, S. 241 ff) statt »Ich verstehe, dass Sie mit der Therapie unzufrieden sind, da eine erfolgreiche Therapie ja bedeuten würde, dass Sie etwas in Ihrem Leben verändern müssten und davor haben Sie Angst«. Des Weiteren werden durch die therapeutische Übernahme von Funktionen eines Hilfs-Ich basale, dem Patienten nicht verlässlich zur Verfügung stehende Ich-Funktionen stellvertretend vom Therapeuten ausgeübt mit der Zielsetzung, dass via Identifikationen diese dann auch vom Patienten eigenständig eingesetzt werden können. Die PIM wird heute vorwiegend in stationären Kontexten in gruppentherapeutischen Settings angewendet. Viele der therapeutischen Grundzüge, die dann 30 Jahre später in der Strukturbezogenen und Mentalisierungsbasierten Therapie (spezifiziert wurden, auch wenn deren theoretische Grundlagen nicht unmittelbar vergleichbar sind, haben sich als sehr wirksam erwiesen (▶ Kap. 9).

Für die einzeltherapeutische Behandlung konnten sich im deutschen Sprachraum insbesondere die Strukturbezogene Psychotherapie und in den letzten Jahren auch zunehmend fester die Übertragungsfokussierte Psychotherapie (TFP) sowie die Mentalisierungsbasierte Therapie (MBT) etablieren. Bei den drei Genannten handelt es sich um Ansätze eines psychoanalytisch orientierten bzw. psychodynamischen Vorgehens, die sich durch ein sehr strukturiertes Setting, meist mit vertraglich vereinbarten Rahmenbedingungen, und durch spezifische Behandlungsstrategien auszeichnen. In Bezug auf die beiden Dimensionen des Unbewussten ist die Genese der Pathologien überwiegend vor dem Spracherwerb und vor der Ausreifung der für das deklarative Gedächtnis relevanten Hirnstrukturen zu verorten (▶ Kap. 3). Entwicklungspsychologisch und ätiopathogenetisch betrachtet, haben wir es bei schweren Strukturpathologien mit dem nicht-verdrängten, nicht symbolisch repräsentierten Unbewussten zu tun, das in Enactments, nonverbalen Mustern von Objektbeziehungen, Somatisierungen oder Handlungen zum Ausdruck kommt (Bohleber 2014, S. 778 ff). Unser Augenmerk richtet sich auf die klinischen Phänomene von Symbolisierungs*prozessen*, statt – wie früher – die Symbol*bedeutungen* zu fokussieren. D. h., es geht vor allem um das »Wie« der Repräsentation bzw. der Symbolisierung und nicht um das »Was«, das die Symbolbedeutung in den Fokus nimmt. Im Folgenden werden die Strukturbezogene Therapie und die Übertragungsfokussierte Psychotherapie ausführlicher dargestellt, weil sie jeweils paradigmatisch eine sehr unterschiedliche therapeutische Haltung und unterschiedliche Zugangsweisen zum Patienten beinhalten. Die MBT steht in diesen basalen Kriterien der Strukturbezogenen Therapie näher als der TFP. Seit 2014 ist es laut Richtlinien auch zulässig, traumazentrierte Interventionen (▶ Kap. 5.3) in eine TP zu integrieren. Traumazentrierte Interventionen werden schwerpunktmäßig immer dann zum Einsatz kommen, wenn das Vollbild einer Posttraumatischen Belastungsstörung insbesondere mit ausgeprägter dissoziativer Symptomatik vorliegt. Die fließenden Übergänge von schwerer Trauma- in eine Strukturpathologie werden in Kapitel 3 ausgeführt (vgl. auch Boll-Klatt und Kohrs 2018, S. 334 ff).

5.2.1 Strukturbezogene Psychotherapie nach Rudolf

Die Strukturbezogene Psychotherapie wurde von Rudolf (2012) und seiner Heidelberger Arbeitsgruppe in den 1990er Jahren entwickelt und steht in einem engen Zusammenhang mit der OPD (Arbeitskreis OPD 2006), indem der Autor sich direkt auf das Strukturkonzept und die Achse-IV-»Struktur« der OPD bezieht. Es handelt sich dabei um eine Weiterentwicklung der unter Kapitel 5.2. kurz dargestellten Psychoanalytisch-Interaktionellen Methode (PIM; Heigl-Evers und Ott 2002; Fürstenau 1977). Die Strukturbezogene Psychotherapie basiert auf den entwicklungspsychologischen Erkenntnissen der psychoanalytisch inspirierten Säuglings- und Kleinkindforschung sowie auf denen der Bindungstheorie (Boll-Klatt und Kohrs 2018). Rudolf (2012) hebt insbesondere die realen Mutter-Kind-Interaktionen hervor und betont die Bedeutung der Qualität des elterlichen Umgangs mit den frühen kindlichen Affekten für die strukturelle Entwicklung.

In diesem Kontext wird die Strukturbezogene Psychotherapie ausführlicher beschrieben, zum einen weil sie in Deutschland bereits seit etwa 15 Jahren routinemäßig im Rahmen der Richtlinientherapie angewendet wird und zum anderen weil sie nicht nur bei Patienten mit schweren Persönlichkeitsstörungen indiziert ist, sondern durchaus auch bei Patienten mit vorrangig konfliktpathologisch zu konzeptualisierenden Störungen, die aber über umschriebene strukturelle Defizite verfügen (▶ Kap. 3). In diesem Fall würde man mit der Behandlung der strukturellen Beeinträchtigungen beginnen, um die Voraussetzung für ein konfliktorientiertes weiteres Vorgehen zu verbessern bzw. erst zu schaffen. So wurden bei der im Fallbeispiel beschriebenen Patientin (▶ Kap. 2.1) im Verlauf deutliche Schwierigkeiten in der Selbstwahrnehmung und in der Selbst-Objekt-Differenzierung beobachtbar. Der zugrundliegende ödipale Konflikt bzw. – in der Sprache der OPD – der Konflikt auf der Ebene von Autarkie und Versorgung konnte erst nach der Verbesserung dieser strukturellen Aspekte gewinnbringend therapeutisch bearbeitet werden.

Behandlungskonzept

Eine Strukturpathologie ist per se keine Indikation für eine Behandlung, da sie über längere Zeiträume auf einem bestimmten Niveau, das die Bewältigung des Alltags erlaubt, ein relativ störungsfreies Leben ermöglichen kann, vorausgesetzt die Bewältigungs- und Kompensationsstrategien bleiben stabil. Veränderungen der inneren oder äußeren Situation, z. B. durch Krankheit, Trennung, Verlust etc. können pathogen wirken, wenn sie die bis dato aufrechterhaltene Balance ins Wanken bringen. Rudolf stellt nicht das Verstehen der strukturellen Defizite im Hinblick auf ihre biografische Bedingtheit in den Vordergrund, sondern zielt auf eine Stabilisierung im Hinblick auf die Störung ab, sei es durch den verbesserten Umgang mit sich selbst und mit anderen und/oder mit den Problemen. Die Behandlungsziele sind auf die Beeinflussung der Dimensionen und Aspekte der Strukturachse der OPD ausgerichtet, von denen in einer TP maximal zwei als begründete Therapiefoki bearbeitet werden sollten. Es geht in der TP ausdrücklich nicht um eine Umstrukturierung der Gesamtpersönlichkeit, sondern um eine umgrenzte, aus der Psychodynamik der Störung stringent ableitbare Verbesserung bestimmter struktureller Fähigkeiten. Die therapeutische Haltung und das Vorgehen sind im folgenden Zitat zusammengefasst:

»Bei strukturellen Störungen sind keine abgegrenzten Konflikte intrapsychisch abgelagert, und es fehlt der psychische Binnenraum, in dem sie sich ereignen und in dem sie reflektiert werden könnten. Die Psychodynamik ist weniger eine intrapsychische als eine interpersonelle. Die psychodynamisch relevanten Interventionen können sich daher nicht deutend an einen ungelösten Konflikt wenden, sie müssen sich auf die interpersonelle Situation ausrichten. Hier ist für den Patienten der Ort des leidvollen Erlebens; sei es, dass das menschliche Miteinander als spannungsreich-ängstigend oder frustrierend erlebt wird, sei es, dass der Rückzug aus der problematischen Objektwelt in die quälende Leere führt und zu selbstschädigenden Handlungen Anlass gibt. In diesem Feld des Zwischenmenschlichen platziert, sollen die therapeutischen Interventionen die Not des Pat. annehmen – sich ihrer erbarmen, könnte man im Begriff von Heigl-Evers und Heigl sagen – um dann etwas aufzubauen, das dem Pat. mehr und mehr zu Verfügung stehen kann, ihm jene Struktur vermittelt, die er bis dahin entbehrt hatte« (Rudolf 2005, S. 137).

Ziel ist letztendlich immer wieder die Verbesserung der Selbst- und Beziehungsregulierung. Welche defizitäre strukturelle Dimension der Strukturachse der OPD in den Fokus genommen wird, variiert nicht nur interindividuell, sondern auch zwischen verschiedenen Diagnosegruppen. Z. B. steht die Affektregulation und die Selbst-Objekt-Differenzierung sowie die Nicht-Verfügbarkeit positiver Introjekte im Zentrum der Beeinträchtigungen vieler Patientinnen mit einer Borderline-Persönlichkeitsstörung; bei einer bulimischen Störung werden wir gehäuft Patientinnen finden, die Defizite in der Impulssteuerung und der Affekttoleranz aufweisen. Narzisstische Patienten sind schwerpunktmäßig gekennzeichnet durch eine inadäquate Selbstwertregulierung sowie eine herabgesetzte Kommunikation nach innen und nach außen usw. Auf Seiten des Patienten wird in der Therapie angestrebt, dass er 1. seine Störung als etwas Eigenes akzeptiert, 2. als etwas schwieriges Eigenes verantwortet und 3. durch veränderte Einstellungen bewältigt. Diese Aufzählung verdeutlicht, wie wichtig die Ich-Dystonität der beeinträchtigten strukturellen Fähigkeiten ist. Um strukturbezogen arbeiten zu können, bedarf es eines Problembewusstseinseins des Patienten und seiner Fähigkeit, die Störung als etwas »schwieriges Eigenes«, also als etwas Drittes zum Gegenstand der Therapie zu machen. Rudolf empfiehlt eine therapeutische Haltung, in der sich der Therapeut als ein entwicklungsförderndes Gegenüber versteht; er nimmt die Rolle einer Ersatzelternfigur oder eines Mentors an, der besonders am Anfang der Therapie Hilfs-Ich-Funktionen zur Verfügung stellt und auf Deutungen weitgehend verzichtet. Der korrigierenden Beziehungserfahrung (Alexander und French 1946; ▶ Kap. 3.1.4) kommt ein zentraler Stellenwert zu und der Gefahr einer Fortschreibung des pathogenen Narrativs wird aktiv entgegengewirkt. Es wird davon ausgegangen, dass durch die unterstützende therapeutische Haltung des Therapeuten eine Umstrukturierung bzw. eine Nachreifung struktureller Fähigkeiten begünstigt wird. Diese spezifische therapeutische Haltung beinhaltet im Einzelnen vier unterschiedliche therapeutische Positionen in der Strukturbezogenen Psychotherapie, die nachfolgend erläutert werden (mod. n. Rudolf 2012; siehe auch Hörz-Sagstetter und Doering 2015).

1. sich hinter den Patienten stellen
   - Identifizierung (Übernahme der Sicht des Patienten)
   - »Containing« (Klage aufnehmen und emotional verarbeiten)
   - Erbarmen (Annehmen des fremden Leids)
   - Hilfs-Ich (Ich-Funktionen zur Verfügung stellen)
   - Sorge (Schaden vermeiden durch Vorsorge)
   - Unterstützung (Hilfestellung als Mentor, Elternersatz)
2. sich neben den Patienten stellen
   - geteilte Aufmerksamkeit für die Situation des Patienten
3. sich dem Patienten gegenüberstellen
   - Spiegelung (eigene Wahrnehmung zur Verfügung stellen, dem Patienten sein Bild zurückgeben)
   - Antwort (dem Patienten die emotionale Resonanz des Therapeuten zeigen)

- Alterität (das Anderssein des Gegenübers betonen)
- Konfrontation (mit Aspekten der Realität und der eigenen Verantwortung)
4. dem Patienten vorangehen
   - anstehende Entwicklungen, Aufgaben, Schwierigkeiten des Patienten antizipieren und mitteilen

Diese Ausführungen verdeutlichen den fundamentalen Unterschied zur Arbeit mit der Dynamik von Übertragung und Gegenübertragung in ihrer unbewussten Dimension; sie betonen stattdessen die Position des Therapeuten als ein zugewandtes, wohlmeinendes, interessiertes und wenig kränkbares »reales« Gegenüber, dass das durch bewusste Ereignisse und Erfahrungen schon überforderte Ich durch die Aufdeckung unbewussten Materials nicht noch stärker belastet.

Interventionsstrategien

> »Das strukturelle Ziel dieser therapeutischen Interventionen ist es stets, den Patienten in seiner Selbstwahrnehmung und dem Verständnis seiner Situation zu fördern und ihn darin selbstwirksam und kompetent werden zu lassen. Das erste ist ein Akt der Selbstreflexion und des Weltverständnisses, das zweite ein Vorgang der Selbststeuerung und Handlungskompetenz im interpersonellen Raum« (Rudolf 2012, S. 150).

Aus diesem Zitat zur Zielsetzung und Haltung leiten sich spezielle Interventionstypen der Strukturbezogenen Psychotherapie ab, die nachfolgend aufgelistet werden (Rudolf 2012; zit. n. Benecke 2014, S. 489 f, Hervorhebungen im Original):

- »*Anregungen zu psychischen Produktionen* des Patienten (narrative Mitteilungen über Situationen, Erfahrungen, Erinnerungen, Träumen etc.) möglichst in Worten, aber auch in anderen Medien (z. B. Gestaltungen, Zeichnungen, Musik etc.)
- klärende Fragen zur Förderung und therapeutischen Zentrierung/Ordnung der Mitteilungen des Patienten, Notwendigkeit der Mitteilung anstelle des vermeintlich ›wortlosen Verstehens‹

- *Einladung zur Selbstreflexion:* Wie sehen Sie es? Was läuft in Ihnen ab? Welche Gefühlsregungen bemerken Sie bei sich? Wie klingt das in Ihren Ohren?
- *antwortende Mitteilungen des Therapeuten* beziehen dessen eigenes emotionales Erleben ein; sie können aus den unterschiedlichen therapeutischen Positionen heraus identifikatorisch, aber auch konfrontativ, die Alterität unterstreichend sein
- *spiegelnde Äußerungen:* der Therapeut fasst seine persönliche Wahrnehmung des bewusstseinsfähigen Erlebens und Verhaltens des Patienten zusammen; ggf. verknüpft er dieses mit antwortenden Aspekten seines emotionalen Erlebens
- *strukturierende Interventionen:* aktive Unterstützung des Patienten beim Planen, Vorsorgen und Begrenzen
- *aufzeigende und hypothesengeleitete Interventionen:* das spiegelnde Beschreiben von Wahrnehmungen des Therapeuten hat Übergänge zu Interventionen, in welchen der Therapeut auf Zusammenhänge, Parallelen, Lücken und Widersprüche aufmerksam macht und anhand von Fremdbeispielen durchspielt
- Interventionen des Therapeuten als *Chronist für die Erfahrungen* des Patienten: er sammelt Episoden der biografischen Erfahrung, der gemeinsamen Therapieerfahrung, Ereignisse, Affekte, Träume und Wendepunkte als guter Zuhörer, der Erinnerungen aufbewahrt und sie dem Anderen zur Verfügung stellt«

Wie schon im Kapitel 3 beschrieben, liegt das strukturelle Defizit z. B. bei einer Borderline-Persönlichkeitsstörung in Form mangelnder Fähigkeiten zur Affektregulation und zur Selbst-Objekt-Differenzierung offen zutage. Häufiger finden wir jedoch bei strukturellen Störungen die Krankheitswertigkeit der charakterlich verankerten Stabilisierungsbemühungen. Als Beispiel ist die schizoide Vermeidung oder die narzisstische Größenselbst-Inszenierung zu nennen, wenn diese durch Veränderungen äußerer Lebensbedingungen nicht mehr aufrecht zu erhalten sind. Hier stellt sich dann die therapeutisch brisante Frage, ob diese Art der Abwehr, die ja in Wahrheit eine Bewältigung darstellt bzw. eine Schutzfunktion beinhaltet, dann direkt hinterfragt werden sollte. Rudolf (2012, S. 153) empfiehlt das Muster der charakterologischen Abwehr/Kompensation/Bewältigung zunächst einmal wertzuschätzen als eine für den Patienten bestmögliche Lösung einer zuvor unerträglichen Situation. Es gilt, den Patienten selbst zu motivieren, abzuschätzen, wie sehr dieses Muster, das in seiner Kindheit ein wichtiger Schutz für das psychische Überleben war, heute ein Hindernis darstellt und ihn abschneidet von einem vitalen Leben im Kontakt mit anderen. Rudolf (2012, S. 169 ff) beschreibt sehr dezidiert, welche Interventionsstrategien für die Behandlung welcher anhand der OPD-Strukturachse diagnostizierten gestörten strukturellen Dimensionen indiziert sind, die alle mehr oder weniger die basalen Positionen der therapeutischen Grundhaltung widerspiegeln.

5.2.2 Übertragungsfokussierte Psychotherapie (TFP)

Die Übertragungsfokussierte Psychotherapie (»transference focused psychotherapy«, TFP) wurde von Otto Kernberg und seiner Arbeitsgruppe an der Cornell-Universität in New York entwickelt (Kernberg et al. 1989). Die TFP richtet sich speziell auf die Behandlung von Borderline-Persönlichkeitsstörungen bzw. – korrekter ausgedrückt – von Persönlichkeitsstörungen mit einer niedrigen Borderline-Persönlichkeitsorganisation (Clarkin et al. 2008). Die TFP basiert auf einem manualisierten Vorgehen (ebd., Yeomans et al. 2017), wobei sich die Manualisierung schwerpunktmäßig auf den zeitlichen Ablauf der einzelnen therapeutischen Schritte richtet. Hörz-Sagstetter und Doering (2015) sprechen von einem psychoanalytisch orientierten Verfahren und schaffen so die Basis, die TFP in Deutschland auch Psychotherapeuten mit einer Aus- bzw. Weiterbildung in TP zugänglich zu machen. Allerdings bereitet die Konzeptualisierung der TFP als Behandlung mit zwei Wochenstunden natürlich Probleme mit der Frequenz der TP, die in den Richtlinien als einstündig vorgegeben wird. Zurzeit wird intensiv diskutiert, wie sich dieser Widerspruch lösen lässt. Fakt ist, dass das umfangreiche und theoretisch anspruchsvolle TFP-Fort- und Weiterbildungscurriculum von deutlich mehr TP'lern als Analytikern absolviert wurde und wird.

Behandlungskonzept

Die Borderline-Persönlichkeitsorganisation ist im Wesentlichen gekennzeichnet durch drei Merkmale: 1. das Syndrom der Identitätsdiffusion, 2. das Vorherrschen unreifer Abwehrmechanismen, die um die Spaltung herum organisiert sind, und 3. die erhaltene Realitätsprüfung (▶ Kap. 3 und Kap. 4). Im Zentrum der Ätiopathogenese stehen die nicht integrierten, teilweise sehr rigiden, eindimensionalen Teil-Selbst- und Teil-Objektrepräsentanzen, die die Innenwelt der Patienten und damit auch ihre Selbst- und Fremdwahrnehmung prägen. Die Annahmen über sich selbst und Andere, die typischerweise in Objektbeziehungspaaren (Dyaden) durch starke Affekte verbunden sind, stehen im Vordergrund der TFP-Behandlung (▶ Kap. 3). Diese oftmals rasch wechselnden Dyaden, die sich in der therapeutischen Situation inszenieren, werden in der TFP mit besonderem Fokus auf die Übertragungsbeziehung bearbeitet, d. h., die TFP fokussiert auf diese Beziehungen in Übertragung und Gegenübertragung. Ziel der Behandlung ist »… die Integration der abgespaltenen Selbst- und Objektrepräsentanzen in ausgewogenere, reifere und flexiblere Vorstellungen von sich selbst und den anderen« (Clarkin et al. 2008, S. 2). Ausgewogenere internalisierte Bilder von sich selbst und wichtigen anderen in Form integrierter Selbst- und Objektrepräsentanzen ermöglichen sowohl eine bessere Impulskontrolle als auch eine stabilere Affektregulation und führen zu einer kohärenten Identität.

> »Unsere Therapie konzentriert sich auf die Analyse der Übertragung, denn die innere Welt der Objektbeziehungen und Abwehrmechanismen manifestiert sich in den Übertragungs-/Gegenübertragungsmustern, die im therapeutischen Raum auftauchen, nachdem die Epiphänomene der Borderline-Pathologie durch Strukturierung und Grenzsetzung aufgefangen sind« (ebd., S. 14).

Wie bereits im Zitat zum Ausdruck kommt, steht die Nutzung primitiver Abwehrmechanismen im unmittelbaren Zusammenhang mit der gespaltenen Selbst- und Objektwelt.

> »Diese Abwehrmechanismen erschweren es zwar dem Patienten, in der realen Welt zurechtzukommen, gleichzeitig ermöglichen sie ihm aber auch, sich – trotz der Einschränkungen durch mächtige innere Konflikte und äußere Stressoren – ein mehr oder weniger stabiles psychisches Gleichgewicht aufrechtzuerhalten« (ebd., S. 2).

5 Kernelemente der Therapie

Die TFP ist primär darauf ausgerichtet, an den für die Borderline-Störung charakteristischen interpersonellen Abwehrmechanismen, die ja die verinnerlichten Objektbeziehungen in der therapeutischen Situation aufzeigen, anzusetzen. Typische Spaltungsmanifestationen beziehen sich z. B. auf die Reinszenierung der Täter-Opfer-Dichotomie z. B. in einem Rollenpaar »missbrauchtes Opfer« vs. »sadistischer Elternteil«, wie es sich im folgenden Beispiel abbildet.

> In einem sich über weite Strecken konstruktiv entwickelnden Therapieprozess kommt es wegen des von der Patientin selbst zu zahlenden Honorars für eine ausgefallene Stunde zu einer Auseinandersetzung, in deren Verlauf sie in einen kaum beeinflussbaren verzweifelten Zustand gerät. Die Patientin, die als Kind sexuell missbraucht wurde, erlebt die Forderung des Therapeuten trotz vorheriger Absprache als eine schwere Grenzüberschreitung und als Machtmissbrauch, dem sie sich nun wieder ohnmächtig unterwerfen müsse. Alle vorangegangenen positiven Erfahrungen mit dem Therapeuten scheinen wie ausgelöscht; die Wahrnehmung und das Erleben werden dominiert von einer hasserfüllten Objekt- und einer gedemütigten hilflosen Selbstrepräsentanz. In der zweiten Hälfte der Sitzung verändert sich dann ohne erkennbare Vorboten schlagartig die Situation, es kommt zur sog. Rollenumkehr. Jetzt greift die Patientin den Therapeuten an, versucht ihn zu unterwerfen und beschimpft und beleidigt ihn in sadistisch-triumphierender Weise.

Indem der Therapeut sich die Rollen vergegenwärtigt, die der Patient gerade einnimmt bzw. umgekehrt, die dieser dem Therapeuten zuschreibt, kann er ein lebendiges Bild der inneren Repräsentanzenwelt des Patienten gewinnen (Clarkin et al. 2008, S. 26). Ziel ist es, an den manifesten vs. verborgenen Dyaden zu arbeiten, um dem Patienten eine größere Vielfalt an Objektbeziehungsmustern verfügbar zu machen. Den Fokus der Therapie bilden die aktivierten affektgeladenen Übertragungsreaktionen und die dominanten Objektbeziehungsdyaden bzw. Rollenpaare, wie sie sich in Binnen- und Außenübertragungen zeigen. Die therapeutische Arbeit richtet sich auf die zunehmende Differenzierung und Integration der Selbst- und Objektrepräsentanzen:

»Zum einen erfährt der Patient, dass er sich durch projektive Identifikation von den negativen zerstörerischen inneren Selbst- und Objektanteilen entlasten kann, und dass der Therapeut diese Rollenzuschreibung toleriert und sich dabei nicht so destruktiv verhält wie frühere Objekte. Zum anderen erfährt der Patient, dass die Destruktivität vom Therapeuten toleriert werden kann (›Container‹-Funktion), ohne dass sie ihn zerstört. In mehrfachem Sinn macht der Patient also eine korrigierende Beziehungserfahrung, die im Verlauf der Therapie bewusst gemacht und durchgearbeitet wird. Dies ermöglicht die zunehmende Reifung der Identität des Patienten« (Hörz-Sagstetter und Doering 2015, S. 262 f).

Therapievereinbarung

Besondere Bedeutung kommt in der TFP dem Aushandeln der Rahmenbedingungen zu. Ein Therapievertrag hat die Funktion, Bedingungen herzustellen und aufrechtzuerhalten, unter denen eine psychodynamische Psychotherapie überhaupt durchgeführt werden kann. Dazu gehört auch, dass der Therapeut sich sicher genug fühlen muss, um neutral bleiben und klar denken zu können (Benecke 2014, S. 492). Diese Voraussetzung wird gerade bei Borderline-Patienten mit chronischer Suizidalität, Impulsdurchbrüchen, selbstverletzendem Verhalten, restriktiver Nahrungsaufnahme u. ä. immer wieder bedroht. Die inhaltliche Gestaltung des mündlich vereinbarten Therapievertrages ist das Ergebnis eines interaktiven diskursiven Prozesses zwischen Patient und Therapeut. Dabei stehen sich oftmals sehr kontroverse Einschätzungen gegenüber: Aus Sicht der Patienten sind die borderlinetypischen Symptome Bewältigungsmechanismen, um zu überleben (»kreative Selbstheilungsversuche«, Dulz und Schneider 1996); aus Sicht des Therapeuten gefährden sie die Therapie. Lohmer (2013) prägte den sicherlich diskussionswürdigen Satz: »Wir verlangen nicht, dass der Patient gesund ist, aber dass wir einen festen Willen und ein ehrliches Bemühen erkennen können, gegen die Krankheit anzukämpfen.« Kernberg sprach von einem Bündnis mit »einem Quadratmillimeter gesunden Ichs« des Patienten, das Voraussetzung für die Therapie sei. Der Therapievertrag erfüllt die vordringliche Aufgabe, zwischen spezifischen Gefährdungen und Zielen der Therapie zu differenzieren, und überträgt dem Patienten eine Mitverantwortung für den Schutz der Behandlung. Die Vereinbarung übernimmt somit eine wichtige triangulierende Funktion; sie repräsentiert »das Dritte«, worauf in problematischen Situationen zurückgegriffen werden kann und sollte. Im Einzelnen werden durch den Therapievertrag Verantwortlichkeiten des Patienten und des Therapeuten expliziert sowie spezifische potenzielle Gefährdungen der Therapie, die sich aus der Vorgeschichte und Pathologie des einzelnen Patienten ableiten; darüber hinaus werden Konsequenzen bei Nichteinhaltung für den jeweiligen Patienten klar benannt. Die Aufstellung des Therapievertrages (Clarkin et al. 2008, S. 95 ff) geht zwar der »eigentlichen« Therapie voraus, aber oftmals kommt es hier schon zu einem Ringen um die Inhalte, in dem sich die pathogenen Objektbeziehungsdyaden offenbaren, so dass man sich als Therapeut gewollt oder nicht schon von Beginn an in einer intensiven Übertragungs-Gegenübertragungs-Dynamik befindet.

Interventionsstrategien und therapeutisches Vorgehen

In der TFP werden drei Ebenen der Interventionen unterschieden, und das therapeutische Vorgehen ist auf diesen drei Ebenen Strategie, Taktik und Technik systematisiert. 1. die Ebene der Behandlung insgesamt, die durch langfristige Strategien wie z. B. die Arbeit an der Integration Teilselbst- und Teilobjektrepräsentanzen gekennzeichnet ist, 2. die Ebene jeder Behandlungsstunde, auf der Taktiken eingesetzt werden, beispielsweise die Bearbeitung des affektiv dominanten Themas, und 3. die Ebene der therapeutischen Interaktion, die durch unterschiedliche Behandlungstechniken charakterisiert wird. Hierzu zählt vor allem die technische Neutralität, nämlich die Aufrechterhaltung einer unparteiischen Position durch den Therapeuten als neutralem Beobachter.

Die grundlegenden Behandlungstechniken der TFP entsprechen den klassischen psychodynamischen Interventionsstrategien: Klärung, Konfrontation und Deutung, die unter Nutzung der Analyse der Dynamik von Übertragung und Gegenübertragung zur Anwendung kommen. Bei ständiger sorgfältiger Beobachtung der Gegenübertragung fokussiert der Therapeut die Übertragung, indem er sich fortlaufend Fragen zum aktuellen Geschehen stellt: »Warum sagt der Patient mir das gerade jetzt?«, »Wie sieht mich der Patient?«, »Wie behandelt mich der Patient?«, »Was macht der Patient mit mir?« etc. (Clarkin et al. 2008, S. 17). In der TFP wird von der »Drei-Schritt«-Deutungsarbeit gesprochen (ebd., S. 60 ff):

- Klärung beschreibt »das Angebot des Therapeuten an den Patienten, jede Information, die unklar, vage, verwirrend oder widersprüchlich ist, zu untersuchen und zu klären«. Klärenden Interventionen kommt eine hohe Bedeutung in der TFP zu; Kernberg (2016, mündliche Mitteilung) empfiehlt ausdrücklich die Nutzung des »gesunden Menschenverstandes« und den Einsatz weiterer klarifizierender Interventionen, wenn dieser zum Verständnis des Patienten nicht ausreicht.
- Mit der Konfrontation sollen »dem Patienten widersprüchliche Anteile in seinen Mitteilungen bewusst gemacht« werden.
- Deutungen verbinden das unbewusste Material mit vermutetem, hypothetischem unbewusstem Material, dem ein Einfluss auf Motivation und Verhalten des Patienten zugeschrieben wird. In einer Deutung werden die Aussagen des Patienten in einem neuen Zusammenhang als Hypothese oder Erklärung angeboten (»Wäre es möglich, dass …«). Typische aktuelle Reaktivierungen von Objektbeziehungsdyaden werden durch Deutungen im Hier und Jetzt bezogen auf die therapeutische Dyade dem Patienten mitgeteilt:

> »Sie verhalten sich mir gegenüber so, als ob Sie keine Gefühle für mich empfänden. Ich glaube, diese scheinbare Gleichgültigkeit bewahrt Sie vor dem Gefühl einer tiefen Sorge um mich und vor Ihrem großen Wunsch, dass ich mich Ihrer annehmen würde. Ich baue diese Vermutung auf einer ganzen Reihe von Beobachtungen auf, z. B. … . Sofern dies alles zutrifft, sollten wir versuchen zu verstehen, warum es Ihnen so schwer fällt, Ihren Wunsch nach Nähe, auch mir gegenüber, anzunehmen« (Clarkin et al. 2008, S. 65).

Dieses Beispiel veranschaulicht auch, dass in der Deutung immer das gerade affektiv dominante Thema angesprochen wird. Am wirkungsvollsten ist die Intervention, wenn die affektive Erregung des Patienten etwas abgeebbt, aber noch nicht vollständig reduziert ist. TFP-Deutungen unterscheiden sich erheblich von der klassischen Deutungstechnik, indem sie erst in späteren Therapiephasen genetische Deutungsanteile beinhalten. Benannt wird die aktivierte Dyade – so sie denn deutlich identifizierbar ist – z. B. nach folgendem Muster: »Ich (der Therapeut) stelle fest, dass sich unsere Diskussion über das Ausfallhonorar zugespitzt hat und dass eine Situation entsteht, als ob ein sadistischer Elternteil ein verzweifeltes ihm ausgeliefertes Kind missbraucht.«

Die folgende Auflistung gibt einen Überblick über die Priorisierung der Themen in den einzelnen Sitzungen der TFP (zit. n. Hörz-Sagstetter und Doering 2015, S. 262).

1. Behinderungen der Übertragungsarbeit
   – Suizid- oder Morddrohungen
   – offene Gefährdung der Fortführung der Therapie z. B. durch Umzugsabsichten
   – Unehrlichkeit oder absichtliches Verschweigen
   – unabgesprochen andere Behandler einbeziehen
   – Agieren während der Sitzungen (z. B. Beschädigungen von Einrichtungsgegenständen der Praxis)
   – Agieren zwischen den Sitzungen
   – Ausweichen auf emotional nicht bedeutsame oder triviale Themen
2. offenkundige Übertragungsmanifestationen
   – verbale Bezugnahme auf den Therapeuten
   – »Acting-in« (z. B. Einnehmen einer verführerischen Körperhaltung)
   – Äußerungen aus denen der Therapeut auf Übertragungsmanifestationen schließen kann (z. B. Anspielungen auf andere Ärzte oder Therapeuten)
3. affektiv bedeutsames Material, das nichts mit der Übertragung zu tun hat

Zusammenfassend betrachtet, kennzeichnen drei Schritte das therapeutische Vorgehen im Behandlungsverlauf (Ermann 2016a, S. 541):

- Zunächst wird die therapeutische Beziehung als Szene beschrieben, d. h. als Ausdruck einer (vom Patienten bisher so nicht erkannten) Objektbeziehung, z. B. der zwischen Täter und Opfer. Dabei wird das Wesen der Beziehung vorwiegend aus dem Gegenübertragungserleben erschlossen.
- Die beständigen Wechsel der Übertragungsposition, die dem veränderten Verhalten des Patienten zugrunde liegen, werden fortlaufend

identifiziert. Darin manifestiert sich der Wechsel der Identifikation mit der Selbstrepräsentanz oder der Objektrepräsentanz in der Übertragungsszene, wie es z. b. bei dem raschen Wechsel zwischen Täter- und Opferidentifikation der Fall ist.
- Es werden Verknüpfungen zwischen den verschiedenen Aspekten der gespaltenen Selbst- bzw. Objektrepräsentanzen, also zwischen den »nur guten« und den »nur bösen« Anteilen der Objektbeziehungsdyade hergestellt.

5.2.3 Mentalisierungsbasierte Therapie nach Fonagy

Behandlungskonzept

Die Mentalisierungsbasierte Therapie (MBT) wurde von Fonagy und seiner Arbeitsgruppe in London zunächst speziell für die Behandlung von Patienten mit Borderline-Persönlichkeitsstörungen (BPS) entwickelt (Bateman und Fonagy 2008; Allen et al. 2011; Allen und Fonagy 2016). Wie auch im Fall der TFP handelt es sich um eine manualisierte Therapie mit einer klaren Strukturierung des prototypischen Verlaufs und einer konkreten Beschreibung der Haltung des Therapeuten sowie der zentralen Techniken und deren Anwendung. Die MBT für BPS besitzt inzwischen Modellcharakter für andere Anwendungen; es liegen Manuale für die Behandlung Erwachsener mit antisozialen Persönlichkeitsstörungen und Drogenabhängigkeit, Essstörungen, posttraumatischen Belastungsstörungen und Psychosen vor. Im Bereich der Behandlung Adoleszenter hat sich ein eigener Zweig der MBT entwickelt (Taubner und Sevecke 2015). Zentral im Störungsverständnis ist das Konzept der Mentalisierung (▶ Kap. 3), also der Fähigkeit, sich selbst und andere als von innerseelischen Prozessen, Gefühlen und Intentionen geleitet wahrnehmen und verstehen zu können. Die Kernidee der MBT zielt auf die Wiederherstellung der Mentalisierungsfähigkeit unter affektiver Belastung ab, die besonders bei BPS-Patienten mit ihrer eingeschränkten Affektregulation dann beeinträchtigt ist. Bateman und Fonagy (2011, S. 571) betonen, dass diese Patienten in Kontexten außerhalb von Bindungsbeziehungen und den damit assoziierten Gefühlen häufig durchaus über eine normale Mentalisierungsfähigkeit verfügen können. Die MBT ist eine psychodynamische Psychotherapie, die sich stark an den Erkenntnissen der Bindungstheorie orientiert. Entsprechend besteht die Zielsetzung zum einen vor allem in der Etablierung einer differenzierten Selbstrepräsentation und zum anderen in einer Anreicherung und Erweiterung rigider innerer Arbeitsmodelle von Bindung (Boll-Klatt und Kohrs 2018, S. 166 ff). Nach Aussage der Autoren hat die MBT bescheidene Zielsetzungen und will keine großartigen strukturellen Persönlichkeitsveränderungen erreichen:

»Ihr Ziel ist, in den Patienten einen Keim der Mentalisierung anzulegen, damit sie erfolgreicher Probleme lösen und besonders innerhalb interpersoneller Beziehungen mit ihren emotionalen Zuständen besser zurechtkommen oder wenigstens selbstbewusster damit umgehen können« (Bateman und Fonagy 2011, S. 572).

Im Kontrast zu anderen psychodynamischen Ansätzen werden die folgenden Grundprinzipien in der MBT verfolgt (Fonagy et al. 2011; zit. n. Taubner und Sevecke 2015, S. 172):

- Keine Verwendung oder Betonung der Deutung schwer zugänglicher unbewusster Konflikte zugunsten von bewusstseinsnahen Inhalten.
- Veränderung der therapeutischen Ziele besonders bei schwer beeinträchtigten Patienten. Statt das Erreichen von Einsichtsprozessen wird die Wiederherstellung der Mentalisierungsfähigkeit angestrebt.
- Vermeidung der Beschreibung komplexer mentaler Befindlichkeiten (Konflikte, Ambivalenzen, Unbewusstes), die für eine Person mit schwacher Mentalisierungsfähigkeit nicht verstehbar sind.
- Vermeidung ausführlicher Besprechung vergangener Traumatisierungen mit Ausnahme der Reflexion aktueller Wahrnehmungen der misshandelnden Personen oder der Veränderungen der mit dem Trauma verbundenen psychischen Befindlichkeiten.

Therapeutische Haltung und zentrale Techniken

Der Fokus der Behandlung liegt auf der Gegenwart; es soll eine »mentalisierende Haltung« des Patienten gegenüber Problemen und Konflikten gefördert sowie eine gewisse Neugier in Bezug auf die eigenen mentalen Zustände und die der bedeutungsvollen Anderen geweckt werden. Entscheidend ist die Mentalisierungsfähigkeit des Therapeuten, die das Hauptmerkmal seiner Haltung ausmacht. Diese kann in affektiv hoch aufgeladenen Sequenzen der Behandlung zwar passager auch zusammenbrechen, aber entscheidend ist die therapeutische Kompetenz, sie wieder aufzurichten und ggf. den Zusammenbruch im Nachhinein mentalisierend in den Therapieprozess zu integrieren: »Die Therapeuten haben die Aufgabe, das Mentalisieren aufrechtzuerhalten und/oder es sowohl bei sich selbst als auch bei ihren Patienten wieder in Gang zu setzen und dabei gleichzeitig sicher zu stellen, dass die emotionalen Zustände aktiv und bedeutsam sind« (Bateman und Fonagy 2011, S. 572). Dabei müssen alle Interventionen den aktuellen (Denk-)Modus der Patienten berücksichtigen. Patienten, die sich auf einem hohen affektiven Erregungsniveau befinden oder habituell z. B. nur im Äquivalenzmodus reflektieren können, werden von komplexen Interpretationen mit Sicherheit nicht profitieren. Im Kasten werden die unterschiedlichen Facetten der MBT-Haltung veranschaulicht.

> **Therapeutische Haltung in der MBT**
> **(mod. n. Taubner und Sevecke 2015, S. 179)**
>
> - *Balance haltend:* narrative Erzählung vs. interventionistisch
> - *wissbegierig:* vorsichtig, neugierig, enthusiastisch für mentale Befindlichkeiten
> - *verstärkend:* für Mentalisierung
> - *unterbrechend:* inakkurate oder nicht-mentalisierende Interaktionen

Der MBT-Therapeut nimmt grundsätzliche eine Haltung des Nicht-Wissens und der Neugier ein; es geht ausdrücklich nicht darum, dem Patienten zu erklären, was sie wirklich empfinden, denken und was das alles bedeutet, sondern um die Anerkennung des psychischen Erlebens des Patienten, auch wenn dieses zunächst nicht verständlich ist. Die von den

Begründern der MBT beschriebenen Basistechniken können wie folgt zusammengefasst werden (Bateman und Fonagy 2011):

- Fokusformulierungen zu Beginn der Behandlung und jeder Sitzung unter Berücksichtigung der Mentalisierungsmodi
- Identifikation nicht mentalisierter Prozesse
- Interventionshierarchien von der empathischen Validierung bis zum Mentalisieren der Übertragung
- Fokus auf Kontingenz und Markierung von Interventionen
- explizites Herausarbeiten der Gefühle des Behandlers in Bezug auf die mentalen Prozesse des Patienten

Empfohlen wird ein schrittweiser Wechsel zwischen einer empathisch unterstützenden Haltung hin zu einer beziehungsorientierten Prozesserfahrung. Supportive Techniken dienen der Validierung des subjektiven Erlebens des Patienten; diese Validierung bildet die notwendige Grundlage, um gemeinsam das vom Patienten Erlebte aus anderen Blickwinkeln reflektieren und therapeutische Techniken der Klärung und Exploration mentaler Befindlichkeiten einsetzen zu können.

Umgang mit Übertragung und Gegenübertragung

Zentraler Bestandteil der therapeutischen Haltung ist eine grundsätzliche Offenheit des Therapeuten, seine mentalen Reaktionen auf die mentalen Prozesse des Patienten wahrzunehmen und mit dem Patienten zu teilen. Die Nutzung kontrollierter Selbstoffenbarungen im Sinne einer therapeutischen Technik lässt den MBT-Therapeuten viel weniger abstinent sein als in klassischen psychodynamischen Behandlungen. Bateman (2014; zit. n. Taubner und Sevecke 2015) weist ausdrücklich darauf hin, dass das Erleben des Therapeuten nicht exakt beschreibt, was im Patienten vor sich geht, sondern nur die Repräsentation der Psyche des Patienten im Therapeuten darstellen kann, und illustriert dies an folgender beispielhafter Intervention: »Ich erlebe mich manchmal von Ihnen gedemütigt.« statt »Wenn Sie ängstlich sind, dann demütigen Sie mich, um die Sitzung zu kontrollieren«. Der MBT-Therapeut ist angehalten, in der Ich-Form zu sprechen, wenn es um seine Gegenübertragung geht, um zu markieren, dass es um sein Erleben und nicht um objektives Wissen geht.

Zwar mahnen Bateman und Fonagy (2011, S. 574 f) zur Vorsicht im Umgang mit Übertragungen und in der Nutzung genetischer Deutungen, die eine Verknüpfung des aktuellen Geschehens mit Vergangenem herstellen. Sie sprechen deshalb ausdrücklich nicht von der Deutung der Übertragung, die der Vertiefung von Einsicht dient, sondern überwiegend von der Mentalisierung der Übertragung, die den Patienten ermutigt, über die aktuelle Beziehungssituation nachzudenken. Die Mentalisierung der Übertragung»… hat das Ziel, die Aufmerksamkeit der Patienten auf das zu fokussieren, was im Kopf eines anderen Menschen, d. h. des Therapeuten, vorgeht und ihnen dabei zu helfen, ihre eigene Wahrnehmung der Wahrnehmung durch die Therapeuten oder auch durch andere Gruppenmitglieder gegenüber zu stellen« (ebd.). Bateman und Fonagy (2011, S. 574 ff) schlagen eine Abfolge konkreter Schritte für diesen Umgang mit Übertragungen vor. Im Mittelpunkt steht die Validierung der Übertragungsgefühle des Patienten durch eine sorgfältige Exploration ihres Entstehens. Dieses schließt das Verhalten des Therapeuten mit ein; der mögliche Anteil des Therapeuten an der Entstehung des Übertragungserlebens sollte vom Therapeuten benannt werden. Ausdrücklich wird dann gemeinsam daran gearbeitet, eine mögliche alternative Perspektive zu entwerfen und diese auch zu formulieren (vgl. auch Benecke 2014, S. 499).

Wird eine Übertragung gedeutet, geschieht dies mit der Fokussierung der Affekte und des Agierens als Maßnahmen eines Selbstschutzes. Mittels Deutung wird versucht, die »emotionalen Vorläufer« (Bateman und Fonagy 2008, S. 313 f) zu identifizieren, wie dies in der von den Autoren beschriebenen Deutung zu erkennen ist. Einem Patienten, der seinen Therapeuten als »dumm« beschimpft, antwortet der Therapeut: »Sie halten mich offenbar immer dann für einen Dummkopf, wenn Sie sich von mir im Stich gelassen fühlen; vielleicht ist das Ihre Art und Weise mit Ihrer Enttäuschung über mich fertig zu werden.« Diese Deutung bringt paradigmatisch zum Ausdruck, dass das Aggressive immer als reaktiv verstanden wird, immer als eine Art der Bewältigung anderer vermeintlich unerträglicher Affekte, Wünsche und Phantasien. Gegenübertragungsreaktionen werden nicht per se als projektive bzw. projektiv identifizierende Elemente des Patienten angesehen, sondern müssen klar unterteilt werden, wie auch Kernberg dies postuliert (▶ Kap. 3). Es gilt, diejenigen Anteile, die mehr mit dem Therapeuten und weniger mit dem Patienten zu tun haben, sorgfältig zu differenzieren.

5.2.4 Zusammenfassung und Fazit

Sowohl die Strukturbezogene Therapie als auch die TFP und die MBT haben gemeinsame Schwerpunkte (Hörz-Sagstetter und Doering 2015):

1. Betonung einer haltgebenden Funktion gegenüber dem Patienten
2. aktivere Haltung des Therapeuten
3. Fokus der Behandlung auf dem Hier und Jetzt und weniger auf der Vergangenheit
4. Vereinbarungen für die Bewältigung von Krisen (Suizidalität, Drohung mit Therapieabbruch etc.)
5. Ausrichtung nicht primär auf Symptomreduktion, sondern auf strukturelle Reifung, sei es als Integration abgespaltener Selbst- und Objektanteile, als Verbesserung der Mentalisierung oder der strukturellen Fähigkeiten insgesamt

Alle drei Methoden werden am häufigsten bei Borderline-Persönlichkeitsstörungen angewendet, erheben jedoch den Anspruch, auch bei Patientengruppen mit anderen Diagnosen, bei denen eine strukturelle Störung vorliegt, einsetzbar zu sein. In der Ätiopathogenese werden genetische Faktoren und frühe Beziehungserfahrungen verantwortlich gemacht, allerdings vor dem Hintergrund unterschiedlicher entwicklungspsychologischer Modelle. Die TFP gründet in der psychoanalytischen Objektbeziehungstheorie, die MBT und die Strukturbezogene Therapie haben ihre Wurzeln stärker in der Bindungstheorie sowie der psychoanalytisch inspirierten Säuglings- und Kleinkindforschung (▶ Kap. 3). Auch daraus leiten sich dann deutliche Unterschiede in der therapeutischen Haltung und der Behandlungstechnik ab. In der TFP steht die Haltung der technischen Neutralität im Mittelpunkt; d. h., der TFP-Therapeut hält eine Äquidistanz zu den widerstreitenden inneren Anteilen des Patienten, bezieht keine Stellung gegen einen der Anteile. Die technische Neutralität wird nur verlassen, wenn es zu Verletzungen des

Rahmens kommt. In der MBT und der Strukturbezogenen Therapie ergreift der Therapeut explizit Partei für den konstruktiven »gesunden« Anteil und versucht diesen zu stärken. Während die TFP die deutende Arbeit mit der Übertragungsbeziehung in den Mittelpunkt stellt, wird in den beiden anderen Methoden eher versucht, in einem möglichst »übertragungsfreien Raum« zu arbeiten. Während in der TFP affektiv geladene Übertragungsmanifestationen für die therapeutische Arbeit essenziell sind und den Übertragungsdeutungen ein hoher Stellenwert zukommt, wird in der MBT und der Strukturbezogenen Therapie ein möglichst gelassener Zustand des Patienten angestrebt, in dem Mentalisierungs- und andere strukturelle Fähigkeiten gefördert werden.

Und wie sind nun diese störungsorientierten Behandlungsmethoden im Hinblick auf »das Zentralmassiv der Psychoanalyse« (Buchholz und Gödde 2005, S. 11; ▶ Kap. 3), dem Unbewussten, einzuordnen? Wenn in der Strukturbezogenen Therapie schwerpunktmäßig von einer bewusstseinsnahen therapeutischen Arbeit an strukturellen Fähigkeiten und Fertigkeiten die Rede ist, kann durchaus der Eindruck entstehen, dass diese der Verhaltenstherapie letztendlich näherstehen als der Psychoanalyse. Es stellt sich die Frage, ob und in welcher Form unbewusste Prozesse und beziehungsorientiertes Arbeiten als charakterisierende Alleinstellungsmerkmale psychoanalytischer und psychoanalytisch orientierter Therapieverfahren noch eine Rolle spielen. Rudolf et al. haben schon früh diesen Einwand aufgegriffen und schreiben dazu:

> »Strukturbezogene Psychotherapie meint nicht, dass Patienten bloß stützend begleitet werden oder dass bei ihnen übend Ich-Schwäche in Ich-Stärke überführt werden soll, sondern dass die Strukturthemen durchaus im Kontext psychischer Konflikte bearbeitet werden. Insofern als psychische Vulnerabilität auch als Ausdruck früher Konflikte verstanden wird, wären z. B. Impulsivität und Kränkbarkeit Ausdruck einer intensiven Beziehungsbedürftigkeit, welche die sofortige Wunscherfüllung und ungetrennte Gemeinsamkeit fordert und bei Nichterfüllung heftige Enttäuschungsaggressionen und Selbstentwertungen nach sich zieht« (Rudolf et al. 2002, S. 250).

Das heißt, dass von einem psychodynamischen Verstehenshintergrund struktureller Defizite sowohl genetisch als auch aktualgenetisch ausgegangen wird. Im Vorgehen allerdings spielt die Genese der strukturellen Beeinträchtigungen – sei es in ihren konflikt- bzw. affektregulierenden

Funktionen – keine Rolle, da sie zunächst einmal als gegeben akzeptiert werden. Der therapeutische Umgang mit strukturellen Defiziten erfolgt »strukturierter, objektivierender, übender als in anderen psychodynamischen Settings« (Küchenhoff 2010, S. 95). Solange der Patient und der Therapeut in der Lage sind, eine triangulierte Situation aufrecht zu erhalten, d. h., der Patient seine Defizite als etwas schwieriges Eigenes, das veränderungsbedürftig ist, akzeptiert, wird diese Art des therapeutischen Vorgehens gelingen. Aber was passiert, wenn die Enttäuschungsaggression sich gegen den Therapeuten richtet oder unbewusst die tiefliegende Selbstentwertung in Objektentwertung umgewandelt wird? Ohne Rückgriff auf das Übertragungsparadigma in seiner bewussten, aber gerade auch unbewussten Dimension wird es schwer sein, solche therapeutischen Situationen konstruktiv zu handhaben. Wie gezeigt wurde, bietet die TFP konkrete Anleitung für eine hilfreiche Handhabung solcher Problemsituationen.

5.3 Traumazentrierte Psychotherapie oder »Does anything go?«

Die Traumapathologie (▶ Kap. 3.3) sowie die sich daraus ableitende psychotraumatologische Behandlungstheorie und -praxis beruhen auf einem spezifischen, deutlich neurobiologisch gestützten Paradigma. Eine Vielzahl bedeutsamer Forschungsergebnisse hat uns gezeigt, dass die Behandlung von Traumapathologien ein sehr spezielles Vorgehen erfordert; an dieser Stelle kann nur auf die entsprechende Fachliteratur verwiesen werden (vgl. S3-Leitlinie Posttraumatische Belastungsstörung, Flatten et al. 2013). Traumazentrierte Interventionen werden schwerpunktmäßig immer dann zum Einsatz kommen, wenn das Vollbild einer Posttraumatischen Belastungsstörung insbesondere mit ausgeprägter dissoziativer Symptomatik vorliegt. Dem klassischen psychoanalytischen Vorgehen mit viel Raum für Regression in die Zeit während und vor den schädigenden Beziehungserfahrungen wird eine klare Absage erteilt. Eine Psychotherapie, die den Einfluss des Frontalhirns auf die limbischen

5.3 Traumazentrierte Psychotherapie oder »Does anything go?«

Strukturen eher schwächt, wird als kontraindiziert beurteilt. Für traumatisierte Patienten, deren Selbstkontrolle herabgesetzt ist, sind nur Therapiestrategien vertretbar, die die Realitäts-, Selbst- und Affektkontrolle fördern. Der Charakter einer erwachsenen Arbeitsbeziehung in der therapeutischen Beziehung sollte gar nicht oder zumindest nur so kurz wie möglich verloren gehen. Seit 2014 ist es laut Richtlinien zulässig, traumazentrierte Interventionen wie z. B. die Nutzung von Imaginationen (vgl. Reddemann 2012), den Einsatz von EMDR (Eye Movement Desensitization and Reprocessing; Hofmann 2014) oder die Narrative Expositionstherapie (Schauer et al. 2011) in eine TP zu integrieren, solange der psychodynamische Behandlungskontext klar erkennbar erhalten bleibt (Rüger 2013; Sachsse 2013e). Mit der S3-Leitlinie »Posttraumatische Belastungsstörung« (Flatten et al. 2013) stellen ausgewiesene Trauma-Experten das nötige Fachwissen für eine fundierte Therapieplanung zur Verfügung und geben einen raschen Überblick über ein empfehlenswertes Vorgehen. Rudolf (2014, S. 53) macht kein Hehl aus seiner kritischen Haltung zur traumaspezifischen Behandlung im Rahmen der psychodynamischen Verfahren und zitiert dazu eine Studie auf der Basis der Auswertung von Therapieanträgen an die Krankenkassen von Komo (2009). Es zeigte sich, dass nur bei 25 % der als Traumafolgestörung verstandenen und traumatherapeutisch in der Richtlinientherapie behandelten Patienten die Symptom- und Ereigniskriterien einer Traumatisierung erfüllt waren.

Wie schon mehrfach erwähnt (▶ Kap. 3.3), sind die Übergänge zwischen Trauma- und Strukturpathologie fließend, was insbesondere für den schon häufiger zitierten Zusammenhang zwischen Komplextraumatisierungen und der Borderline-Persönlichkeitsstörung zutrifft. Chaotische Familien können ihre Mitglieder nicht in angemessener Weise fördern; Defizite in der Affektregulation und Identitätsdiffusion resultieren aus der nicht gelungenen Integration von Liebe und Hass. In solchen Familien sind die Generationsgrenzen häufig nicht gewahrt und die kindlichen Mitglieder nicht ausreichend geschützt, so dass die Wahrscheinlichkeit aggressiver Übergriffe und sexuellen Missbrauchs wächst. Der Versuch, das sexuelle Trauma dann als ätiologisch besonders bedeutsam herauszugreifen und ausschließlich traumaspezifisch zu behandeln, wird in Anbetracht der borderlinetypischen Beziehungsverwirrungen kaum zum Erfolg führen.

5 Kernelemente der Therapie

Ist das traumatische Erlebnis integriert, also dem deklarativen Gedächtnis zugängig und im Narrativ der Lebensgeschichte zeitlich und örtlich adäquat repräsentiert, bleibt immer noch die objektbeziehungstheoretisch fundierte Frage nach pathogen wirkenden Introjekten und Identifikationen. Diese prägen die Übertragungsbeziehung oft nachhaltig und erfordern einen kompetenten Umgang mit den psychodynamischen Grundpositionen. Gleiches gilt für den Umgang mit Dissoziationen, die häufig auch in abgemilderter Form auftreten, d. h., dass die Bewusstseinsspaltung nicht komplett ist, sondern dass ein Teil des Selbst weiter in der gegenwärtigen Realität präsent ist. So kann es durchaus gelingen, die Auslöser dissoziativen Geschehens im Hier und Jetzt der therapeutischen Situation zu identifizieren. Die Aufforderung, sich reflektierend den aktuellen Triggern zuzuwenden, wendet sich an die Funktionen des Frontalhirns bzw. erhält diese aufrecht und entspricht dem allgemeinen psychodynamischen Vorgehen. Diese Ausführungen sollen aufzeigen, wie ein fundiertes Wissen um die Spezifika der Traumapathologie einerseits eine Differenzialindikation traumazentrierter Interventionen erfordert, andererseits aber auch ein psychodynamisches, an Übertragung und Gegenübertragung orientiertes Arbeiten unentbehrlich macht. Sachsse und Parisius (2015) führen aus, dass die Übernahme der Traumaperspektive in der Behandlung schwerer Persönlichkeitsstörungen zum einen eine Wiederentdeckung der Arbeiten Freuds vor der Traumdeutung beinhaltet (▶ Kap. 3), zum anderen aber auch mit einer Neuschaffung therapeutischer Vorgehensweisen verbunden ist. Der dafür notwendige Integrationsprozess ist geleitet durch die Kriterien der Störungsspezifität und der neurobiologischen Fundierung.

Spätestens an dieser Stelle stellt sich die Frage nach einer Metatheorie einer in dieser Weise modifizierten psychodynamischen Psychotherapie bzw. nach einem theoretisch untermauerten Einbezug sog. importierter Methoden. Oder anders ausgedrückt mit folgender Frage: »Kann die Tiefenpsychologisch fundierte Therapie auch als eine Plus-Variante der Analytischen Therapie angesehen werden, die die Andersartigkeit in den Mittelpunkt stellt, ohne die Prinzipien der Psychodynamischen Therapieverfahren zu verwerfen?« (Boll-Klatt 2015, 2018a). In den letzten fünf Jahren zeichnet sich eine Entwicklung dahingehend ab, dass unter Wahrung reflektierter Neutralität und strikter Abstinenz die Nutzung

5.3 Traumazentrierte Psychotherapie oder »Does anything go?«

von Ressourcen-mobilisierenden und handlungsaktivierenden Interventionen sowie ein multimodaler Zugang mit Einbezug kreativer und imaginativer Techniken in der TP möglich sein sollte. Ähnlich äußern sich Wöller und Kruse (2015e, S. 177), wenn sie die Verwendung nicht klassisch analytischer Interventionsformen in der TP insbesondere im Zusammenhang mit einer ressourcenorientierten Haltung propagieren. Selbst Körner (2016, S. 25 f), der in den psychodynamischen Verfahren im Gegensatz zur Verhaltenstherapie das »bedeutungssetzende Subjekt« als Ziel der Interventionen benennt und sich für die technische Neutralität ausspricht, hält es bei bestimmten Problemlagen für angebracht, Prinzipien der Verhaltensmodifikation zu berücksichtigen. Aber bekanntlich ist so praktizierte Polypragmasie eklektisch und keine konzeptionelle Integration! Parisius und Sachsse (2014, S. 203) fordern einen Integrationsprozess, der Antwort auf folgende Frage gibt: »Welche krankheits- und behandlungstheoretische Überlegung begründet die Suche nach einer entwicklungsfördernden Intervention für diesen Patienten und mich als Therapeuten in dieser konkreten Situation?« Bereits 2009 setzte sich Küchenhoff mit einem Prozess sog. Konzeptueller Methodenintegration auseinander und stellte diese der anwendungsbezogenen Integration gegenüber, die er versteht als »... eine Neukonzeption in der klinischen Praxis, die auf der Stufe der Alltagspraxis stehen bleibt.« Hingegen muss eine Metatheorie geeignet sein, »... die zu integrierenden, vielfältigen Methoden aufeinander zu beziehen und in einem strukturalen Zusammenhang erkennbar zu machen, welche Elemente welche Wirkungen auf die gesamte Struktur ausüben« (ebd.). Diese Metatheorie könnte zurzeit auf der Ebene von Methodensynergien angesiedelt sein; damit ist ein Zusammenspannen von Kräften gemeint, »... mit dem Ziel sich in der Erfüllung eines Zieles nicht zu behindern, sondern zu fördern. Methodensynergien lassen sich dadurch definieren, dass die Kräfte, die zusammenwirken, eigenständig bleiben und als solche erkennbar sind« (Parisius 2017).

Was kann nach diesem kurzen theoretischen Diskurs nun für eine moderne TP, die traumaspezifische Interventionen integriert, festgehalten werden? Dreh- und Angelpunkt ist die Berücksichtigung der Tatsache, dass jegliche Form der Anleitung, sei es zu Imaginationen und anderen ressourcenorientierten Maßnahmen oder die Anleitung des EMDR, die Neutralität des Therapeuten einschränkt und in dieser veränderten

Funktion aus der klassischen Übertragungs-Gegenübertragungs-Dynamik heraustreten lässt. Der Therapeut steht jetzt ausschließlich auf der Seite des guten, »heilenden« Objektes und damit gerät möglicherweise die Frage aus dem Blick, was mit den destruktiven inneren Objekten geschieht. Das Risiko, dass diese dann in Form einer spaltenden Abwehr gemeinsam externalisiert werden, gilt es zu beachten. Je deutlicher es sich bei dem Patienten um eine niedrige Borderline-Persönlichkeitsorganisation handelt, desto höher ist dieses Risiko zu veranschlagen. Ein typisches Beispiel stellt die Verfestigung einer Opferidentität des Patienten dar, die sich dann einstellt, wenn das Feindselige und Destruktive nur noch projektiv in die Außenwelt entsorgt und der Therapeut auf eine Rollenposition des Beschützers festgelegt wird, was leicht zu einem Mitagieren in der Gegenübertragung führen kann. Reflektierte Neutralität, wie sie die Deutsche Fachgesellschaft für Tiefenpsychologisch fundierte Psychotherapie (DFT) fordert, zielt genau auf diese Gefahr ab, und damit wären wir wieder bei der notwendigen Einbeziehung der objektbeziehungstheoretischen Perspektive in die Behandlung traumatisierter Patienten. Die ausgeführten Überlegungen verdeutlichen, dass die Frage, ob Therapiemethoden synergetisch wirken oder nicht, so global nur schwer zu beantworten ist. Vielleicht wäre derzeit folgende Formulierung treffender: ›Ja, traumaspezifische und genuin psychodynamische Vorgehensweisen können sich ergänzen; aber diese Synergie erfordert eine beständige Reflexion der traditionellen psychoanalytischen behandlungsrelevanten Konzepte der Neutralität und der Übertragungs-Gegenübertragungsdynamik.‹ Ergänzend sei an dieser Stelle auch verwiesen auf die in den Richtlinien definierten Bedingungen der Methodenkombination, nämlich die Beachtung des zeitlichen Rahmens. Es bestehen durchaus begründete Zweifel, ob 100 Stunden Behandlungskontingent ausreichen, um sowohl eine traumaspezifische als auch objektbeziehungstheoretisch fundierte Therapie eines komplex traumatisierten Borderline-Patienten erfolgreich durchführen zu können.

Küchenhoff (2009) hält die Identifikation von Methodensynergien für die adäquateste und ehrlichste Konzeption, wenn Therapiemethoden langfristig kombiniert werden. Die Konsequenz bestehe in der Forderung nach einem Regelwerk in Form einer klinischen Theorie der Wechselwirkungen, die im Status einer Metatheorie als Bezugsystem für die zu

5.3 Traumazentrierte Psychotherapie oder »Does anything go?«

integrierenden Methoden dienen kann. Wöller (2015) benennt Voraussetzungen für eine theoretische Fundierung einer konzeptuellen Integration, die er auf zwei unterschiedlichen Ebene ansiedelt: erstens auf der Ebene der psychodynamischen Krankheitslehre, zweitens auf der Ebene der Behandlungstheorie. Dafür werden unterschiedliche diskursive Prozesse benötigt:

- Auseinandersetzung mit den Prinzipien der wissenschaftlichen Theorie- und Modellbildung in der Psychoanalyse (insbesondere mit dem Primat der Einzigartigkeit des psychoanalytischen Erkenntniszugangs, dem sog. »Junktim der Psychoanalyse«)
- Auseinandersetzung mit den Befunden der Nachbarwissenschaften, von den Neurowissenschaften, der Sozialpsychologie bis hin zur Psychotherapieforschung
- Auseinandersetzung mit den Erfahrungen anderer Therapieschulen

Es dürfte deutlich geworden sein, wie weit wir einerseits von einer konzeptuellen Integration im Sinne Küchenhoffs entfernt sind; andererseits zeigen aber auch die Ergebnisse der bisherigen Psychotherapieforschung (▶ Kap. 9), dass die Nutzung importierter Methoden im Rahmen einer störungsorientierten Behandlung zu besseren Erfolgen der psychodynamischen Psychotherapie beitragen kann. Bisher unterliegt die nutzbringende Anwendung »privater Therapietheorien« (Benecke 2014, S. 64) hauptsächlich der Kreativität und des Talents des jeweiligen Therapeuten, was von einem wissenschaftlichen Standpunkt aus betrachtet natürlich eine unbefriedigende Situation darstellt. Benecke kommt zu folgendem Schluss:

> »Von daher gilt meines Erachtens bis auf Weiteres, sich in einem in sich stringenten Verfahren gut und gründlich ausbilden zu lassen, um sich von dieser gewissermaßen ›sicheren Basis‹ aus die Freiheit zu nehmen, sich anderen Ansätzen anzunähern und sie auf ihre Integrationstauglichkeit für die jeweiligen konzeptuellen Rahmen zu prüfen« (Benecke 2014, S. 64).

6 Klinisches Fallbeispiel[2]

6.1 Erstgespräch und Probatorik

Die Patientin kam zum ambulanten psychotherapeutischen Erstgespräch nach einem 10-wöchigen stationären Aufenthalt in einer psychosomatischen Klinik auf Empfehlung der Stationspsychologin. Zum Erstgespräch erschien eine sehr weiblich und gleichzeitig dezent gekleidete normalgewichtige 25-jährige Frau mit hellbraunem mittellangem Haar. Mit leiser und zurückhaltender Stimme berichtete sie, seit ihrem 17. Lebensjahr unter bulimischen Phasen zu leiden, die sie bislang immer alleine in den Griff bekommen habe. Die letzten zwei Jahre sei jedoch alles »nur noch auf das Essen ausgerichtet« gewesen. Es habe in ihr »keine Kraft mehr, keinen Raum mehr für etwas anderes« gegeben. Gleichzeitig habe sie in ihrem ersten Job als Physiotherapeutin »alles unglaublich gut machen« wollen, sich dabei aber »hilflos und überfordert« gefühlt. In die Klinik habe sie ein »Nervenzusammenbruch« im Sommer dieses Jahres geführt. Ihr Freund habe ihr im Rahmen eines heftigen Streits vorgeworfen, ständig im Mittelpunkt stehen zu müssen und nicht aushaltbar zu sein. Daraufhin habe sie begonnen, unkontrolliert zu schreien und schließlich keine Luft mehr bekommen, so dass ihr Freund den Notarzt gerufen habe. Über die Klinikambulanz sei der stationäre Aufenthalt gebahnt worden, durch den sich die depressive und bulimische Symptomatik verbessert

---

[2] Die Autoren danken der Psychologischen Psychotherapeutin Frau S. W. für die freundliche Überlassung des Falles. Die Patientin ist anonymisiert, der Lebenslauf leicht verfremdet. Rückschlüsse auf reale Personen sind daher nicht möglich.

hätten. Im Vordergrund stünden seither die massive innere Anspannung und starke Trennungs- und Verlustängste. In sozialen Kontakten gerate sie schnell unter Druck, habe das Gefühl, kontrolliert und bewertet zu werden. Immer sei sie bemüht, niemanden zu belasten. »Aber es reicht nicht«, ständig höre sie den Vorwurf, sie würde zu viel fordern und wolle immer im Mittelpunkt stehen.

Das Bemühen der Patientin, möglichst wenig Raum auszufüllen und ja nicht anzuecken, spiegelte sich auch in ihrer engen Körperhaltung; mit nach vorne geneigtem Oberkörper, die Hände um die Oberschenkel gelegt, verschwand sie fast im Sessel und zog gleichzeitig die Aufmerksamkeit der Therapeutin auf sich. In ihrer Fragilität und Kindlichkeit strahlte sie eine große Schutzbedürftigkeit aus, die in der Gegenübertragung Sorge verspüren ließ, sie nur ja nicht zu überfordern. Zentrales Thema war die frühere und gegenwärtige Erfahrung, in ihrer Wahrnehmung und ihren Bedürfnissen nicht gesehen und nicht ernst genommen zu werden. Die Patientin betonte immer wieder, dass ihre Biografie und ihre Gefühle gegenüber ihren Eltern unbedingt von der Therapeutin verstanden und geteilt werden müssten. (Hier deutet sich also bereits die später immer wieder aktualisierte Unfähigkeit an, Getrenntheit zu tolerieren, so dass die Therapeutin sich bereits jetzt auf umfassende Ansprüche an sie als Selbstobjekt einstellen muss.) Sie berichtete ausführlich von ihrem Erleben in Beziehungen und ihrem Ankämpfen gegen die ständigen Vorwürfe, im Mittelpunkt stehen zu wollen und zu ansprüchlich zu sein. In eine der ersten Stunden brachte sie ein Fotoalbum mit, damit die Behandlerin mit eigenen Augen sehen könne, wie kalt und gleichgültig die Mutter auf den Bildern blicke und wie lustig und unbeschwert die Interaktionen mit dem Vater gewesen seien. Sie ließ damit eine fehlende Gefühlsambivalenz gegenüber den Elternpersonen deutlich werden. Behutsame Exploration dieser Erfahrungen, der Verletzungen und Sehnsüchte hinter dieser Dichotomie ließ die Patientin sehr traurig werden. Sie weinte: Ihr Vater habe das gar nicht verdient, von ihr so viel mehr geliebt zu werden als die Mutter, denn er habe sie verlassen. Ganz zaghaft klang in verschiedenen Interaktionssequenzen wechselseitiger Neid und Rivalität mit der Mutter an. Auf ein Spiegeln dieser Gefühlsqualitäten reagierte sie verschämt und erschrocken.

Ihre Verwirrung in Bezug auf ihre eigene Wahrnehmung und ihr Hin- und Hergerissensein zwischen Sehnsucht nach Nähe und Furcht vor

Kontrolle dominierten im Verlauf auch in der Gegenübertragung: als Gefühl ärgerlicher Überforderung, latenter Verwirrung und großer Unsicherheit, welche Intervention »richtig« sei. Die Therapeutin deutete, dass es für sie (die Patientin) schwer auszuhalten sei, wenn jemand sie zu verstehen versuche; ob vielleicht hinter dem Wunsch, man möge ihre Bedürfnisse wahrnehmen und erfüllen, die Angst stecke, dann schwach und abhängig zu sein. Die Patientin erwiderte, sie müsse das alleine schaffen und wolle niemandem etwas schuldig sein. Dieses Beziehungsmuster sollte auch die therapeutische Beziehung spürbar prägen. Rückblickend war es schon zu Beginn schwer möglich, die Patientin nicht zu verfehlen und das wirklich Bedeutsame hinter dem Offensichtlichen zu erkennen. Aufgrund der Komplexität des Störungsbildes wurde die Option einer modifizierten Analytischen Psychotherapie ausführlich diskutiert. Dieser Alternative stand sie jedoch ablehnend gegenüber, so dass wir eine TP-Langzeittherapie beantragten und den Behandlungsfokus auf die Funktionalität der bulimischen Symptomatik und aktuellen Beziehungskonflikte begrenzten.

6.2 Wichtiges aus der Biografie

Die Patientin ist das erste gemeinsame Kind ihrer Eltern (Vater +34 J., Mutter +33 J., Bruder −5 J.), die beide als Lehrer berufstätig sind. Die Patientin sei ein »Schreibaby« gewesen, das man ständig habe herumtragen müssen und das für die massiven Rückenschmerzen des Vaters verantwortlich gemacht worden sei. Auch später im Kindesalter sei sie sehr bockig und laut gewesen und habe oft gehört, wie anstrengend es mit ihr sei. Die Mutter wird als sehr kontrolliert beschrieben. Sie sei ängstlicherschrocken gewesen über das »maßlose« Trinken der Patientin als Säugling und habe der Tochter später vorwurfsvoll über ihre wunden Brustwarzen berichtet. Als Kleinkind habe die Patientin aufgrund von Allergien, Asthma und Neurodermitis restriktiv essen müssen, bei erlaubten Ausnahmen dafür übermäßig gegessen. Immer habe die Mutter

6.2 Wichtiges aus der Biografie

gefürchtet, ihre Tochter könne übergewichtig werden, da der Vater unter einer massiven Essproblematik leide (»schwankt zwischen Diät und Fressen«). Die frühe Kindheit sei »sehr schön« gewesen, besonders ihr Vater habe viel mit ihr gespielt und unternommen. Zwei Monate nach der Geburt des jüngeren Bruders habe er die Familie für eine andere Frau verlassen. Ab da habe die Mutter ihr gegenüber von »unserem Sohn« gesprochen und ihr häufig die Verantwortung für ihn übertragen. Sie habe immer versucht, der Mutter etwas von ihrer Last abzunehmen, sie oft in den Arm genommen und getröstet. Die Beziehung zueinander sei dadurch emotional sehr eng, jedoch eher freundschaftlich (»Ich wünsche mir mehr eine Mama.«). Die Patientin selbst habe in den Jahren nach der elterlichen Trennung unter starken Verlustängsten gelitten, oft »keinen Schlaf gefunden« und viel geweint. Die Eltern hätten nach der Trennung sehr negativ über den jeweils anderen und die gemeinsame Beziehung gesprochen. Die Patientin sei das einzige seiner beiden Kinder, das einen guten Kontakt zum Vater hielt und ihn 14-täglich besuchte. Während dieser Wochenenden sei »alles schön« gewesen. Zum in Polen lebenden Stiefbruder habe sie mit 19 Jahren eigenständig Kontakt aufgenommen; man verstünde sich gut, es sei jedoch schwer mitzuerleben, was für ein »Buhmann« ihr Vater in dieser zweiten Familie ist. Sie sei selbst irritiert über dessen Kälte und Desinteressiertheit an seinem Sohn und die Diskrepanz zu ihr (»Ich hatte den Superpapa.«).

Die Schulzeit sei v. a. aufgrund ihrer Legasthenie und Dyskalkulie sehr schwierig gewesen; die Noten jedoch durchschnittlich. Als Außenseiterin habe sie sich »auf Freundschaften geworfen«. In der Jugendzeit sei sie kaufsüchtig gewesen und habe mehrfach geklaut. Auch habe sie viel geschwindelt und die Schule geschwänzt, um mit 16 Jahren bei ihrem ersten Freund sein zu können. Es sei eine sehr theatralische und emotionale Beziehung gewesen, in der sie sich sehr begehrenswert gefühlt und dies ausgereizt habe, indem sie ihn immer wieder für andere verließ. In dieser Zeit habe sie viel und heftig mit ihrer Mutter gestritten, die ihr mit Rauswurf drohte, da es mit ihr nicht auszuhalten sei. Ihren aktuellen Freund habe sie mit 17 Jahren kennengelernt, kurz nachdem sie in der 12. Klasse die Schule abgebrochen hatte. Es sei eine sehr konfliktreiche Beziehung; insbesondere sexuell fühle sie sich sehr unter Druck gesetzt und befriedige ihn häufig, obwohl es ihr zuwider sei. Von Beginn an empfinde er sie als nicht dünn genug; auch die aktuelle bulimische Phase habe Anfang 2012 zwei Jahre vor Aufnahme der jetzigen Behandlung mit einer Diät auf Wunsch des Freundes begonnen. Da er aus einer »intellektuellen Familie« stamme, die viel Wert auf Bildung lege, habe sie damals wieder zurück auf die Schule gewollt, sei dort jedoch hochgradig kränkend abgewiesen worden, anschließend in ein »sehr schwarzes Loch gefallen« (depressiv und suizidal dekompensiert) und mit Antidepressiva behandelt worden. Ihre beste Freundin habe schließlich für sie beide ein freiwilliges soziales Jahr in einem Wohnheim für geistig Behinderte organisiert; es folgte der Auszug von Zuhause. Auch neben ihrer Ausbildung zur Physiotherapeutin habe sie immer dort gejobbt. Mit Beginn der ersten richtigen Arbeitsstelle in einer großen physiotherapeutischen Praxis am es zu einer progredient depressiven Entwicklung und Zunahme der bulimischen Symptomatik. Mit Unterstützung der Klinik erfolgte nach etwa einem Jahr in der Praxis die außerordentliche Kündigung aus gesundheitlichen Gründen. Fünf Monate darauf habe sie eine Teilzeitstelle als Nachtbereitschaft im bekannten Wohnheim angenommen und jobbe in einem Restaurant. Seit Entlassung aus der Klinik wohnt die Patientin mit ihrem Freund zusammen. Seine Nähe und Kontrolle würden zunehmend als vereinnahmend und einengend erlebt.

6.3 Der psychodynamische Reflexionsrahmen

Dieser Fall wurde ausgewählt, da er exemplarisch eine häufig vorzufindende Situation veranschaulicht, dass nämlich zumindest zwei ätiopathogenetische Konzepte – das konflikt- und das strukturpathologische – in ein vertieftes Fallverständnis integriert und entsprechend in der Behandlungskonzeption berücksichtigt werden müssen. In gewissem Umfang illustrieren die nachfolgenden Überlegungen damit auch einen zeitgemäßen Ansatz in der Diskussion und Bewertung psychodiagnostischer Daten, die überwiegend aus dem Beziehungsprozess gewonnen wurden. Das Beispiel kann zeigen, wie diese Erkenntnisse in einer fortlaufenden hermeneutischen Analyse immer wieder Eingang in das Verständnis des Prozesses finden, diesen damit verändern und so neue Erfahrungsdaten generieren. Es wird deutlich, dass es sich hier einerseits um einen hoch subjektiven Prozess handelt, der genauso nur einmal ablaufen wird. Andererseits soll gezeigt werden, dass es von entscheidender Bedeutung ist, die subjektiven Erfahrungen, Reflexionen und Konsequenzen des jeweiligen Behandlers im Rahmen bestehender und definierter Konzepte kommunizierbar werden zu lassen. Nur so ist sichergestellt, dass er nicht im subjektiven Raum verbleibt – also bildlich gesprochen nicht immer nur die selbst versteckten Ostereier findet – sondern in einen dialogischen Prozess gelangt: intrapsychisch mit sich selbst, intersubjektiv mit Kollegen in der Intervision und Supervision. Für weitere kontroverse Überlegungen – speziell auch zur Evaluation der Effekte, Fragen der Wissenschaftlichkeit, Forschung und Vergleichbarkeit – sei auf das Kapitel 9 dieses Buches verwiesen.

Zum Fall: Die *konfliktpathologischen* Themen sind rasch zu erkennen: Auf der *triebtheoretischen* Ebene finden wir zahlreiche Charakteristika eines ödipalen Konfliktes; aus *objektbeziehungstheoretischer* Sicht lassen sich Konflikte um Individuation und Abhängigkeit, um Selbst- und Objektwert sowie um Neid und Aggression beschreiben (▶ Kap. 3). Insbesondere die durchaus ödipale Tönung der Konflikte könnte dazu verleiten, hier ein reifes Strukturniveau zu vermuten. Daraus ergäbe sich behandlungstechnisch dann ein Ansatz, der die ödipale Sehnsucht und Schuldhaftigkeit fokussiert. Solche Interventionen führen aber nur dann zum Erfolg, wenn die Selbst- und Objektrepräsentanzen kohärent und integriert sind und nicht, wie im vorliegenden Fall, deutliche Merkmale einer Identitätsdiffusion – also einer *strukturellen* Pathologie – vorhanden sind. Die Patientin schwankt hin und her zwischen libidinösen und aggressiven Selbst- und Objekt*anteilen*, die sie nicht zu einem realistischen Bild von sich und wichtigen anderen Menschen verbinden kann. Daraus resultieren oszillierende Konflikte zwischen der Angst vor dem Selbstverlust im Wechsel mit einer ebenso intensiven Angst vor dem Verlust des Objekts. In stabileren Phasen lassen sich diese Konflikte auch als Ringen zwischen den Selbst- und Objekt*ansprüchen* verstehen, die dann sehr viel reifer wirken und zu anderen Interventionen der Therapeutin einladen.

Ähnliches gilt für die häufig durchbrechenden Triebimpulse, indem in einem Moment gierig die Befriedigung oraler Bedürfnisse machtvoll eingefordert wird, im nächsten dann mit gleicher Vehemenz Abwehrimpulse dominieren. Orale Aggressionen und die Angst vor dieser Triebhaftigkeit in der Ausformung intensiver Schuld- und Schamängste stehen völlig unverbunden nebeneinander und prägen die Übertragungs-Gegenübertragungs-Dynamik. Entsprechend schwankt die Therapeutin mit ihrer emotionalen Resonanz zwischen begrenzender Strenge und Impulsen wohlwollender, gewährender Entlastung.

Der begrenzte Rahmen lässt es nicht zu, den vorliegenden Fall in seinen ätiopathogenetischen Zusammenhängen vollständig zu erarbeiten. Im Folgenden sollen vor allem spezifische behandlungstechnische Fragen vor dem Hintergrund konzeptioneller Überlegungen illustriert werden.

6.4 Charakteristische Sequenzen des Behandlungsverlaufes

Ein zentrales – in der heutigen Praxis psychodynamischer Psychotherapie sehr häufiges – behandlungstechnisches Problem soll zu Beginn veranschaulicht werden. Es geht um das strukturelle Niveau der Patientin, die ja intellektuell und verbal durchaus imponiert und zur Selbstreflexion in der Lage zu sein scheint. Entsprechend ist der Therapeut in solchen Fällen schnell bemüht, die unbewusste Dynamik, die er hinter den Symptomen, Verhaltensweisen und Beziehungsstörungen zu erkennen meint, gemeinsam mit seinem Patienten zu explorieren. Gelingt dies, kommt es häufig recht zügig zu einer Reduktion der primären Symptomatik. Neurotisches Verhalten, aber auch psychosomatische Symptome gehen oft erkennbar zurück. Stattdessen beginnt der Patient dann, gewissermaßen nicht mehr an den Symptomen, sondern an *sich* zu leiden: nicht mehr an unerklärlichen Panikattacken, sondern an seiner entsetzlichen Verlustangst, nicht mehr an sinnlosen Zwangshandlungen, sondern an der Wut, die ihm Angst macht usw.

In vielen Fällen – so auch hier – gelingt dieser Prozess nicht oder – schwieriger – er gelingt scheinbar. Tatsächlich kommt es auch dann häufig zu teils dramatischen Symptomrückgängen, die aber u. U. falsch verstanden werden und dann in der Regel spätestens zum Therapieende wieder umschlagen.

Der Beginn

Die erste Sitzung nach der Bewilligung eröffnete die Patientin damit, wie schlecht es ihr in den vergangenen Wochen gegangen sei. Heimlich und leise sei sie wieder so richtig in die Essstörung gerutscht. Den ersten Ess-Brech-Anfall seit der Klinikentlassung habe sie nach der Geburtstagsfeier ihres Vaters Mitte März gehabt. Er habe nicht feiern wollen, sie habe ihn dazu überredet, sich dann aber durch die alleinige Organisation ausgenutzt gefühlt. Die Patientin schilderte hilflos-verzweifelt, dass sie nichts habe richtigmachen können, und nestelte dabei unentwegt an ihrer Strickjacke. Die Therapeutin versuchte, die angespannt/nervöse Körpersprache gemeinsam mit der Patientin zu explorieren. Verdutzt meinte die Patientin, sie sei wütend; dabei richtete sie sich auf, Ausdruck und Klang ihrer Sprache veränderten sich deutlich. Die Exploration dieser äußeren und inneren Veränderung ihres (Gefühls-)Erlebens ließ die Patientin Zusammenhänge zwischen Zuständen »voll mit unausgesprochenen Gefühlen« und vermehrtem Essensdruck knüpfen. Sie berichtete weiter von ihrem Wunsch, etwas von dem Geburtstagsbuffet mit nach Hause zu nehmen und der Bitte an ihren Vater, ihr etwas einzupacken. Als dieser meinte, sie solle das selbst tun, habe sie sich maßlos und voller Gier gefühlt; zuhause habe sie nach einer bulimischen Attacke Promethazin gebraucht, um einschlafen zu können. Die nächsten Tage seien ganz schlimm gewesen, erst als ihr Hausarzt ihr Antidepressivum erhöht habe, sei es ihr besser gegangen. Die Therapeutin deutete, wie enttäuscht, vielleicht auch ärgerlich, sie über die Pause zwischen Probatorik und Therapie gewesen sein müsse. Diese Deutung einer Binnenübertragung zu diesem frühen Zeitpunkt konnte die Patientin jedoch nur rationalisierend ablehnen. Auf die Deutung, sie wolle etwas bekommen, statt es sich nehmen zu müssen, um sich nicht gierig zu fühlen, berichtete sie, wie

6 Klinisches Fallbeispiel

erschrocken und beschämt sie gewesen sei, als sie kürzlich in einem Artikel habe lesen müssen, dass Bulimikerinnen gescheiterte Anorektikerinnen seien. Damit entwertete sie unbewusst und zum Zwecke der Abwehr jedwede oralen Bedürfnisse.

In den nächsten Sitzungen wurden die Bedeutung und Funktionalität weiterer Ess-Brech-Attacken erarbeitet. Dabei zeigte die Patientin einen ängstlich-angespannten Gestus und versteckte sich hinter ihrem Schal, als wolle sie verschwinden. Dies ließ sich zum einen als Ausdruck unerträglicher Schamangst verstehen und zum anderen als Bemühen, ihre vermeintliche Gier und Destruktivität aus der therapeutischen Beziehung herauszuhalten, das Gegenüber zu besänftigen und sich vor der gefürchteten Bewertung durch die Therapeutin zu schützen. Die Patientin bestätigte, dass sie sich wünsche, als nette Patientin gesehen zu werden. Je mehr sie sich, unterstützt durch mentalisierungsfördernde Interventionen, traute, auch negativen objektbezogenen Affekten Raum zu geben, umso ruhiger und aufrechter wurde ihre Haltung. Jede Stunde lieferte sie sehr viel Material, über das sie scheinbar tiefgründig reflektierte.

Wie bereits angedeutet, ließe sich hier zunächst von einem günstigen Anfangsprozess einer psychodynamischen Psychotherapie ausgehen. Die Therapeutin nutzte klassische psychodynamische Interventionen, und die Patientin konnte relevante Prozesse wie Selbstreflexion, Affektwahrnehmung und -klarifikation, Selbstkonfrontation und Einsicht (▶ Kap. 5) vollziehen.

Glücklicherweise war die Therapeutin aber sensibel genug, in ihrer Gegenübertragung wahrzunehmen, wie ratlos, konfus und emotional taub sich die Patientin über weite Strecken fühlte. In gründlicher Supervision ließ sich dies in zweifacher Weise verstehen:

- Im Sinne einer Induktion abgewehrter Selbstzustände der Patientin via *projektiver Identifizierung*, in der die Therapeutin fühlt, wie diffus und verwirrt sich die Patientin in affektiv aufgeladenen Beziehungskonstellationen fühlt.
- Der therapeutische Beziehungsprozess diente – ganz analog zu den übrigen Beziehungen, z. B. zum Vater, zum Arzt und zum Freund – nicht der Erarbeitung inhaltlicher Erkenntnisse, einem Zugewinn des Verstehens o. Ä. Stattdessen wurde die Therapeutin im Sinne eines

Selbstobjekts (vgl. Selbstpsychologie ▶ Kap. 3) oder auch eines *Containers* (vgl. Bion 1962) benutzt, um die unerträglichen Schwankungen im affektiven Befinden der Patientin zu stabilisieren.

Daraus ergaben sich wesentliche Konsequenzen für das strukturelle Verständnis des tatsächlich ablaufenden Prozesses und damit auch für die weitere Behandlungsplanung:

Vor dem Hintergrund der biografischen Angaben lässt sich nun ahnen, dass die Patientin über weite Strecken ihrer frühen Entwicklung keine stabile Affektregulation im Sinne einer reifen mentalisierenden Kompetenz – basierend auf stabilen, integrierten und belastbaren Selbst- wie Objektrepräsentanzen – aufbauen konnte. Den körperlich/affektiven Zuständen des Säuglings wird im Narrativ der Patientin – und offenbar ursprünglich auch von den Eltern – keine emotionale, sinnhafte Bedeutung beigemessen. Sie repräsentierten konkrete beunruhigende körperliche Zustände (laut, maßlos, gierig, bockig) und konkretes Verhalten (Schreien, Fressen), die mit konkretem Verhalten (Herumtragen, Regulation der Nahrung) beantwortet wurden und die konkrete Wirkungen hatten, z. B. die Rückenschmerzen des Vaters. Offenbar war die Atmosphäre auch von irrationalen Bedeutungszusammenhängen und projektiven Zuweisungen belastet und verzerrt. Entsprechend reagiert die Patientin auch heute auf Schwankungen ihres Befindens, die sie scheinbar emotional konnotiert, mit impulsivem körperbezogenem Verhalten bzw. einer generalisierten Hemmung, ohne dabei einer erkennbaren emotionalen Richtung zu folgen.

Der Prozess lässt sich im Kontext des von Fonagy et al. entwickelten Mentalisierungskonzeptes verstehen (▶ Kap. 3; Boll-Klatt und Kohrs 2018, S. 222 ff). Die Patientin operiert insbesondere in Phasen hoher Erregung auf dem Niveau des *Äquivalenzmodus*: Das affektive Erleben ist bestimmt von hoher ängstlicher Intensität, die kaum reguliert werden kann. So werden keine sinnhaften Emotionen entwickelt, die im Sinne einer inneren Realität und im Kontext intersubjektiver Bedeutungen reflektiert und kommuniziert werden könnten. Alles ist Notfall und muss sofort in Entscheidung und Tat umgesetzt werden.

Auf der Ebene der therapeutischen Kommunikation führte diese Dynamik dazu, dass die Versuche der Therapeutin, sinnhafte Zusammenhänge herzustellen, allenfalls mit einer *Als-ob-Mentalisierung* beantwortet wurden. Das kann bei strukturell gestörten Patienten darin münden, dass Therapeut und Patient gewissermaßen gemeinsam Therapie ›spielen‹. In der Gegenübertragung, die dann hoffentlich wahr- und ernstgenommen wird, bildet sich ein solcher Prozess – so wie auch hier – häufig durch eine latente Unzufriedenheit ab, ein Gefühl, auf der Stelle zu treten, ›Wasser zu pflügen‹, meist verbunden mit diffusen und verwirrenden Zuständen. Letztere lassen sich im Sinne der *Identitätsdiffusion* verstehen (▶ Kap. 3 und Boll-Klatt und Kohrs 2018, S. 479 ff): Idealisierte Vorstellungen vom Selbst und den wichtigen Objekten sind überwiegend nicht integriert, es dominieren *nur gute* in Oszillation mit *nur bösen* Repräsentanzen.

Vor allem in Bezug auf ihren Freund wechselte die Patientin rascher zwischen Idealisierung und Entwertung, als die Therapeutin nachvollziehen konnte. Sie selbst schien diese Spaltung zunächst gar nicht wahr zu nehmen. Einmal sprach sie davon, für ihn nur als Sexobjekt von Bedeutung zu sein und selbst da sei es egal, wer unter ihm liege, um im gleichen Atemzug von Heirat und gemeinsamen Kindern zu fantasieren. Die Therapeutin erschrak über das Ausmaß ihrer objektbezogenen Identitätsdiffusion, die ihre strukturelle Beeinträchtigung jetzt drastisch vor Augen führte. Als sie ihre Irritation äußerte und fragte, wie sie diese Diskrepanz selbst erlebe, zeigte sich die Patientin unbeeindruckt und nicht in der Lage, die Spaltung aufzulösen: Sie wollte schon immer Kinder, er wäre ein guter Vater und sie gehe sowieso davon aus, irgendwann alleinerziehend zu sein.

Es sollte deutlich geworden sein, dass eine Aufarbeitung strukturierbarer Konflikte noch kaum einen Sinn machte, weil affektive wie auch kognitive Dissonanzen entweder schlicht verleugnet wurden oder aber zu sprunghaftem Verhalten führten, das kaum ›einzufangen‹ war.

So entschied sich die Therapeutin, vor allem den eigenen mentalisierenden, reflektierenden Binnenraum zu erhalten und gewissermaßen kleine, verdauliche Verständnisdosierungen zu ›portionieren‹. Diese Behandlungsphase stellt hohe Anforderungen an die Belastbarkeit der Behandlerin. Sie wird hier als ein bedeutsames Gegenüber noch gar nicht wahrgenommen und anerkannt, sondern stellt im besten Fall eine – hoffentlich jetzt entwicklungsfördernde – beziehungsatmosphärische

6.4 Charakteristische Sequenzen des Behandlungsverlaufes

Konstante dar, die der Entlastung von unerträglichen seelischen Inhalten und Zuständen dient. Das entspricht der von Bion (1962) beschriebenen Containing-Funktion der Mutter, die es dem Kind dann erst nach und nach ermöglicht, über sich und andere fühlend nachzudenken.

In der o. g. Sequenz äußerte die Therapeutin, wie traurig es sei, dass sie nur so wenig von Beziehungen erwarte. Die Patientin entgegnete, sie wolle nicht abhängig vom Guten oder Schlechten der anderen sein und niemals so den Boden unter den Füßen verlieren wie ihre Mutter damals. Auf die Deutung, sie wolle ihre Kinder vor dem bewahren, was sie selbst erlebt habe, wurde die Patientin sichtlich traurig. Die damalige kindliche Überforderung mit dem Leid der Mutter und das Ungehaltensein in den eigenen verwirrenden Gefühlen wurden schmerzlich spürbar.

In dieser Zeit berichtete die Patientin von einem Traum, in dem sie auf dem Weg zur Arbeit unter einem Busch allein ein Kind geboren habe. Überglücklich und stolz habe sie es jedem Vorübergehenden gezeigt. Es habe exakt wie sie selbst ausgesehen. Die Therapeutin sprach an, dass kein Vater anwesend zu sein scheine, weder in Person, noch im Gesicht des Kindes, und sie sich frage, ob nur sie selbst sich die beste Mutter sein könne. Dies bejahte sie kämpferisch und begann dann zu weinen.

Es wird spürbar, wie die Therapeutin hier eine Gratwanderung entwickelt: Einerseits überfordert sie die Patientin nicht mit typischen Übertragungsdeutungen, die angesichts der obigen Unabhängigkeitserklärung »vom Guten oder Schlechten im Anderen« durchaus nahegelegen hätten. In Anbetracht der narzisstischen Zentrierung auf ein labiles Selbst, das es um jeden Preis zu stabilisieren und auf die Welt zu bringen gilt, würde jede verfrühte Betonung und Aktualisierung der hohen Objektdependenz zu Abwehrbewegungen führen. Im Traum zeigt sich diese Thematik darin, dass sie sich in Gestalt des Kindes quasi selbst zur Welt bringt. Andererseits lässt sich die Therapeutin aber auch nicht dazu verleiten, die scheinbar reflektierenden, paradoxen Denkbewegungen der Patientin einfach mitzumachen. Es gelingt ihr – über viele Sitzungen hinweg und in kleinen Schritten – die echte Affektivität der Patientin mit emotionalem Gehalt zu füllen – und so gemeinsam mit ihr zu mentalisieren.

Dies führte über etwa 20 Sitzungen hinweg bereits zu einer ersten Stabilisierung im Selbstwertgefühl der Patientin, die Essanfälle blieben aus und das innere Spannungsniveau ging spürbar zurück. All dies geschah gewissermaßen um den Preis einer enormen Selbstbezogenheit und überbetonten Autarkie, zeitweise mit expliziter Entwertung bzw. Leugnung der Bedeutung der Therapeutin, gipfelnd in dem Vorwurf, im Grunde müsse sie hier die Arbeit doch allein machen.

Die Therapeutin konnte dies tolerieren – durchaus im Sinne einer elterlichen entwicklungsfördernden Funktion – und musste es nicht als Widerstand konfrontieren, da sie den Entwicklungsprozess der Patientin wahrnahm. U. a. hatte sich diese inzwischen aus dem Rückzug in unterqualifizierte Pflegetätigkeiten »im Heim« herausbewegt und eine Festanstellung mit bereits höheren Anforderungen angenommen, die später in die Ausübung ihrer vollen Qualifikation mündete.

Diese – an sich erfreulichen – schnellen symptomatischen Besserungen und progressiven Entwicklungsschritte sind erfahrungsgemäß mit großer Vorsicht ›zu genießen‹. Sie stellen gewissermaßen ›Übertragungsheilungen‹ dar, die ihrerseits einen verdeckten Übertragungswiderstand repräsentieren: Patient und Therapeut freuen sich am Fortschritt und die tiefere Bearbeitung schmerzhafter seelischer Prozesse wird gemeinsam vermieden.

Hier war sich die Behandlerin dieser Problematik sehr bewusst und setzte die mentalisierenden Interventionen fort. Dazu bot sich reichlich Anlass, denn im Schutze der offenkundig tragenden therapeutischen Beziehung begann die Patientin nun – weiterhin überwiegend agierend – beunruhigend aggressive Impulse und Beziehungssequenzen mit den Eltern und dem Freund zu inszenieren, die in der Folge dann zu sehr belastenden Schamreaktionen führten.

Eine psychodynamisch sehr wesentliche Veränderung vollzog sich währenddessen fast unmerklich: die allmähliche Verwandlung der Therapeutin vom Selbstobjekt zu einem echten Gegenüber. Dadurch wurden jetzt ganz langsam auch Deutungen und Interventionen im Rahmen der Hier-und-Jetzt-Übertragung möglich.

Die Fortführung: Ambivalenz und Kampf gegen Abhängigkeit

In Zusammenhang mit dem Fortsetzungsantrag griff die Therapeutin die Ambivalenz der Patientin und mögliche eigene Abbruchsfantasien auf und formulierte, dass wirkliche Nähe und Verstehen nur möglich seien, wenn

6.4 Charakteristische Sequenzen des Behandlungsverlaufes

es auch etwas Aggressives und Trennendes geben dürfe und dass ihr beides vermutlich große Angst mache. Sie müsste dann fürchten, dass der Andere und die Beziehung zerstört oder gar sie selbst vernichtet werde. Die Patientin bejahte sichtlich betroffen, dennoch oder genau deshalb wolle sie die gemeinsame Arbeit fortsetzen. Auch die Behandlerin empfand die Aufweichung ihres narzisstischen Beziehungsmodus als entscheidenden Therapiefortschritt, so dass weitere 30 Stunden beantragt wurden. In diesem Zeitraum wurde in die Ambulanzräume eingebrochen, und die gewaltsam zerstörte Eingangstür war noch nicht ausgetauscht, als die Patientin zu ihrer Stunde kam. Verunsichert benannte sie, dass das einfach nicht hierher passe: gewaltsames Eindringen und Aggression. Die Therapeutin fragte, ob dies auch für die Beziehung zu ihr und die Therapie gelte, auch dort nichts Aggressives Platz haben dürfe. Die Patientin dachte nach und erwiderte, das sei ja ihr Lebensthema, dass andere gewaltsam in sie eindringen, ihre Grenzen nicht achten und sich etwas (raus)nehmen, das nicht ihnen gehört. Allerdings sei sie selbst jetzt wehrhafter. Die Therapeutin verstand diesen letzten Nachsatz im Sinne einer Übertragungsanspielung auch als eine Art Warnung: »Es wird nicht einfach sein, an mich ranzukommen, und jeder Versuch wird als Angriff gewertet!«

Über einen längeren Zeitraum entstand nun eine Entwicklung, in der die Patientin sich mit der realen Mutter allmählich auszusöhnen schien, während in der Übertragungs-Gegenübertragungs-Beziehung wie erwartet die Wogen hochschlugen. Hier durchlebte die Patientin offenkundig eine Art zweiter Adoleszenz:

Während dieser Phase erlebte sich die Therapeutin in der Gegenübertragung als strenge, moralisierende Mutter eines rebellischen Teenagers, deren eigene Weiblichkeit keinen Raum haben bzw. ausgestochen werden soll. Sie war hin- und hergerissen zwischen einem wohlwollenden Blick auf das vormals parentifizierte, jetzt rebellische und lebenslustige Kind, das sich selbst libidinös besetzt und gleichzeitig in Sorge ist ob ihrer Ungezügeltheit. Die Beziehung zum Freund blieb verwirrend unverbindlich, und die Therapeutin konfrontierte sie damit, wie selbstquälerisch und egoistisch zugleich sie den Kontakt zu ihm gestaltete. Vermisste sie ihn, suchte sie Kontakt, andernfalls wies sie ihn als bedrängend ab. Dazwischen lagen sexuelle Abenteuer mit Männern aus ihrem Bekanntenkreis. Die Patientin berichtete offen über ihre Eskapaden sexueller und

203

berauschender Art (Alkohol, Partydrogen), die hart an der Grenze zur Selbstschädigung vorbeischrammten und so naiv vorgetragen wurden, dass sie offenkundig eine Reaktion seitens der Therapeutin provozieren sollten. Diese benannte die Provokation: Sie frage sich, was sie wohl von ihr erwarte. Die Patientin rationalisierte, sie wolle eben in der Therapie offen sein; fügte dann an, dass sie allerdings manchmal auch das Gefühl habe, es mit dem Guten etwas zu übertreiben, sie fühle sich gerade wieder wie 16.

In dieser Phase kam es erneut darauf an, den Prozess strukturell richtig einzuschätzen: Waren die überaus beunruhigenden Aktivitäten der Patientin Ausdruck einer selbstdestruktiven Dynamik, evtl. sogar einer *negativen therapeutischen Reaktion* (Klug 2014), die letztlich den Prozess gefährden würde? Dann wäre es fatal, mit konfliktzentrierten Deutungen zu intervenieren. Es würde sich vermutlich ein letztlich repetitiver Prozess entwickeln: Scheinbaren Einsichten stehen dann zunehmend destruktive Lebensgestaltungen gegenüber (vgl. *Pseudomentalisieren* ▶ Kap. 3.2.4). Oder handelte es sich – und eine gründliche Supervision ließ das sehr begründet annehmen – um den Versuch der Patientin, eine ödipale Situation herzustellen, in der sie als potente Frau erschiene und die Therapeutin zur Zuschauerin degradierte. Dann wäre es wiederum fatal, die o. g. Gegenübertragung als strenge, moralisierende Mutter nicht reflektierend und deutend zu nutzen, sondern gewissermaßen zu agieren. Alle Eltern wissen, wie aussichtsreich derartige Initiativen in der Adoleszenz sind!

Vor dem Hintergrund der psychoanalytischen Entwicklungspsychologie der Adoleszenz (Boll-Klatt und Kohrs 2018, S. 239 ff) war es hier von entscheidender Bedeutung, dass die Therapeutin die enorme haltende Funktion der therapeutischen Beziehung erkannte, die aber noch nicht benannt werden durfte.

Die Abschiedszeit: Reife Abhängigkeit und Autonomie

Gleichzeitig signalisierte die Patientin über das Abfertigen der Männer, keine Beziehung zu brauchen. Je nach Partner schien sie abwechselnd Geborgenheit und Triumph zu erleben, was die Therapeutin zweiseitig deutete, als Triumphieren über die nicht adäquat bedürfnisbefriedigende

6.4 Charakteristische Sequenzen des Behandlungsverlaufes

Mutter und als Suche nach der idealen Mutter in diesen Männern. Auch die damalige Bedrohung, von der Mutter rausgeworfen zu werden, fand sich in der Übertragungsbeziehung wieder. Die Patientin berichtete, sie habe eine Freundin aus Klinikzeiten getroffen, deren Therapeutin unvermittelt gesagt hätte: »So, nächste Woche ist unsere letzte Sitzung.« Diese Freundin sei jetzt ganz allein und wieder bulimisch und depressiv. Sie versicherte zu wissen, dass *ihre* Therapeutin das nie so machen würde, dennoch habe sie realisiert, irgendwann sei die Therapie vorbei, man kriege nicht unendlich viel bewilligt. Die Erwiderung, es fühle sich für sie im Moment so an, als würde sie so viel brauchen, dass gar nicht genug da sein könne, berührte die Patientin sichtlich. Es war das erste Mal, dass sie offen verbalisierte, wie viel ihr die Therapie bedeutet, und gleichzeitig deren zeitliche Begrenztheit anerkannte.

Nach ihrer Rückkehr aus einem vierwöchigen Indienurlaub verliebte sie sich in einen jungen Mann, der, anders als sie es gewohnt war, nicht sofort mit ihr ins Bett wollte. Dies verunsicherte sie zutiefst, und die Therapeutin deutete ihr, dass sie in ihren Beziehungen immer sehr viel über Sexualität verführt und reguliert habe und jetzt auf ihre Person zurückgeworfen sei, was ihr große Angst mache. Die Patientin bejahte, sie habe Angst sich einseitig zu stark einzulassen, ohne sicher zu sein, begehrt zu werden. Auch wenn diese Verliebtheit schmerzvoll einseitig blieb, erschloss sie sich während dieses Kennenlernens mutig ganz neue Räume, sich als Frau in authentischer Weise stark und verletzlich zu zeigen – ohne jede Angstspannung unmittelbar über sexuelle Aktivitäten abzuführen.

In dieser Behandlung ist es gelungen, die Patientin in einem entscheidenden Entwicklungsschritt zu unterstützen, den sie vermutlich ohne therapeutische Hilfe nicht bewältigt hätte.

Die in ihren frühen Objektbeziehungen erfahrene Negierung, Invalidierung und Pervertierung der eigenen Wahrnehmung und Bedürfnisse, die jedes Wünschen, Wollen, Bekommen, Sich-Nehmen oder Um-Etwas-Bitten hochkonflikthaft machten, wurden auch in der therapeutischen Beziehung in Form des zentralen Objektbeziehungsmodus spürbar, nichts annehmen zu können, um nichts schuldig sein zu müssen und sich gut zu fühlen in der eigenen Bedürfnislosigkeit und Omnipotenz. Gleichzeitig andrängende gierig-aggressive (auffressende) Impulse mussten mit Spaltungsabwehr in Schach gehalten bzw. ins Gegenüber verlagert werden und führten zu einer komplexen und zeitweise verwickelten Übertragungs-Gegenübertragungs-Dynamik. Ihre stark progressive Abwehr bei immer wieder deutlicher Tendenz zur Verleugnung von Abhängigkeit und Entwertung der Bedeutung ihrer Therapeutin machte eine Gratwanderung im Sinne einer Förderung altersgemäßer Autarkie bei gleichzeitiger Begrenzung des Abgleitens in narzisstische Selbstbezogenheit notwendig.

Im Sinne einer Spätadoleszententherapie ging es um ein Freikämpfen von und Loslassen kindlicher Abhängigkeiten mit dem Ziel, erwachsene Abhängigkeiten anzuerkennen und ohne Gefahr des Selbstverlusts leben zu können.

Von entscheidender Bedeutung für das Gelingen dieses Prozesses war die kontinuierliche Reflexion des Beziehungsprozesses durch die Therapeutin, insbesondere in Hinblick auf das jeweilige Strukturniveau. Der Verlauf konnte hier nur sehr knapp skizziert werden, sollte jedoch vor allem Folgendes verdeutlichen: Auch in der zeitlich enger limitierten Form der TP ist es durchaus möglich, substanzielle strukturelle Entwicklungsprozesse zu initiieren. Im besprochenen Fall zeigen sich diese auch in einer bereits erkennbaren Zunahme integrierter Vorstellungen vom Selbst und den wichtigen Bezugspersonen. Dieser Integrationsprozess ist erkennbar an der wachsenden Toleranz gegenüber konflikthaften und temporär frustrierenden Erfahrungen, die in einem reflektierenden-mentalisierenden Binnenraum gehalten werden können. Es sollte allerdings auch deutlich werden, dass sich dynamische Behandlungsverläufe dieser Art wegen ihrer hohen Subjektivität einem objektivistischen Wissenschaftsverständnis leicht entziehen. Die damit verbundenen Probleme und Lösungsversuche werden im Kapitel 9 diskutiert.

7 Hauptanwendungsgebiete und Fragen zur Indikation

7.1 Störungsbilder, bei denen das Verfahren hauptsächlich eingesetzt wird

Der Anwendungsbereich der TP bezieht sich auf nahezu alle in den diagnostischen Glossaren aufgeführten psychischen und psychosomatischen Krankheitsbilder (▶ Kap. 5 und ▶ Kap. 9). Ausgenommen sind seelische Erkrankungen oder Krankheitszustände, die mit deutlichen psychoorganischen Beeinträchtigungen einhergehen, wie dies z. B. bei Intelligenzminderungen, deliranten Zuständen, Demenzerkrankungen u. a. der Fall ist (zu weiteren Kontraindikationen ▶ Kap. 7.2). Entsprechend ihrer hohen Prävalenzraten besteht das Hauptanwendungsgebiet der TP im Bereich der affektiven Störungen. Soll eine Richtlinientherapie zu Lasten der Gesetzlichen Krankenversicherung durchgeführt werden, muss eine Krankheitswertigkeit der Störungen vorliegen. Nach den Psychotherapie-Richtlinien (PTL) kann seelische Krankheit erkennbar werden in seelischen Symptomen, körperlichen Symptomen oder krankhaften Verhaltensweisen. Dabei ist das Symptom nicht schon die Krankheit:

> »Seelische Krankheit wird als krankhafte Störung der Wahrnehmung, der Erlebnisverarbeitung, der sozialen Beziehungen und der Körperfunktionen verstanden. Der Krankheitscharakter dieser Störungen kommt wesentlich darin zum Ausdruck, dass die willentliche Steuerung durch den Patienten nicht mehr oder nur z. T. zugänglich ist« (Rüger et al. 2015, S. 17; siehe auch Diekmann et al. 2018).

Seelische Krankheit kann durch seelische oder körperliche Faktoren oder auch durch die Mischung beider Faktorengruppen verursacht sein (ebd.). Neben der Krankheitswertigkeit setzt eine Behandlung im Sinne der

Richtlinien die ätiologische Orientierung voraus, indem gefordert wird, dass das Krankheitsgeschehen als ein ursächlich bestimmter Prozess zu verstehen ist. »Das Krankheitsgeschehen wird durch gegenwärtig wirksame Faktoren und durch lebensgeschichtliche Prägungen determiniert. An der individuellen Genese der seelischen Erkrankung sind Einwirkungen gesellschaftlicher Faktoren beteiligt« (ebd., S. 19). In den Richtlinien wird ausdrücklich betont, dass nicht alle Lebensprobleme und psychischen Konflikte als seelische Krankheit aufzufassen sind. So können z. B. Berufs-, Erziehungs- und Sexualprobleme auch in entsprechenden Beratungen erörtert und gelöst werden und bedürfen nicht zwangsläufig der Psychotherapie.

Der Breite des Anwendungsbereiches der TP entspricht die Häufigkeit, mit der sie im ambulanten Rahmen sowohl als Einzel- als auch als Gruppenpsychotherapie bei Erwachsenen durchgeführt wird: Im Jahr 2009 wurden im Rahmen der gutachterpflichtigen Richtlinienpsychotherapie rund 170.000 Tiefenpsychologisch fundierte und Analytische Psychotherapien von Erwachsenen neu begonnen. Die TP macht 90 % der genehmigten Behandlungen aus (zit. n. Ermann 2016a, S. 446). Diese relativ große Anzahl lenkt das Augenmerk u. a. auch auf Fragen der Indikation, auf die im Weiteren ausführlicher eingegangen werden soll.

7.2 Allgemeine Überlegungen zur Indikationsfrage

Ursprünglich war die Diagnose das Indikationskriterium. Vor dem Hintergrund des nosologischen Modells der Psychoanalyse konstatierte Freud (1905, S. 20): »Die Psychoanalyse ist an dauernd existenzunfähigen Kranken und für solche geschaffen worden, und ihr Triumph ist es, dass sie eine befriedigende Anzahl von solchen dauerhaft existenzfähig macht.« Freud meinte damit nicht »... Psychosen, Zustände von Verworrenheit und tiefgreifende (ich möchte sagen: toxische) Verstimmung ...« (ebd., S. 21), auch nicht Fälle, bei denen es sich um »... die rasche Beseitigung drohender Erscheinungen handelt, also zum Beispiel bei einer hysterischen Anorexie« (ebd., S. 22) sondern »... alle chronischen Formen von Hysterie mit Resterscheinungen, das große Gebiet der Zwangszustände und Abulien und dergleichen« (ebd., S. 22), sofern sie einigermaßen gebildet und verlässlich waren sowie von sich aus Psychoanalyse suchten, weil diese Art der Behandlung aktives persönliches, zeitliches und finanzielles Engagement erfordert. Die Schwere der Störung, die Jugendlichkeit oder das Alter hielt Freud nicht unbedingt für eine Kontraindikation (Danckwardt 2014, S. 421).

In über 100 Jahren Entwicklung von Psychoanalyse und psychodynamischer Psychotherapie hat sich auch im Hinblick auf die Indikationsfrage viel getan. Dass die in der Diskussion um Therapieverfahren zwischen 1980 und 2000 zentrale Frage der Indikation in jüngerer Zeit etwas leiser gestellt wird, hat sicherlich etwas damit zu tun, dass zunehmend mehr störungsspezifische Therapieansätze entwickelt wurden (▶ Kap. 5 und ▶ Kap. 9). Auch dürfte es eine Rolle spielen, dass der Indikationsbegriff nahezu ausschließlich im deutschen Sprachraum und weniger in der angloamerikanisch geprägten Forschungs- und Publikationskultur gebräuchlich ist (Schneider und Klauer 2016). In Deutschland gehören psychotherapeutische Behandlungen seit 1968 zu den Leistungen deutscher Krankenkassen, vorausgesetzt die sog. Richtlinienpsychotherapien erfüllen folgende Voraussetzungen (Rüger et al. 2015):

- Notwendigkeit der Behandlung: Die Schwere der krankheitswertigen Störung macht therapeutische Maßnahmen notwendig.
- Zweckmäßigkeit: Das gewählte therapeutische Verfahren soll geeignet sein, die spezielle Störung zu beeinflussen.
- Wirtschaftlichkeit: Die auf Kosten der Versichertengemeinschaft durchgeführte Behandlung soll aus wirksamen Maßnahmen die jeweils wirtschaftlichste auswählen

Psychotherapie ist kontraindiziert, wenn ihre Anwendung eine schädliche Wirkung erwarten lässt; gefürchtete negative Auswirkungen von Psychotherapie bestehen in (Eckert 2010, S. 23):

- Auftreten von Suizidalität, die in einem Suizidversuch oder Suizid mündet

- Induktion einer schweren oder dauerhaften psychotischen Dekompensation
- Chronifizierung oder Verschlechterung der Symptomatik
- Auftreten neuer Symptome (Symptomverschiebung)
- Veränderung des Sozialverhaltens mit Abbruch tragender Sozialkontakte und Reduktion von Sozialkontakten auf den Therapeuten und die Therapiesitzungen

Auf die vorliegenden sehr differenzierten Auseinandersetzungen mit Risiken und Nebenwirkungen von Psychotherapie, deren Erfassung, Bewältigung und Vermeidung kann an dieser Stelle nur verwiesen werden (vgl. Linden und Strauß 2012).

Ist die Entscheidung für eine Psychotherapie gefallen und ist damit gesichert, dass der Patient eine notwendige, nachweislich wirksame und wirtschaftliche Behandlung erfährt, dann stellt sich die Indikationsfrage im engeren Sinne, die mit den eingeführten Konzepten der selektiven, differenziellen und adaptiven Indikation spezifiziert werden kann (ebd.). Für die Frage nach der *differenziellen Indikation*, also nach dem Zusammenhang von Patientenmerkmalen, Methode und Therapieerfolg bietet die Diagnose meistens kein verlässliches Kriterium, da keine generelle wissenschaftlich gesicherte Überlegenheit einzelner Verfahren über andere vorliegt. Nur bei wenigen psychischen Erkrankungen gibt die Diagnose eine ausreichende Orientierungshilfe für die durchzuführende Behandlung (▶ Kap. 5 und ▶ Kap. 9). So sind z. B. bei Borderline-Persönlichkeitsstörungen vier Therapiemethoden (TFP, MBT, DBT und Schematherapie) – die sog. big four – als evidenzbasiert einzuschätzen; die Wahl, welches Vorgehen zum Einsatz kommt, wird davon abhängen, wie der Therapeut ausgebildet ist und welche Vorlieben er hat. Seidenstücker formulierte eine vielzitierte Indikationsfrage, die in ihrer Komplexität zwar der indikativen Entscheidungen entspricht, die aber letztendlich als nicht beforschbar gilt:

> »Bei welchen Klienten mit welchen Problemen und Änderungspräferenzen ist welche Behandlungsmaßnahme bzw. Sequenz von Behandlungselementen von welchen Therapeuten mit welchen Zielsetzungen unter Berücksichtigung des realisierbaren Behandlungsangebotes und der zur Verfügung stehenden Zeit angemessen und wirksam?« (Seidenstücker 1992, S. 478 ff).

7.2 Allgemeine Überlegungen zur Indikationsfrage

Die im Zitat bereits anklingende Frage der Passung zwischen Patientenmerkmalen außerhalb der Diagnose und Therapiemethode bzw. Therapeuten ist im letzten Jahrzehnt zunehmend mehr ins Zentrum des Interesses gerückt. Unter dem Titel »What works for whom: Tailoring Psychotherapy to the person.« erschien 2011 ein Sonderheft der Zeitschrift Journal of Clinical Psychology, in dem die Ergebnisse der Task Force »evidence-based psychotherapy relationships« publiziert wurden (Nocross und Wampold 2011). Eines der vielfältigen Ergebnisse betrifft die Präferenz der Patienten: Wenn Patienten die von ihnen bevorzugte Therapie erhalten, ist der Behandlungserfolg größer und die Drop-out-Rate geringer (Swift et al. 2011). Für die Indikation zu einem bestimmten Therapieverfahren im Sinne einer partizipativen Entscheidungsfindung bedeutet dieser Befund, dass es wichtig ist, den Patienten nicht nur nach seinen Zielsetzungen zu fragen, sondern auch nach seiner Behandlungserwartung. Die Aufnahmebereitschaft bzw. die Empfänglichkeit von Patienten für bestimmte therapeutische Vorgehensweisen beeinflusst maßgeblich die Qualität des therapeutischen Prozesses. So fanden Strauß und Burgmeier-Lohse (1995) bereits vor über 20 Jahren, dass Übereinstimmungen zwischen den Auffassungen des Patienten und des Therapeuten sowohl im Hinblick auf die Ziele der Therapie als auch auf deren Realisierung maßgeblich für die Qualität der therapeutischen Beziehung und den Therapieerfolg sind. Erfolgreiche Patienten teilen oder übernehmen die Theorie des Therapeuten bzw. weisen schon vor der Behandlung Merkmale auf, die der Theorie des Therapeuten entgegenkommen (Eckert und Biermann-Ratjen 1990). Für die Indikation zu einer psychoanalytisch begründeten Therapie sollte gewährleistet sein, dass der Patient primär »Verstehensziele« im Sinne der verbesserten Selbsterkenntnis oder der motivationalen Klärung (Grawe 1994) erreichen möchte und nicht in erster Linie ein bewältigungsorientiertes Anliegen wie z. B. den verbesserten Umgang mit körperlichen Schmerzen hat.

Da die meisten Psychotherapeuten nur für ein (AP, TP, VT) oder zwei (meistens AP und TP) Verfahren qualifiziert sind, aber alle drei Verfahren für alle häufig vorkommenden Störungen als wirksam anerkannt werden, entscheidet sich der Therapeut, der eine Behandlung durchführen möchte, in der Regel für sein genuines Verfahren. Üblicherweise wird im ambulanten Bereich so eine *selektive Indikation* praktiziert, d. h., Therapeuten suchen sich die zu ihnen passenden Patienten aus, meistens vor dem

Hintergrund ihrer eigenen zeitlichen und kräftemäßigen Ressourcen sowie ihrer intuitiven Einschätzung von »Passungen«: »Ein guter Therapeut zeichnet sich u. a. auch dadurch aus, dass er weiß, für welche Patienten er ein guter Therapeut sein kann und für welche nicht« (Eckert 2000, S. 421). Innerhalb des eigenen Verfahrens kann ein Therapeut sein Vorgehen dann an den Einzelfall anpassen: Er kann eine Kurzzeittherapie zur aktuellen Stabilisierung durchführen oder eine Langzeittherapie zur Aufarbeitung neurotischer Konflikte und/oder zur nachhaltigen Umstrukturierung von dysfunktionalen Persönlichkeitszügen für indiziert halten. Zusätzlich hat er die Wahl zwischen Gruppen- und Einzeltherapie bzw. die Entscheidung zur Kombination von beidem. (Zur Indikation von Gruppentherapie vgl. Freyberger 2016.)

In die bisherigen Ausführungen ist die Bedeutung der initialen *Therapiemotivation* des Patienten schon indirekt eingeflossen bzw. es wurde dargestellt, wie verwoben die Fragen von Motivation und Indikation sind. Generell lässt sich sagen, dass diese nur für bestimmte diagnostische Gruppen und Behandlungssettings im Bereich der Suchtmedizin und der forensisch-psychiatrischen Behandlungen ein valides selektives Indikationskriterium darstellt. Dies liegt u. a. auch daran, dass Therapiemotivation keine eindimensionale Eigenschaft ist, sondern ein sehr facetten- und komponentenreiches dynamisches Kriterium darstellt (Klauer und Schneider 2016). Im Modell von Drieschner et al. (2004) wird diese als Tendenz definiert, sich in der Behandlung zu engagieren, und es wird angenommen, dass die Motivation durch fünf subjektive Faktoren gefördert wird, nämlich: Verständnis des Problems, Leidensdruck, externale Anforderungen, wahrgenommene Passung des Behandlungssettings und wahrgenommene Kosten. Zur Prüfung der Motivation dienen mehrere Quellen:

- der Eindruck des Therapeuten von der Art und Weise, wie sich der Patient ihm vorgestellt hat
- die eindeutigen diesbezüglichen spontanen Äußerungen des Patienten
- Fragen zu den oben genannten subjektiven Faktoren, die direkt auf die Motivation abzielen

Therapierelevantes Engagement des Patienten in der Behandlung scheint in verschiedenen Phasen durch unterschiedliche Motivationsfacetten beeinflusst zu werden: So ist die Inanspruchnahme einer Psychotherapie offenbar eine Funktion des individuellen Leidensdrucks, während der Erfolg einer einmal begonnenen Therapie eher durch die subjektive Krankheitstheorie und die behandlungsbezogenen Erwartungen bestimmt wird. Beispielhaft kann hier die Gruppe der Patienten mit somatoformen Störungen angeführt werden, die zwar meistens mit einem sehr hohen Leidensdruck in die Therapie kommen, dann aber die Lösung der eigenen Probleme doch eher in medizinisch-somatischen Maßnahmen sehen. Der Prozesscharakter der Motivation erfordert es also, diese nicht nur zu Beginn der Behandlung, sondern auch in deren Verlauf zu prüfen. Damit verändert sich die Frage nach einer motivationsgeleiteten Indikation hin zur Indikation für eine Motivationsförderung, die unterschiedliche Diagnosegruppen – neben den Patienten mit somatoformen Störungen sicherlich auch Patienten mit Persönlichkeitsstörungen – zu unterschiedlichen Zeitpunkten der Therapie benötigen (vgl. Klauer und Schneider 2016).

7.3 Indikative Entscheidungen zur TP und Kontraindikationen

Eine methodische Variation, die im Verlauf des letzten Jahrzehnts für die psychoanalytisch begründeten Verfahren zunehmend an Bedeutung gewonnen hat, besteht in der Ätiologie-geleiteten Entscheidung zwischen einer eher konfliktaufdeckenden oder einer mehr strukturfördernden Vorgehensweise (▶ Kap. 5). Orientiert man sich an den von Schneider (1990) formulierten vier Aspekten für den Prozess der Indikationsstellung (Patient, Störung, Therapieform, Therapeut), wäre für die Indikation einer eher konfliktzentrierten TP Folgendes zu berücksichtigen:

> »Der Therapeut sollte im Hinblick auf die Indikation zu dieser Therapieform v. a. über die Art und Weise nachdenken, in der der Patient sich und die Beziehung zum Interviewer während der tiefenpsychologischen Anamnese erlebt hat. Hieraus können sich Hinweise darauf ergeben, ob und wie der Patient

mit dem spezifischen Angebot einer reflektierenden Form von Gespräch wird umgehen können, und ob sich ein Kontakt zwischen beiden angebahnt hat, der hoffen lässt, dass sich eine konstruktive, tragende Beziehung aufbauen lässt« (Reimer und Rüger 2014, S. 87).

Für die Entscheidung zugunsten einer konfliktzentrierten TP sind folgende zusätzliche Überlegungen hilfreich:

- Verfügt der Patient über die Fähigkeit, Konflikte und Emotionen zu verbalisieren,»einzubringen«, hat er gelernt, schwierige Lebensumstände und -situationen hinsichtlich ihrer Einflussvariablen zu hinterfragen und dabei auch selbstkritisch zu sein?
- Ist Sprache ein ihm geläufiges, vertrautes Mittel zum Transport von Emotionalität?
- Ist der Patient soweit beziehungsfähig, dass die therapeutische Beziehung (im Sinne einer »hilfreichen Beziehung« nach Luborsky (1999) ein wesentlicher Wirkfaktor sein könnte?
- Passt der Patient zu mir, passe ich zu ihm?

Rudolf (2016) bezieht ausdrücklich Stellung für die TP als Behandlungsform für strukturell beeinträchtigte Patienten; er verweist darauf, dass es ein Irrtum sei zu meinen, dass sich die TP auf die leichteren Störungen beschränken sollte und die chronifizierten strukturellen Störungen mit AP behandelt werden müssten (▶ Kap. 9). Im Indikationskatalog des Psychotherapie-Richtlinien-Kommentars werden für beide Verfahren die gleichen Störungen genannt. Die Diagnostik der entsprechenden indikationsleitenden Patientenmerkmale wurde in Kapitel 4 dargestellt. Im Sinne einer modifizierten TP (▶ Kap. 2) kann die Förderung struktureller Beeinträchtigungen durch ein strukturbezogenes Vorgehen im Fokus der Behandlung stehen. Die Indikation zur strukturbezogenen Modifikation einer TP betrifft auch die zunehmende Gruppe älterer Patienten. Peters (2015) beschreibt spezifische altersbedingte strukturelle Störungen und weist die Zweckmäßigkeit strukturellen Arbeitens in dieser Altersgruppe nach. Wenn einerseits weder die Art noch die Schwere der Störung indikationsleitende Entscheidungen begründet und andererseits die Komplexität der Indikationsfrage, wie Seidenstücker sie stellt, diese unbeforschbar macht, wie lässt sich dann

7.3 Indikative Entscheidungen zur TP und Kontraindikationen

die Zuweisung zur TP konzeptualisieren? Unter der Überschrift »Bevorzugt tiefenpsychologisch behandelte Störungsbilder« (Rüger et al. 2015, S. 47) versuchen die Autoren des Kommentars der Psychotherapie-Richtlinien eine Eingrenzung vorzunehmen, die insbesondere die Lebensumstände des Patienten fokussiert, die eine rasche Entlastung erfordern. Rudolf (2014, S. 116 f) beschäftigt sich ausdrücklich mit der Indikation und den Zielsetzungen der TP, der modifizierten AP und der unmodifizierten AP und versucht anhand von Störungsmerkmalen Differenzierungen vorzunehmen. Der Akutheit und Aktualisierung der Störungen, die für die TP indikationsleitend sind, steht die Chronizität und Komplexität von Störungen gegenüber, die dem Autor zu Folge eher die Entscheidung zugunsten einer (modifizierten) AP bedingen sollte: »Dabei zeigt sich, dass Tiefenpsychologisch fundierte Psychotherapie sich auf sehr unterschiedliche Störungen ausrichten lässt, während Analytische Psychotherapie dem Typus der komplexen Störung vorbehalten scheint« (ebd., S. 117).

Auch bei einer Erweiterung durch ein modifizierendes strukturbezogenes Vorgehen oder den Einschluss traumazentrierter Methoden (▶ Kap. 3.3) bestehen für eine TP Kontraindikationen, die natürlich dann gegeben sind, wenn die Indikationskriterien nicht erfüllt sind. Darüber hinaus ist TP kontraindiziert, wenn

- der Patient aller Voraussicht nach von einer anderen Therapiemethode besser und evtl. auch schneller profitieren kann. Dies kann z. B. bei Vorliegen einer monosymptomatischen Phobie der Fall sein, die auf verhaltenstherapeutische Expositionen günstig und rasch anspricht.
- der Patient zwar von der TP profitieren kann, die zeitlichen Grenzen aber nicht ausreichend sind, um seine Störung wirksam zu behandeln. In einem solchen Fall sollte die Differenzialindikation zugunsten einer AP gestellt werden.
- eine für den Erfolg der Therapie notwendige Frequenz nicht eingehalten wird, die gewährleisten würde, dass der »rote Faden« zwischen den Sitzungen gehalten werden kann.
- der Patient zwar vom TP-Setting profitieren kann, aber ein anderes Setting erfolgversprechender wäre (z. B. tiefenpsychologische Gruppentherapie oder Paar- und Familientherapie).

- der Patient zwar prinzipiell vom tiefenpsychologischen Ansatz profitieren könnte, das Ausmaß der Chronifizierung seiner Störung aber einen erfolgreichen Behandlungsverlauf eher unwahrscheinlich macht (Reimer und Rüger 2012, S. 89).

Einige dieser Punkte sprechen allerdings nicht per se gegen eine TP, sondern eher gegen das ambulante Setting. Auf die Indikation zu einer stationären oder teilstationären Behandlung wird in Kapitel 8 eingegangen.

8 Settings: ambulant – teilstationär – stationär

Es liegt nahe, an dieser Stelle als erstes das einzel- und das gruppentherapeutische Setting miteinander abzugleichen. Da der Gruppentherapie jedoch ein eigener Band in dieser Buchreihe gewidmet ist, soll an dieser Stelle ausdrücklich darauf verwiesen, jedoch auf eine vertiefende Auseinandersetzung verzichtet werden. Der Schwerpunkt der folgenden Ausführungen liegt stattdessen auf der Darstellung des weltweit einmaligen deutschen psychotherapeutischen Versorgungssystems mit der Unterteilung in ambulante, teilstationäre und stationäre Behandlungssettings.

8.1 Die psychotherapeutische Versorgungslage in Deutschland

Bereits auf dem Budapester Kongress von 1918 hatte Freud Folgendes vorausgesagt:

> »Irgendwann einmal wird das Gewissen der Gesellschaft erwachen und sie mahnen, dass der Arme ein ebensolches Anrecht auf seelische Hilfeleistung hat wie bereits jetzt auf lebensrettende chirurgische. Und dass die Neurosen die Volksgesundheit nicht weniger bedrohen als die Tuberkulose und ebenso wenig wie diese der ohnmächtigen Fürsorge des Einzelnen aus dem Volke überlassen werden können. Dann werden also Anstalten und Ordinationsinstitute errichtet werden, an denen psychoanalytisch ausgebildete Ärzte angestellt sind, um die Männer, die sich sonst dem Trunk ergeben würden, die Frauen, die unter der Last der Entsagungen zusammenzubrechen drohen, die Kinder, denen nur die

Wahl zwischen Verwilderung und Neurose bevorsteht, durch Analyse widerstands- und leistungsfähig zu erhalten. Diese Behandlungen werden unentgeltlich sein« (Freud 1918/1919, S. 193).

Erst 1964 wurde die Neurose durch eine Entscheidung des Bundessozialgerichtes als behandlungsbedürftiges Leiden anerkannt, und die gesetzlichen Krankenkassen sollten verpflichtet werden, eine angemessene Behandlung dieser Erkrankungen sicherzustellen. Etwa zeitgleich veröffentlichten Dührssen (1962) sowie Dührssen und Jorswieck (1965) die ersten Wirksamkeitsnachweise. Es handelte sich um eine große Katamnesestudie fünf Jahre nach Behandlungsende, die vom 1946 gegründeten Zentralinstitut für psychogene Erkrankungen durchgeführt wurde. Die positiven Ergebnisse dieser Studie gaben dann einen weiteren wichtigen Anstoß zur Einführung der Psychotherapie in die kassenärztliche Versorgung, die 1967 erfolgte. 2010 verfügten ca. 19.000 Psychotherapeuten in Deutschland über eine Kassenzulassung für die Behandlung Erwachsener und 3.400 für Kinder- und Jugendlichenpsychotherapie. Außerhalb der durch diese Behandler durchgeführten ambulanten Fachpsychotherapie gibt es die psychologisch-psychotherapeutische Beratung, die zum einen im Kontext diverser Beratungsstellen institutionalisiert ist, zum anderen die Psychosomatische Grundversorgung, die als psychosoziale Basistherapie und als Zwischenglied zwischen ärztlicher und psychologischer Beratung und der Fachpsychotherapie fungiert. Sowohl Beratung als auch Psychosomatische Grundversorgung basieren häufig auf psychodynamischen Konzepten, ohne dass die Interventionen im engeren Sinne dem klassischen psychodynamischen Vorgehen entsprechen.

Von den frühen Studien wirkte die sog. »Krankenhausaufenthaltsstudie« besonders überzeugend auf die Kostenträger (Dührssen und Jorswieck 1965). Vor diesem Hintergrund entwickelte sich in Deutschland neben dem ambulanten ein weltweit einmaliges stationäres psychotherapeutisches Versorgungssystem mit heutzutage

- ca. 10.000 Betten in Krankenhausabteilungen oder Krankenhäuser für Psychosomatische Medizin und Psychotherapie
- sowie mehr als 1.000 Plätzen für tagesklinische Behandlungen
- und 18.000 Betten für die Durchführung psychosomatischer Rehabilitationsmaßnahmen (Schmeling-Kludas und Janta 2018).

TP und VT gehören in diesen Einrichtungen zu den standardmäßig eingesetzten Therapieverfahren, meistens ergänzt durch körperorientierte und kreativtherapeutische Maßnahmen, die überwiegend auch auf einem psychodynamischen Hintergrund entwickelt wurden. Versorgungsrelevant sind zusätzlich auch die in vielen Kliniken etablierten psychosomatischen Konsiliar- und Liaisondienste. Konsiliardienste werden zumeist von psychiatrischen und psychosomatischen Fachabteilungen bereitgestellt; Liaisondienste bestehen in der Mitarbeit von Psychotherapeuten als integrierte Mitglieder von Behandlungsteams auf organmedizinischen Stationen z. B. in der Onkologie, wo sie spezielle Aufgaben wahrnehmen (Söllner und Stein 2011).

8.2 Indikation für stationäre und teilstationäre Maßnahmen

Bei Vorliegen eines so differenzierten Versorgungsangebotes stellt sich natürlich die Frage, wann stationäre und teilstationäre Maßnahmen indiziert sind. Als oberstes gilt auch hier, dass die jeweils einzuleitenden Maßnahmen das *Wirtschaftlichkeitsgebot des § 12 aus dem Sozialgesetzbuch V* berücksichtigen:

> »Die Leistungen müssen ausreichend, zweckmäßig und wirtschaftlich sein; sie dürfen das Maß des Notwendigen nicht überschreiten. Leistungen, die nicht notwendig oder unwirtschaftlich sind, können Versicherte nicht beanspruchen, dürfen die Leistungserbringer nicht bewirken und die Krankenkassen nicht bewilligen.«

Für die Indikationsstellung für eine teilstationäre oder vollstationäre Krankenhausbehandlung ist also zunächst in jedem Fall zu prüfen, ob nicht eine ambulante Therapie durch den Hausarzt (Psychosomatische Grundversorgung) oder einen Facharzt für Psychiatrie und Psychotherapie bzw. Psychosomatische Medizin und Psychotherapie oder einen Psychologischen Psychotherapeuten ausreichen würde. Ist dies der Fall, müssen zwei weitere Entscheidungen getroffen werden: 1. Benötigt der

Patient eine Maßnahme im Rahmen einer teil- oder vollstationären Krankenhausbehandlung oder 2. ist eine rehabilitative Maßnahme stationär oder ambulant indiziert? Die Abbildung zeigt einen Indikationsalgorithmus, der zur Klärung der Indikationsfrage unterschiedlicher Settingbedingungen hilfreich sein kann (▶ Abb. 8.1). Auf die Frage, wann eine psychosomatisch-psychotherapeutische Krankenhausbehandlung angezeigt oder wann einer entsprechenden *Rehabilitationsmaßnahme* der Vorzug zu geben ist, kann an dieser Stelle nicht vertiefend geantwortet werden (vgl. Schmeling-Kludas 2010). Nur so viel sei gesagt, dass eine Rehabilitationsmaßnahme laut Sozialgesetzbuch SGB V dann in Betracht kommt, wenn es gilt, eine drohende oder bestehende Minderung der Erwerbsfähigkeit abzuwenden. Eine rehabilitative Behandlung zielt primär auf Teilhabestörungen, insbesondere auf solche im beruflichen Umfeld. Die Indikation zu einer Reha-Maßnahme setzt voraus, dass die vorliegenden psychischen und auch die somatischen Krankheitsbilder weitgehend abgeklärt sind.

Näher eingegangen werden soll auf die Entscheidung, wann ambulante Therapie nicht mehr ausreicht und ein stationärer Rahmen erforderlich ist. Den Ausführungen von Schmeling-Kludas und Janta (2018) folgend, ließe sich ein Algorithmus entwickeln, der in der Abbildung gezeigt wird (▶ Abb. 8.1).

Zunächst gilt es sich zu vergegenwärtigen, was denn die Besonderheit *stationärer und teilstationärer Psychotherapie* ausmacht. Als erstes ist das multimodale Behandlungsangebot zu nennen; die Kombination als Einzel- und Gruppentherapie, wie sie seit 2016 auch im ambulanten Bereich möglich ist, gehört hier zu den Standards des Behandlungsprogramms. Ergänzend werden körperbezogene Ansätze sowohl in einer funktional-übenden als auch einer erlebniszentrierten Modalität einbezogen. Musiktherapie und/oder andere kreativtherapeutische Maßnahmen wie Kunst- und Gestaltungstherapie gehören in den meisten Kliniken bzw. Klinikabteilungen zum festen Repertoire der Behandlungsoptionen. Zunehmend mehr werden störungsorientierte Spezialisierungen in unterschiedlichen Kliniken angeboten, z. B. für Essstörungen, für posttraumatische Belastungsstörungen, für Borderline-Persönlichkeitsstörungen, aber auch für chronische Depressionen, für Burn-out-Syndrome oder für alle Arten von Abhängigkeitserkrankungen. Meistens sind die Kliniken

8.2 Indikation für stationäre und teilstationäre Maßnahmen

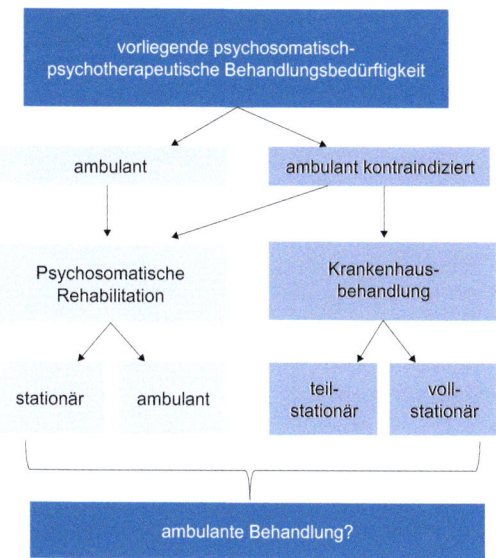

Abb. 8.1: Der Indikationsalgorithmus

verfahrensorientiert ausgerichtet – also psychodynamisch oder verhaltenstherapeutisch –, allerdings gibt es nicht wenige Kliniken, die nach einem multimethodalen Konzept arbeiten. So ist eine borderlinespezifische Kombination von TFP-Einzelbehandlung mit einer DBT-Gruppentherapie (▶ Kap. 5) in vielen Kliniken keine Seltenheit. Solche Kombinationen verhaltenstherapeutischer Gruppen- und psychodynamischer Einzeltherapie werden von unterschiedlichen Therapeuten durchgeführt, so dass der psychodynamische Behandler weiter die Neutralität wahren kann und die Übertragungs-Gegenübertragungs-Dynamik nicht von einem Wechsel in die Anleiterposition beeinflusst wird. Darüber hinaus spielt das Prinzip der »kurzen Wege« zwischen somatischer und psychosomatischer Behandlung besonders für Patienten mit schweren körperlichen Erkrankungen und psychischer Komorbidität eine wichtige Rolle. Baudisch und Schmeling-Kludas (2010) listen patientenseitige Faktoren für die Indikation zur teilstationären oder stationären Behandlung auf:

- quantitativ und qualitativ angemessener, aber erfolglos durchgeführter ambulanter Behandlungsversuch
- mangelnde psychische und/oder körperliche Stabilität
- latente Suizidalität
- schwere Symptome einer Traumafolgeerkrankung, deren spezifische Behandlung einen besonderen Schutzraum erfordert
- riskantes selbstverletzendes Verhalten
- schwere Essstörungen
- andere Persönlichkeitsstörungs-assoziierte schwere strukturelle Defizite (z. B. Unfähigkeit, allein zu sein)
- ängstlich-hypochondrisch verarbeitete somatoforme Störungen mit vielen inadäquaten Inanspruchnahmen des somatischen Medizinsystems
- komplexe somato-psychische Erkrankungen (z. B. Angststörung nach Herzinfarkt)
- fehlende psychotherapeutische Zugänglichkeit im ambulanten Setting (z. B. bei psychosomatischen oder narzisstischen Patienten)
- mit ambulanter Psychotherapie nicht vereinbare Probleme im sozialen Umfeld des Patienten (z. B. bei aggressiv ausgetragenen Familienkonflikten)

Das intensivere Behandlungsetting mit der Ermöglichung vertiefter Auseinandersetzungsprozesse mit einer größeren Verfügbarkeit von Behandelnden und Möglichkeiten zur (therapeutischen) Regression bzw. dem Gegenteil – nämlich dem gezielten Aufbau eines strukturierten Tagesablaufs und strukturierter Alltagsaktivitäten – schafft den für diese Patientengruppen notwendigen therapeutischen Rahmen. Die Gemeinschaft der Mitpatienten, mit denen man sich in einer emotionalisierten Atmosphäre trifft, hilft insbesondere somatisierenden Patienten mit alexithymen Merkmalen, die zunächst einmal ihr somatisches in ein psychosomatisches Krankheitskonzept verändern müssen. Diese Gemeinschaft stellt auch außerhalb von Therapien ein gutes soziales Übungsfeld dar, z. B. für Abgrenzungsbestrebungen. Ebenso bedeutsam ist in manchen Fällen die systematische Einbeziehung von Angehörigen, oft um aus einer triangulären Position stringent auf eine pathologisch verstrickte Dyade einwirken zu können, ohne dass die Konfliktpartner am Abend

8.2 Indikation für stationäre und teilstationäre Maßnahmen

wieder in ihrer Alltagssituation aufeinandertreffen (vgl. Schauenburg und Hildenbrand 2011).

Für *persönlichkeitsgestörte Patienten* bilden die multilateralen Übertragungsmöglichkeiten als Möglichkeiten zur Reinszenierung unterschiedlicher internalisierter Objektbeziehungsdyaden (▶ Kap. 5.2.1) einen entscheidenden Unterschied der stationären im Vergleich zur ambulanten Behandlung. Bei Vorliegen einer Identitätsdiffusion sind die Konzepte des Selbst und bedeutsamer Anderer aufgespalten in gut und böse bzw. nicht integriert. An die Stelle (neurotischer) Übertragungen tritt die interpersonelle Inszenierung; diese betrifft in erster Linie die Behandelnden, aber natürlich auch die Mitpatienten. Die Aufgabe des multiprofessionellen Behandlungsteams besteht zum einen in der Identifikation solcher Inszenierungen im Rahmen einer »Mehrpersonendiagnostik« und zum anderen im Zusammenführen der sich vergegenwärtigenden unverbundenen Selbst- und Objektrepräsentanzen. Spaltungen vollziehen sich typischerweise z. B. zwischen Pflegepersonal und Einzeltherapeuten, wobei die Pflege, die auch für den Umgang auf Station und das Einhalten der Stationsregeln zuständig ist, dann meistens die Projektionen der »bösen« Objektanteile erhält, während der Einzeltherapeut »das Gute« repräsentiert. Das multiprofessionelle Team muss dann die für den Patienten noch nicht möglichen Integrationsleistungen erbringen, indem es die in Enactments und Spaltungsprozessen aktualisierten dissoziierten Selbst- und Objektanteile zusammenfügt. Dies geschieht in regelmäßigen Teamkonferenzen, die integraler unverzichtbarer Bestandteil solch eines Behandlungskonzeptes sind (vgl. Dulz und Ramb 2011). Für Patienten mit schweren Persönlichkeitsstörungen hat sich inzwischen auch das Format der Intervallbehandlung bewährt. D. h., dass bei Entlassung eine erneute stationäre Aufnahme konkret geplant wird; dieses Vorgehen ist geeignet, Hospitalisierungen und malignen Regressionen vorzubeugen.

Teilstationäre bzw. tagesklinische Behandlungen beinhalten meistens eine den stationären Aufenthalten vergleichbare Therapiedosis, allerdings wird der sozialen Bedingtheit psychischer Störungen durch das Verbleiben im alltäglichen psychosozialen Umfeld verstärkt Rechnung getragen, und der Transfer in den Alltag stellt ein sehr viel unmittelbareres Thema dar. Auf Seiten der Patienten ist gefordert, dass diese die Wege selbstständig bewältigen inklusive der Übernahme der Kosten für die tägliche An- und

Abfahrt. Sie müssen über die Fähigkeit verfügen, bei Krisen eigenständig Kontakt zum Bereitschaftsdienst des Behandlungsteams aufzunehmen. Darüber hinaus gelten für die Indikation ähnliche Bedingungen wie für stationäre Aufenthalte. Auch hier ist die Diagnose allein kein entscheidungsleitendes Kriterium. Eine teilstationäre Behandlung kann einer stationären vorgezogen werden, wenn die Gefahr einer malignen Regression in der »Käseglockensituation« eines stationären Aufenthaltes vergrößert werden würde. Auch dem »Klinikhopping« kann vorgebeugt werden, indem Patienten durchaus wiederholt in der Tagesklinik in ihrer Wohnortnähe behandelt werden können. Aber auch genau das Gegenteil bietet das tagesklinische Setting: Patienten, die sich aufgrund ausgeprägter Näheängste nicht auf eine stationäre Therapie einlassen können, finden in der teilstationären Behandlung oftmals einen für sie akzeptablen Kompromiss.

Theoretischen Überlegungen und praktischen Erfahrungen zu Folge profitieren die sonst relativ schwer zu behandelnden *Patienten mit psychosomatischen Störungen* (▶ Kap. 9) von tagesklinischen Aufenthalten. Neuere psychodynamische Sichtweisen psychosomatischer Erkrankungen betonen die Störung des Symbolisierungsprozesses, nicht die Symbolbedeutung:

»Psychoanalytische Psychosomatik zentriert sich heute auf spezifische klinische Phänomene von Symbolisierungsprozessen statt – wie früher – die Symbolbedeutungen zu fokussieren. D. h., es geht vor allem darum, was das Körpersymptom im Hinblick auf das Vermögen zu psychischer Repräsentation anzeigt, also um das Verhältnis des Körpers zur Symbolisierung und nicht zum Symbol« (Storck und Warsitz 2016, S. 68).

Die mangelnde Fähigkeit zur psychischen Repräsentation bedingt eine Objektangewiesenheit, die als ein wesentliches Strukturmerkmal vieler psychosomatischer Patienten zu verstehen ist (Ermann 2016a, S. 373; Balint 1970). Die Beziehungen der Patienten sind durch diese Objektanwesenheit geprägt; hohe Objektverlustängste bilden den Hintergrund für eine unangemessene Verarbeitung aggressiver Affekte bei Kränkungen, Trennungen und Verlusterlebnissen. Die vielzitierte Unfähigkeit psychosomatisch Erkrankter, »Nein« zu sagen, ist diesen Überlegungen zufolge nicht nur als Ausdruck der Hemmung abgrenzender aggressiver Regungen, sondern der grundlegenden psychischen Ungetrenntheit und Trennungsintoleranz zu verstehen, die bei vielen Patienten als psychodynamischer und ätiologischer Faktor angenommen werden kann (vgl. Küchenhoff 2013). Psychische Ungetrenntheit steht in pathogener Wechselwirkung mit den eingeschränkten symbolisierten repräsentatorischen Möglichkeiten. Die Fähigkeit zur psychischen Verneinung beruht aber auf der Grundlage der Repräsentation, nämlich dem Erkennen der Abwesenheit. Küchenhoff (ebd.) führt aus, dass in der Psychoanalyse das Vermögen, das in der Wahrnehmung abwesende Objekt in der Vorstellung anwesend zu machen, als wesentlicher Entwicklungsschritt gilt. So verstanden, bildet die tagesklinische Behandlung aus täglichem Ankommen und Verabschieden eine Art Übungsfeld für ein psychodynamisches Leit- und Leidthema, nämlich An- und Abwesenheit, und die Möglichkeit, innere Repräsentationen zu bilden und zu behalten, wenn das Objekt bzw. die Objekte nicht anwesend sind. Gleiches gilt für Patienten mit einer Borderline-Persönlichkeitsstörung, deren zentraler Nähe-Distanz-Konflikt in diesem Setting ständig aktualisiert und damit der Behandlung direkt zugänglich wird.

Aus klinischen Gesichtspunkten besteht eine Versorgungslücke zwischen den intensiven ganztägigen Programmen stationärer und teilstationärer Behandlung einerseits und der ambulanten Richtlinienpsychotherapie mit einer bis maximal drei Therapiestunden wöchentlich andererseits. Die Heidelberger *psychosomatisch-psychotherapeutische Abendklinik* mit der Möglichkeit zur Einfügung des Aufenthaltes in einen normalen Arbeitsalltag bietet ein Beispiel für ein innovatives Versorgungsmodell, das diese Lücke schließt (Dinger et al. 2016). Die Autoren berichten, dass sich dieses Konzept aus inhaltlicher und auch aus struktureller Perspektive bewährt habe und auf großes Interesse bei Patienten und Zuweisenden gestoßen sei. Als einen besonderen Vorteil propagieren die Initiatoren die Kombination von Einzel- und Gruppentherapie, die seit Anfang 2016 zwar ambulant auch realisiert werden kann, aber hier auf sehr viel höhere Planungshürden und Verzahnungsprobleme trifft. Zukünftige Evaluationen werden zeigen, ob diese Art der teilstationären Behandlung wirksam ist und eine Bereicherung der Versorgungslandschaft darstellt.

9 Klinische und wissenschaftliche Evidenz

9.1 Empirische Forschung und Psychodynamische Psychotherapie: Geht das?

Auch heute noch besteht eine z. T. heftig geführte Kontroverse zwischen systematischer empirischer Forschung und der psychoanalytischen Einzelfallstudie. Einerseits wird betont, dass im heutigen Wissenschaftsbetrieb die Psychoanalyse nicht umhinkomme, ihre Wirksamkeit auch empirisch zu belegen. Andererseits wird argumentiert, dass diese wissenschaftliche Auffassung inkompatible Elemente in die Psychoanalyse hineintrage, die nur um den Preis einer »Denkstörung« von einem Analytiker akzeptiert werden können. Buchholz spitzt die Kontroverse zu und spricht von einer alten Frontstellung zwischen ›Hermeneutikern‹ und ›Empirikern‹ (2017, S. 289 ff). In Bezug auf die aktuell beabsichtigte Akademisierung der Psychotherapieausbildung drohe eine »Remedizinalisierung der psychotherapeutischen Profession« mit einem technisch-pharmakologischen Verständnis von Psychotherapie zulasten einer humanwissenschaftlichen Perspektive (ebd.). In Anbetracht solch kritischer Positionen ist es denn auch kaum verwunderlich, dass in dem sehr umfassenden Handbuch psychoanalytischer Grundbegriffe (Mertens 2014) kein Kapitel zur Psychotherapieforschung enthalten ist. Hoffmann (2009) bemüht sich um Vermittlung zwischen beiden Positionen und verweist auf das Konzept der Spaltung, also eines primitiven archaischen Abwehrmechanismus, den ein Analytiker verwenden müsse, um zwei widersprüchliche Ansichten – die der Einzelfallstudie und die der empirischen Forschung – zu hegen und gelten zu lassen. Nur wenn das gelänge, könne der

9.1 Empirische Forschung und Psychodynamische Psychotherapie: Geht das?

Analytiker in Zeiten der Psychotherapieforschung überleben. Allerdings dürfe die quantitative Forschung kein Primat gegenüber Einzelfallstudie haben, sonst laufe die Psychoanalyse Gefahr, »… von einem kreativen, improvisierenden Konstruktivismus, der aus der vieldeutigen, kontextabhängigen Realität, die sich im Verlauf der Interaktion von Analytiker und Analysand entwickelt, gemeinsam etwas zu machen, zu einer formalisierten, autoritären Wissenschaft zu verkommen« (Huber und Klug 2016a, S. 144). Die Bewältigung dieser Herausforderung entspreche der Arbeit eines Sisyphos zwischen therapeutischer Scylla und methodischer Charybdis (von Rad et al. 2001). Einigkeit besteht inzwischen dahingehend, dass die alternative Gegenüberstellung von klinischer Einzelfallstudie und empirischer Forschung zu vereinfachend und unfruchtbar ist. Die Verwendung der jeweiligen Methode hängt von der Fragestellung ab; meistens wird der Einzelfallstudie die Funktion, Hypothesen zu generieren, zugeschrieben, während die empirische Forschung diese Hypothesen testen und damit verallgemeinerbares Wissen generieren könne. Beide Ansätze haben ihre spezifischen Vor- und Nachteile, aber jeder Ansatz kann zu einem vertiefenden Verständnis psychodynamischer Theorie und Therapie beitragen (Eagle und Wolitzky 2011). Anders als zu Freuds Zeiten, als Fallberichte die Wirksamkeit der Behandlung belegten, und Freuds berühmte Fallbeschreibungen (»Dora«, »Wolfsmann«, »Rattenmann« etc.) ihm sogar einen Literaturpreis einbrachten, werden sie heute als Nachweise für die Wirksamkeit üblicherweise nicht mehr anerkannt, zumindest nicht außerhalb des betreffenden Verfahrens. Fallberichte, die den jeweiligen Ausgangszustand, den therapeutischen Prozess sowie das Ergebnis aus Sicht des Behandlers beschreiben, haben für Diskurse innerhalb des Therapieverfahrens aber weiterhin ihre Bedeutung (▶ Kap. 6). Benecke (2014b) illustriert diese differenzierte Sicht auf den Einsatz unterschiedlicher Forschungsmethoden anhand von Beispielen aus der deutschen Studienlandschaft. Einen interessanten Ansatz, der eine Verbindung qualitativer und quantitativer Methodik enthält, stellt die Inhaltsanalyse der von Patienten verfassten Berichte zum Verlauf und Ergebnis der Behandlung in der DPG-Praxisstudie, einer prospektiven naturalistischen Studie zur Untersuchung der Wirksamkeit analytischer Therapien, dar (Henkel et al. 2016). Diese qualitative Analyse der Patientenäußerungen scheint sehr viel näher an deren subjektiven

Erleben zu sein als die Erhebung von Werten in einem Fragebogen. Als retrospektive Befragung bringt dieses Vorgehen ähnlich wie die entsprechenden Befunde aus der Frankfurter Katamnese-Studie (Leuzinger-Bohleber et al. 2003) jedoch keine allgemein anerkannten Wirksamkeitsbelege. Heute gelten als Nachweise der Wirksamkeit eigentlich nur noch prospektive Studien, bei denen à priori festgelegte Kriterien (Symptome, Diagnosen, Beziehungs- und Lebensqualität, Strukturniveau etc.) zu verschiedenen Zeitpunkten sowie zu einem hinreichend langen Zeitraum nach Behandlungsende erfasst werden (Benecke 2014, S. 591). Dass wir solche Ergebnisstudien auf der Basis systematischer empirischer Forschung benötigen, ist ebenso unstrittig wie die Verantwortlichkeit der Psychoanalyse, die Quantität, Qualität und Nachhaltigkeit ihrer Ergebnisse überzeugend nachzuweisen.

9.2 Naturalistische vs. randomisierte Studien

Auch wenn klar ist, dass Fallbeschreibungen als Belege der Wirksamkeit von Psychotherapie nicht ausreichen und prospektive Studien gefordert sind, bleibt darüber hinaus dennoch die Frage offen, welches Studiendesign notwendig oder angemessen ist. Als »Goldstandard« (Chambless und Ollendick 2001) für den Wirksamkeitsnachweis einer Behandlungsmethode gelten randomisierte kontrollierte Studien, sog. RCTs, deren definierendes Merkmal in der zufallsmäßigen Zuweisung von Personen zu verschiedenen Behandlungsbedingungen ist. Das Ziel der Randomisierung besteht darin, das Ergebnis einer Studie ausschließlich auf die angewendete Therapie zurück führen zu können; sie dient der Sicherung der internen Validität (Shadisch et al. 2002), d. h., dass Variablen, die abgesehen von der Therapie einen systematischen Einfluss auf deren Ergebnis haben könnten, kontrolliert werden. Diese Variante des Vorgehens in der Wirksamkeitsfragestellung nennt man »Efficacy-Studien«. Da diese Art der Studien der Frage nach der spezifischen Wirksamkeit einer spezifischen Maßnahme auf ein spezifisches klinisches Phänomen (Symptome, Diagnose) nachgehen, werden in Efficacy-Studien im Idealfall nur monosymptomatisch gestörte Patienten einbezogen, also beispielsweise nur Patienten mit Panikstörung ohne weitere Psychodiagnosen oder nur mittelgradige depressive Episoden ohne eine Komorbidität z. B. im Bereich von Persönlichkeitsstörungen. Ein weiterer einschränkender Aspekt bezieht sich auf die »spezifische Maßnahme«, deren präzise inhaltliche Beschreibung eigentlich nur durch eine Manualisierung zu erzielen ist. Die Randomisierung, die Verwendung von Behandlungsmanualen, die Fokussierung auf spezifische Symptome sowie der häufige Ausschluss von schwerer gestörten Patienten mit einer schlechteren Prognose lassen es fraglich erscheinen, inwieweit die Ergebnisse von RCTs im Bereich der Psychotherapie repräsentativ für die klinische Praxis sind (Leichsenring 2015, S. 33). Es ist interessant, dass gerade David Orlinsky (2008) als »sicher einer der einfluss- und kenntnisreichsten Psychotherapieforscher der letzten Jahrzehnte« (Strauß 2008, S. 341) dieses vorherrschende biomedizinisch geprägte Paradigma, das sich an der Methodologie der Pharmakaforschung orientiert, einer schonungslosen Kritik unterzieht. Orlinsky (2008, S. 346) benennt fünf »implizite – und daher üblicherweise nicht hinterfragte – Annahmen des RCT-Paradigmas« (vgl. Benecke 2014, S. 594). Inwieweit sein Resümee, dass die Dominanz der RCT-Studie als vorherrschendem Paradigma, dem die ›Mainstream‹-Therapieforschung folgt, die menschlichen Realitäten der Psychotherapie nicht adäquat abbilde und aus diesem Grund nicht wirklich wissenschaftlich sei (Orlinsky 2008, S. 347), in dieser Schärfe zutrifft, bleibt sicherlich diskussionswürdig.

Den Bedingungen der klinischen Praxis entspricht ein anderes Studiendesign: Naturalistische Studien, sog. »Effectiveness-Studien«, sind in hohem Maße repräsentativ für die reale klinische Praxis in Bezug auf Patienten, Therapeuten und Behandlungen. Wir sprechen hier von externer Validität, d. h., die gefundenen Ergebnisse lassen sich auf üblicherweise durchgeführte Behandlungen und somit auf die Alltagspraxis übertragen. Untersucht wird die Behandlungsroutine, d. h., der Zugang von Patienten zum jeweiligen Behandler erfolgt wie sonst auch üblich, und die untersuchten Patienten entsprechen denen der Alltagspraxis. Somit werden nicht nur Patienten mit isolierten Störungen untersucht, sondern auch diejenigen mit der auch sonst vorkommenden, z. T. hohen Komorbidität. Die interne Validität von Effectiveness-Studien kann durch quasiexperimentelle Designs verbessert werden, die andere Methoden als die Randomisierung verwenden, um die Beeinflussung der Ergebnisse durch Variablen zu minimieren, die bekanntermaßen die Wirksamkeit der Behandlungsmaßnahme modifizieren. Forschungsergebnisse zur ambulanten Psychotherapie unter Routinebedingungen, die sich auf vier große Studien beziehen und damit eine »ansehnliche Forschungslage« (zit. n. Altmann et al. 2016) repräsentieren, zeigen eine gemittelte Effektstärke über alle vier Studien von 1,03 (hohe ES) für Symptomreduktion bei durchschnittlicher Behandlungsdosis von 31,3 Sitzungen (ebd.). Generell wird inzwischen anerkannt, dass Befunde aus naturalistischen Studien die Behandlungseffekte im Vergleich zu RCTs nicht zu überschätzen scheinen. Das heißt konkret, dass – vorsichtig formuliert – Psychotherapie in der Praxis ähnlich (relativ) wirksam ist wie in RCTs (Wampold und Imel 2015; zit. n. Strauß 2017). In einer Tabelle stellt Benecke (2014, S. 595) die Merkmale von Efficacy- und Effectiveness-Studien gegenüber. Daraus geht noch einmal deutlich hervor, dass die beiden Studiendesigns verschiedene Forschungsfragen beantworten (Leichsenring 2004a). Das Forschungsdesign der LAC-Depressionsstudie (Beutel et al. 2016), in der psychoanalytische und kognitiv-behaviorale Langzeittherapie bei chronischer Depression verglichen werden, ist in diesem Zusammenhang sehr interessant, da sowohl der randomisierte Zugang zu unterschiedlichen Therapieformen vorgesehen ist als auch der quasi natürliche, der auf der subjektiven Präferenz der vorher informierten Patienten basiert. Dadurch wird es möglich, den Einfluss der Randomisierung auf den Therapieerfolg zu prüfen.

9.3 TP als Kurzzeit- und Langzeittherapie

Die Wirksamkeit einer Reihe von Psychotherapieverfahren gilt mittlerweile als »über jeden vernünftigen wissenschaftlichen Zweifel hinaus belegt« (Margraf 2009, S. 39). Allerdings führt die Beschäftigung mit der wissenschaftlichen Evidenz der TP unweigerlich zu der Frage, mit welcher Therapieform sie denn zu vergleichen ist: Handelt es sich um eine Langzeit- oder um eine Kurzzeittherapie? Dies wiederum steht im Zusammenhang mit den spezifisch-deutschen Psychotherapie-Richtlinien, in der die TP als ein Verfahren der psychoanalytisch begründeten Behandlungsformen definiert wird (▶ Kap. 1). Demnach handelt es sich bei einem Umfang von 25 Stunden um eine Kurzzeittherapie und bei mehr als 45 Sitzungen um eine psychodynamische Langzeittherapie. Anders verhält es sich aus US-amerikanischer Perspektive: Nach Gabbard (2010) ist eine Behandlung mit mehr als 24 Sitzungen oder einer Dauer von mehr als 6 Monaten als Langzeittherapie zu bezeichnen. Psychotherapieforscher haben zur Vereinheitlichung vorgeschlagen, diejenigen Behandlungen als Langzeittherapien einzuschätzen, die 50 Sitzungen und mehr umfassen und mindestens ein Jahr andauern. Schaut man in die Studien, steigt die Verwirrung allerdings deutlich an: Untersuchte, ausdrücklich so benannte psychodynamische Langzeittherapien, definiert durch psychoanalytische oder psychoanalytisch orientierte Behandlungen mit mindestens 50 Sitzungen, wiesen im Review von Leichsenring und Rabung (2008) im Mittel einen Behandlungsumfang von 275 Sitzungen auf und entsprachen damit überwiegend den Rahmenbedingungen der AP der deutschen Richtlinien. In der Münchner Psychotherapiestudie wurden erstmalig die Richtlinien-Therapien AP, TP und kognitive Verhaltenstherapie (KVT) in einem randomisierten Design in der Behandlung einer homogenen Gruppe von depressiven Patienten miteinander verglichen. Die AP umfasste 234 Sitzungen im Mittel, die TP 88 und die KVT 44 Sitzungen. Entsprechend variierte die Behandlungsdauer zwischen zwei (KVT) und drei Jahren (Huber und Klug 2016b).

Aus diesen Ausführungen ist zu folgern, dass die Beschäftigung mit der wissenschaftlichen Evidenz der TP für KZT und LZT getrennt vorgenommen werden sollte.

9.3.1 Wirksamkeit der TP als Kurzzeittherapie

Leichsenring (2015, S. 35 ff) gibt einen systematischen Überblick über randomisierte Studien zur psychodynamischen Psychotherapie bei spezifischen Störungen. Es wurden unterschiedliche Konzepte der psychodynamischen Psychotherapie angewendet; die Anzahl der Sitzungen betrug mit Ausnahme einiger Studien zur Behandlung von Ess- und Persönlichkeitsstörungen zwischen 7 und 36. Vergleichsgruppen bestanden überwiegend aus KVT- und Standardbehandlungen sowie aus Wartegruppen. Folgt man den Studienergebnissen, kann die Wirksamkeit der psychodynamischen Psychotherapie auch bei deutlich weniger als 40 Sitzungen als belegt gelten. Behandlungen in den vier schon erwähnten naturalistischen Studien umfassten im Durchschnitt nur 31,3 Sitzungen (▶ Kap. 9.2).

Generell gilt, dass eine psychodynamische Therapie mit weniger als 40 Sitzungen wirksamer ist als eine Placebotherapie, eine supportive Therapie oder eine Standardbehandlung oder ebenso effektiv ist wie eine KVT. Diese Ergebnisse stimmen mit verschiedenen Metaanalysen überein, in denen die Wirksamkeit der psychodynamischen Therapie untersucht wurde (Leichsenring et al. 2004). So zeigten z. B. Abbass et al. (2006) in ihrer Metaanalyse, dass psychodynamische Therapien mit weniger als 40 Sitzungen im Vergleich zu unterschiedlichen Kontrollgruppen eine große Effektstärke (ES) von d = .97 für eine allgemeine Symptomverbesserung aufwiesen. Im Katamnesezeitraum von 9 Monaten und mehr stieg die ES auf d = 1.51 an. Die Autoren aktualisierten 2014 (Abbass et al. 2014) ihre Metaanalyse; sie konnten insgesamt 33 Studien zu unterschiedlichen Störungsbildern und mit über 2.000 Behandelten darin berücksichtigen. Ein Zitat fasst die Ergebnisse zusammen:

»Except for somatic measures in the short-term, all outcome categories suggested significantly greater improvement in the treatment versus the control groups in the short-term and medium-term. Effect sizes increased in long-term follow-up, but some of these effects did not reach statistical significance« (Abbass et al. 2014, S. 2).

Die Erhöhung der ES bei längerfristigen Nachbeobachtungen konnte auch Leichsenring aufzeigen. Dieser häufig gefundene Trend zu höheren ES bei Nachuntersuchungen lässt darauf schließen, dass psychodynamische Psychotherapie psychologische Prozesse in Gang setzt, die zu andauernden Veränderungen führen, auch nachdem die Therapie beendet ist. Dass dieser Effekt auch bei kürzeren Behandlungsdauern eintritt, ist ein sicherlich interessantes und ermutigendes Ergebnis. Die empirische

Fundierung psychodynamischer Kurzzeittherapie für eine Vielzahl psychischer und psychosomatischer Störungen wird inzwischen auch von Vertretern anderer therapeutischer Orientierungen weitgehend anerkannt. Diese Ergebnisse sind um so relevanter, als eine Auswertung der Daten von 385.885 Patienten der 17 kassenärztlichen Vereinigungen in Deutschland, die zwischen 2009 und 2012 psychotherapeutisch behandelt wurden, zeigte, dass 70 % der Patienten eine reine KZT erhielten, wobei die Mehrzahl das Kontingent nicht voll ausnutzte (Multmeier und Tenckhoff 2014).

9.3.2 Wirksamkeit der TP als Langzeittherapie

Ergebnisse aus älteren naturalistischen retrospektiven Studien (Consumer Reports Study von Seligman 1995; Hartmann und Zepf 2004) mit einer allerdings nicht sehr hohen Datenqualität, d. h. wenig interner Validität, lassen sowohl für die USA als auch für Deutschland eine zentrale Aussage zu: Je länger eine Therapie dauert, desto größer sind die Effekte, unabhängig von der Therapiemethode. Dieser Befund entspricht dem Dosis-Wirkung-Modell von Howard et al. (1986), das besagt, dass Verbesserungen mit einer höheren Dosis an Sitzungen zunehmen, jedoch mit ausgeprägten Veränderungen in den frühen Sitzungen. Der Zusammenhang ist nicht linear, sondern lässt sich durch eine negativ akzelerierte Kurve beschreiben. In ihrer vielzitierten Arbeit konnten Kopta et al. (1994) die Bedeutung des Dosis-Wirkung-Prinzips empirisch belegen. Ihren Darstellungen zufolge profitierten 50 % der Patienten mit akuten psychischen Störungen in den ersten 10 Sitzungen; nach 25 Sitzungen kann der Zustand von 70 % dieser Patienten als signifikant verbessert angesehen werden. Bei 50 % Patienten mit chronifizierten und komplexen Störungen (wegen Komorbiditäten insbesondere aus dem Bereich der Persönlichkeitsstörungen) hingegen trat eine nennenswerte Besserung erst nach 50 Sitzungen ein. Huber und Klug (2015, S. 95) ziehen folgendes Fazit: »Man kann also, je nach Blickwinkel, sagen: Psychotherapie braucht erstaunlich wenige oder viele Stunden, je nachdem, welche 50 % der Patienten betrachtet werden.« Perry et al. (1999) schätzten empirisch die Länge der Behandlung, die für Patienten mit Persönlichkeitsstörungen notwendig ist, damit sie nicht länger die Kriterien einer Persönlichkeitsstörung erfüllen. Demnach wären 1,3 Jahre Behandlungsdauer oder 92 Sitzungen notwendig, um bei 50 % der Patienten dieses Ziel zu erreichen. Nach 2,2 Jahren oder etwa 216 Sitzungen würden 75 % die Kriterien einer Persönlichkeitsstörung nicht mehr erfüllen. Eine Metaanalyse von Leichsenring und Rabung untersuchte die Wirksamkeit psychodynamischer Langzeittherapie, wobei »Langzeit« definiert wurde durch eine Anzahl von mehr als 50 Sitzungen und einer Behandlungsdauer von mindestens einem Jahr. Im Durchschnitt umfassten die Behandlungen 151,38 Sitzungen, allerdings lag der Median bei 73,5 Sitzungen, d. h., dass 50 % der in die Studie einbezogenen 1.053 Patienten eine Behandlungsdosis erhielten, die dem Kontingent der TP laut Richtlinien voll entspricht. Die wichtigsten Ergebnisse dieser Metaanalyse lassen sich wie folgt zusammenfassen (Leichsenring und Rabung 2011):

- Psychodynamische Langzeittherapie zeigt hohe Effektstärken sowohl im Prä-Post-Vergleich als auch in der Katamnese.
- Längere Behandlungen zeigen höhere Effektstärken als kürzere.
- Die Effekte für alle Ergebnismaße vergrößern sich noch im Katamnesezeitraum.
- Für Patienten mit komplexen Störungen (chronische Verläufe, Persönlichkeitsstörungen, multimorbide Patienten) hat sich die psychodynamische Langzeittherapie als wirksamer erwiesen als kürzere Psychotherapieformen.

Ein aktueller Überblick über vorliegende Reviews, die die Evidenz psychodynamischer Langzeittherapie belegen, findet sich bei Rabung und Leichsenring (2016).

In der Münchner Psychotherapie-Studie (MPS; Beutel et al. 2015; Huber und Klug 2016b) gingen die Autoren davon aus, dass die Depression eine meist rezidivierende, oft chronifizierende Erkrankung sei und dass deshalb depressive Patienten eine Langzeittherapie benötigen, um ungünstige Verläufe zu verhindern. Erstmalig wurden in einem randomisierten Design in einer prospektiven Prozess-Ergebnis-Studie die Behandlung dieser Patienten mit den drei Richtlinien-Psychotherapien (AP, TP und KVT) verglichen. Die AP dauerte durchschnittlich 39 Monate mit 234 Sitzungen, die TP 34 Monate mit 88 Sitzungen und die KVT 26 Monate mit 44 Sitzungen. Im Vergleich mit den weniger intensiven Therapieformen (TP und KVT) erzielte die AP die ausgeprägteren und stabileren Effekte, wiederum mit der deutlichen Tendenz, vom Behandlungsende bis zum Katamnesezeitpunkt noch weiter anzusteigen. Aber auch die Effektstärken für die TP und die KVT können als sehr gut eingeschätzt werden. In der Verbesserung interpersoneller Probleme erwies sich die TP der KVT als überlegen. Ähnlich verhielt es sich mit der Remissionsrate der depressiven Symptomatik: Diese betrug bei Behandlungsende in der AP-Gruppe 91 %, in der TP-Gruppe 77 % und in der KVT-Gruppe 53 %. Zum Katamnesezeitpunkt nach 3 Jahren wies die AP-Gruppe eine Remittierungsrate von 89 %, die TP-Gruppe lag bei 68 % und in der KVT-gruppe waren es 42 %. In der Studie fanden sich erste Hinweise, dass die spezifische therapeutische Technik eine größere Rolle für den Therapieerfolg spielt als die Therapiedosis. Geht es um die Behandlung der depressiven Symptomatik und den Umgang mit sich selbst (das Introjekt), so ist die AP langfristig effektiver aufgrund der psychoanalytischen Techniken und nicht wegen der höheren Stundenzahl. Dass sich die drei Verfahren theoriekonform deutlich im Vorgehen unterschieden, konnte durch sorgfältige Analysen gesichert werden.

Unter der Überschrift »Warum nachhaltige Veränderungen im Gehirn Zeit brauchen?« setzt sich Roth (2016) in mit den identifizierbaren Veränderungen (»Reorganisationen«) neuronaler Strukturen und Prozesse auseinander, die mit erfolgreichen psychotherapeutischen Maßnahmen einhergehen. Ausgangspunkt für diese neurobiologische Sicht auf die Wirkung von Psychotherapie ist Grawes Satz: »Psychotherapie wirkt, wenn sie wirkt, darüber, dass sie das Gehirn verändert« (Grawe 2004). Nach Sichtung einer Vielzahl neurobiologischer Befunde schlussfolgert Roth (2016, S. 460), dass eine Langzeittherapie aus neurowissenschaftlicher Sicht für die Behandlung schwerer psychischer Erkrankungen unabdingbar ist. Dysfunktionale Weisen des Fühlens, Denkens und Handelns haben sich tief in limbische Zentren, vornehmlich in die Basalganglien und die Amygdala »eingegraben«, und die adaptive Reorganisation solcher Netzwerkstrukturen ist langwierig, aber notwendig, um Rückfälle zu vermeiden (vgl. auch Benecke 2014, S. 618 ff).

9.4 Prozess-Outcome-Forschung: Wirkfaktoren

Lambert und Ogles (2004) betrachten das Dodo-Bird-Verdikt bzw. das Äqivalenzparadoxon, demzufolge kein Konzept der Psychotherapie anderen Behandlungskonzepten *generell* überlegen ist, als einen der am besten gesicherten Befunde der Psychotherapieforschung. So ist die Qualität der therapeutischen Beziehung einflussreicher auf das Ergebnis als die gewählte Methode (Wampold 2001; Beutler et al. 2004; Hermer 2012a). Weiter gibt es auch durchaus empirisch abgesicherte Hinweise, welche Eigenschaften einen erfolgreichen Psychotherapeuten auszeichnen: Er besitzt Einfühlungsvermögen, zeigt Sympathie, unterstützt bei Problemlösungen, ist respektvoll, offen und stiftet eine vertrauensvolle Beziehung (Hermer 2012b). Großen Einfluss hat weiterhin die »Passung« zwischen Patient und Therapeut, eine stabile therapeutische Allianz, wozu auch eine hohe Übereinstimmung in den Zielen der Behandlung gehört (Nocross und Wampold 2011; Nocross und Lambert 2011). Hier ist nicht der Ort, um die umfassende Diskussion zur Gültigkeit des Dodo-Bird-Verdiktes nachzuvollziehen (vgl. dazu Benecke 2014, S. 612 ff), aber einige Ergebnisse, die anstelle von unspezifischen eher (auch) für die Bedeutung spezifischer Wirkfaktoren sprechen, sollen aufgeführt werden. Studien zur psychotherapeutischen Prozessforschung haben einige wichtige Ergebnisse im Hinblick auf die Veränderungsmechanismen der psychodynamischen Therapie geliefert (zit. n. Leichsenring 2015, S. 41).

- Folgende Variablen erwiesen sich als gute Prädiktoren für den Behandlungserfolg bei der psychodynamischen Psychotherapie: hohe Motivation, realistische Erwartungen, umschriebener Fokus, hohe Qualität von Objektbeziehungen und Fehlen von Persönlichkeitsstörungen. In der psychodynamischen Langzeittherapie hingegen sind das Vorliegen von Persönlichkeitsstörungen, Chronizität und weniger optimistische Erwartungen keine negativen Prädiktoren des Therapieerfolges.
- Der Befund, dass das Behandlungsergebnis psychodynamischer Therapien mit den psychodynamischen Techniken und der psychothera-

peutischen Kompetenz zusammenhängt, kann als evidenzbasiert gelten: Die Genauigkeit der Interpretation und die Kompetenz bei der Vergabe von deutenden Interventionen sagten das Therapieergebnis voraus. In einer anderen Studie war das Therapieergebnis umso besser, je genauer die Therapeuten den Fokus getroffen hatten. Diese Befunde sprechen dafür, dass ein gewisser Anteil der Varianz der Ergebnisse der psychodynamischen Therapie durch spezifische Faktoren erklärt wird.
- Ebenso empirisch abgesichert ist die Interaktion von Technik, Ergebnis und Patientenvariablen; die Befunde weisen in eine ähnliche Richtung wie die Ergebnisse der MPS. Die Häufigkeit von Übertragungsdeutungen scheint in der psychodynamischen Kurzzeittherapie mit einem geringeren Erfolg und einer schlechteren therapeutischen Allianz bei Patienten mit einer niedrigen Qualität von Objektbeziehungen einherzugehen. Im Gegensatz dazu zeigte eine Studie zur psychodynamischen Langzeittherapie, dass Patienten mit einem niedrigen Niveau der Objektbeziehungen mehr von einer Therapie mit Übertragungsdeutungen profitieren als von einer Therapie ohne Übertragungsdeutungen. Bei den strukturell nicht beeinträchtigten Pateinten machte diese behandlungstechnische Variante keinen Unterschied.
- In einer Reihe von Studien konnte nachgewiesen werden, dass die therapeutische Allianz ein moderater Prädiktor des Therapieerfolges ist.

So differenziert diese Betrachtungen auch sein mögen, so dürfen sie doch nicht darüber hinwegtäuschen, dass die Wirkfaktoren – seien sie nun spezifischer oder unspezifischer Natur – nur einen moderaten Anteil von 20–30 % der Varianz der Therapieergebnisse erklären. Spätestens hier stellt sich somit die Frage, ob es überhaupt möglich ist, das komplexe interaktionelle Geschehen, das eine Psychotherapie ausmacht, auf einzelne isolierte Wirkfaktoren zurückzuführen. Leichsenring (2015, S. 42) bringt es mit einem Zitat der Gestaltpsychologen auf den Punkt: »Das Ganze ist mehr als die Summe der Teile.«

9.5 Wirksamkeit störungsorientierter psychodynamischer Therapiemethoden

Ausgehend von den Befunden zur Bedeutung spezifischer Wirkfaktoren wurde eine Reihe störungsorientierter psychodynamischer Therapieansätze entwickelt. In Kapitel 5 wurden die Übertragungsfokussierte Psychotherapie (TFP), die Mentalisierungsbasierte Therapie (MBT) und die Strukturbezogene Therapie ausführlich beschrieben. Alle drei Behandlungsformen richten sich an strukturell beeinträchtigte Patienten bzw. an Patienten mit einer Borderline-Persönlichkeitsorganisation. Die TFP und die MBT werden im aktuellen Cochrane-Review (Stoffers et al. 2012) als wirksame und empirisch validierte Behandlungen der Borderline-Persönlichkeitsstörung (BPS) beurteilt. Das heißt nicht, dass die Strukturbezogene Therapie nicht ebenso wirksam sein kann, nur fehlen bisher noch die entsprechenden Wirksamkeitsnachweise.

Als eine Pionierleistung auf dem Gebiet der störungsspezifischen Behandlungsmanuale für psychodynamische Langzeitpsychotherapien ist die TFP zu betrachten (Clarkin et al. 1999, Yeomans et al. 2017). Mit ihrer spezifischen Deutungstechnik kann die TFP als eine Umsetzung der Befunde zur Wichtigkeit von Übertragungsdeutungen bei strukturell schwerer gestörten Patienten angesehen werden. Vergleiche mit einer üblichen psychodynamischen Behandlung durch erfahrene Therapeuten zeigten, dass die TFP zu verschiedenen klinisch relevanten Veränderungen führte: z. B. weniger Therapieabbrüche, stärkere Abnahme der BPS, ausgeprägtere Verbesserung des Strukturniveaus, weniger Suizidversuche als in der Vergleichsgruppe (Doering et al. 2010). Wie schon in einer Studie von Clarkin et al. (2007) konnte auch hier eine Verbesserung der Mentalisierung demonstriert werden (Fischer-Kern et al. 2015). In einem Vergleich mit der Dialektisch-Behavioralen Therapie nach Linehan (DBT) und mit einer supportiven Therapie ließ sich einzig in der mit TFP behandelten Gruppe von BPS-Patienten eine signifikante positive Veränderung des Bindungsstils nachweisen (Levy et al. 2006).

Die Wirksamkeit der MBT wurde für die Behandlung von BPS sowohl im teilstationären als auch im ambulanten Setting in zwei randomisierten kontrollierten Studien im Vergleich zu einer nicht-spezialisierten struktu-

9.5 Wirksamkeit störungsorientierter psychodynamischer Therapiemethoden

rierten psychiatrischen Behandlung mit gleicher Dosis nachgewiesen (Bateman und Fonagy 1999; 2009). Nach 8 Jahren Follow-up konnten 41 Patienten erneut untersucht werden. Es zeigte sich eine signifikante Überlegenheit der MBT-Gruppe hinsichtlich der Suizidalität, des Diagnosestatus, der Rehospitalisierungstage, dem globalen Funktionsniveau und dem Arbeits- bzw. Ausbildungsstatus. Insbesondere Patienten mit mehrfachen Komorbiditäten im Bereich der Persönlichkeitsstörungen hatten von der MBT stärker profitiert (Bateman und Fonagy 2013). Zu vergleichbaren Ergebnissen kam eine unabhängige niederländische Forschergruppe bei tagesklinisch behandelten BPS-Patienten (Bales et al. 2012). In einer dänischen Studie ließ sich allerdings die Überlegenheit der MBT – hier im Vergleich mit einer supportiven psychodynamischen Gruppentherapie – nicht so deutlich zeigen. Beide Behandlungsmethoden erzielten starke Effekte, lediglich in Bezug auf das globale Funktionsniveau schnitt die MBT-Gruppe besser ab (Jørgensen et al. 2013).

An dieser Stelle könnte man die Auflistung der störungsorientierten manualisierten Therapien und deren Beforschung noch weiterführen. Zu erwähnen wären die Panik-Fokussierte Psychodynamische Psychotherapie (PFPP; Milrod et al. 1997; Subic-Wrana et al. 2012), die Psychoanalytisch-Interaktionelle Therapie für somatoforme Störungen (PISO; Arbeitsgruppe PISO 2012), das Manual zur Psychodynamischen Therapie von Angststörungen (Hoffmann 2016) oder auch das Manual für die psychoanalytisch-orientierte Behandlung von chronischen, refraktären oder behandlungsresistenten depressiven Patienten (Taylor und Richardson 2005; Taylor 2015). Zu erwähnen wäre auch die Entwicklung eines Behandlungsmanuals für eine Operationalisierte Psychodynamische Psychotherapie spezifisch für die wichtigsten Krankheitsbilder, das auf der OPD basiert (Benecke 2015). Zur Auseinandersetzung mit den Vor- und Nachteilen von Manualisierungen sei hier auf Benecke (2014, S. 615 f) verwiesen.

9.6 Fazit

Die TP lässt sich sowohl als Kurzzeit- als auch als Langzeittherapie konzipieren und entsprechend in beide Forschungsstränge einordnen. Die Wirksamkeit als Kurzzeittherapie konnte in vielen methodisch robusten Studien gut belegt werden. Aber auch als Langzeittherapie ist die TP Studien zufolge erfolgreich einsetzbar. Therapeuten sollten sich nicht scheuen, auch bei Patienten mit komorbiden Persönlichkeitsstörungen eine TP zu beantragen und von der Möglichkeit Gebrauch machen, das maximale Kontingent von 100, in Ausnahmefällen durchaus auch 120 Stunden, auszuschöpfen. Wie schon in Kapitel 5 beschrieben, gehören Deutungen inkl. der Übertragungsdeutungen im Hier und Jetzt, d. h. Deutungen der Binnenübertragung (▶ Kap. 6), zum behandlungstechnischen Repertoire von TP'lern. Die Nutzung von Übertragungsdeutungen im Sinne der TFP, die nicht zu einer verstärkten Regression führt, lässt die TP als Behandlungsverfahren auch für persönlichkeitsgestörte Patienten als geeignet erscheinen. Die Zeitbegrenzung erfordert allerdings – wie in der Behandlung von Konfliktpathologien – eine Fokussierung auf maximal zwei bis drei Aspekte der strukturellen Beeinträchtigungen. Wenn diese klar herausgearbeitet werden, dann zeigt die Erfahrung, dass auch die Gutachter von Kassenanträgen TP-Behandlungen bei Persönlichkeitsstörungen zustimmen und nicht die Indikation zur modifizierten AP dagegenhalten. TP ist wirtschaftlich und muss sich nicht hinter den kürzeren Verhaltenstherapien verstecken. Gallas et al. (2008) unterzogen die in der Routineversorgung weitverbreitete kognitive Verhaltenstherapie und die TP einer vergleichenden Kosteneffektivitätsanalyse und fanden keine substanziellen Unterschiede hinsichtlich der Kosteneffektivität der beiden Verfahren (vgl. Benecke 2014, S. 624). Die Kosten-Nutzen-Analysen von Wittmann et al. (2011) legen nahe, dass sich jeder in eine ambulante Psychotherapie investierte Euro um das etwa 3-fache wieder auszahlt.

10 Institutionelle Verankerung

Die psychotherapeutische Aus- und Weiterbildung für Psychologen und Ärzte erfolgt überwiegend an speziellen Aus- und Weiterbildungsinstituten (▶ Kap. 11). Viele der älteren Institute sind traditionell mit psychoanalytischen Fachgesellschaften wie der Deutschen Gesellschaft für Psychoanalyse (DPG) oder der Deutschen Psychoanalytischen Vereinigung (DPV) verbunden. Die berufspolitische Dachgesellschaft der psychoanalytischen Fachgesellschaften ist die *Deutsche Gesellschaft für Psychoanalyse, Psychotherapie, Psychosomatik und Tiefenpsychologie e. V. (DGPT)*.

Im Zuge der Entstehung des Psychotherapeutengesetzes (PsychThG), wodurch dann auch viele tiefenpsychologisch ausgerichtete Psychologen einen geregelten Zugang zur psychotherapeutischen Versorgung erhielten, ohne Psychoanalytiker zu sein, wurde 1997 die *Deutsche Gesellschaft für Tiefenpsychologie (DFT)* gegründet und avancierte seitdem zur anerkannten Vertreterin der TP in Deutschland. Unter dem Dach der DFT entwickelte sich ein systematischer fachwissenschaftlicher und fachpolitischer Diskurs der TP, der u. a. auch mit einer eigenen Zeitschrift – die *Psychodynamische Psychotherapie* – dokumentiert wird. Die DFT unterstützte die Etablierung einer TP-Ausbildung auch an nicht DGPT-anerkannten Instituten. Die wissenschaftlichen und politischen Ziele der DFT richten sich auf eine weitere Verankerung der Tiefenpsychologisch fundierten Psychotherapie als eigenständige, integrative und entwicklungsfähige Therapiemethode sowohl im Gesundheitswesen als auch im öffentlichen Bewusstsein. Ein besonderes Anliegen der DFT ist die Aus-, Weiter- und Fortbildung in Tiefenpsychologisch fundierter Psychotherapie und deren Verbesserung. Die DFT kooperiert mit bestehenden Aus- und Weiterbildungseinrichtungen, in denen Ärztliche und Psychologische Psychotherapeuten sowie Kinder- und Jugendlichenpsychotherapeuten ausgebildet werden.

Eine weitere Gesellschaft, in der in TP ausgebildete Ärzte und Psychologen Mitglieder sind, ist das *Deutsche Kollegium für Psychosomatische Medizin (DKPM)*. Das DKPM ist die interdisziplinäre wissenschaftliche Fachgesellschaft für das Gebiet der Psychosomatischen Medizin und Psychotherapie.

Ärztliche Psychotherapeuten mit der Gebietsbezeichnung Psychiatrie und Psychotherapie sind zu einem relativ hohen Prozentsatz in der *Deutschen Gesellschaft für Psychiatrie und Psychotherapie, Psychosomatik und Nervenheilkunde (DGPPN)* organisiert. Die DGPPN ist eine medizinische Fachgesellschaft, die bereits 1842 gegründet wurde und heute mehr als 8.500 Mitglieder zählt. Damit ist sie die größte und älteste wissenschaftliche Vereinigung von Ärzten und Wissenschaftlern, die in Deutschland auf den Gebieten Psychiatrie, Psychotherapie, Psychosomatik und Nervenheilkunde arbeiten.

Für Ärztliche Psychotherapeuten ist darüber hinaus die *Deutsche Gesellschaft für Psychosomatische Medizin und Ärztliche Psychotherapie (DGPM)* bedeutsam. Mit etwa 1.500 Mitgliedern ist sie die größte Fachgesellschaft für psychosomatisch und psychotherapeutisch tätige Ärzte in Deutschland. Sie entstand aus der Verschmelzung von Deutscher Gesellschaft für Psychosomatische Medizin und Psychotherapie (DGPM) mit der Allgemeinen Ärztlichen Gesellschaft für Psychotherapie (AÄGP) im Jahr 2006.

Neben diesen großen Fachgesellschaften gibt es eine Vielzahl kleinerer Verbände und Gesellschaften, die sich schwerpunktmäßig auf bestimmte Störungsbilder (z. B. Trauma-assoziierte Störungen, Essstörungen etc.), auf bestimmte Settings (z. B. Akutversorgung oder Rehabilitation) oder auf bestimmte Therapiemethoden (z. B. EMDR, TFP, MBT u. ä.) konzentrieren.

11 Informationen zu Aus-, Fort- und Weiterbildung

Psychodynamische Psychotherapie wird sowohl von Ärztlichen als auch Psychologischen Psychotherapeuten ausgeübt. Der Weg zur Erlangung der Qualifikationsvoraussetzungen, um eigenständig psychotherapeutisch tätig zu werden, ist für Ärzte und für Psychologen mit Diplom- bzw. Masterabschluss grundlegend anders geregelt. Ärzte erhalten mit ihrer Approbation die Berechtigung, in der Heilkunde tätig zu sein, und erwerben im Rahmen einer psychotherapeutischen Weiterbildung die entsprechenden Kompetenzen, während Psychologen erst nach Abschluss der Ausbildung zum Psychologischen Psychotherapeuten mit der Approbation die Voraussetzung erfüllen. Die ärztliche Weiterbildungsordnung wird durch die jeweils gültige Musterweiterbildungsordnung verabschiedet und erlangt ihre Rechtsgültigkeit über entsprechende Beschlussfassungen der Landesärztekammer und des jeweiligen aufsichtsführenden Landesministeriums (Janssen und Rüger 2012, S. 284). Dagegen erfolgt die psychotherapeutische Ausbildung zum Psychologischen Psychotherapeuten sowie Kinder- und Jugendlichenpsychotherapeuten aufgrund direkter Vorgaben, die durch das Psychotherapeuten-Gesetz (PsychTG) des Bundesministeriums für Gesundheit (1999) geregelt sind. Die Umsetzung der gesetzlichen Vorgaben bzw. die Aufsicht über deren Rechtmäßigkeit erfolgt über die Landesprüfungsämter. Im Folgenden werden die berufs- und sozialrechtlichen Bedingungen beschrieben; diese können von denen der Verbands- und Fachgesellschaften, aber auch einzelner Institute (▶ Kap. 10) deutlich abweichen, so sind z. B. die Anforderungen an die Selbsterfahrung bei den DGPT-anerkannten Instituten durchweg höher zu veranschlagen.

11 Informationen zu Aus-, Fort- und Weiterbildung

11.1 Weiterbildungen für Ärztliche Psychotherapeuten

»Ziel der Weiterbildung ist der gezielte Erwerb festgelegter Kenntnisse, Erfahrungen und Fertigkeiten, um nach Abschluss der Berufsausbildung besondere ärztliche Kompetenzen zu erlangen. Die Weiterbildung dient der Qualität ärztlicher Berufsausübungen« (Bundesärztekammer 2010, S. 7).

Die Weiterbildung erfolgt nach der ärztlichen Approbation an zugelassenen Weiterbildungsstätten. Das können Universitätskliniken, Krankenhäuser, Rehabilitationskliniken, Institute und Praxen niedergelassener Ärzte sein, die von den Landesärztekammern zur Weiterbildung zugelassen wurden. Während für die Ausbildung der Psychologen der Bund die Hoheit besitzt, sind es bei den Ärzten die Landesärztekammern. Allerdings bemühen sich diese zusammen mit der Bundesärztekammer darum, eine Einheitlichkeit zu erhalten. Jeder Arzt, der psychotherapeutisch tätig werden möchte, unterliegt also den Vorschriften der Weiterbildungsordnung. Nach Erhalt der Approbation ist zurzeit die Qualifikation zur Ausübung von Psychotherapie auf folgende Weise zu erlangen:

- im Rahmen der Gebietsbezeichnung Psychosomatische Medizin und Psychotherapie
- im Rahmen der Gebietsbezeichnung Psychiatrie und Psychotherapie
- im Rahmen der Gebietsbezeichnung Kinder- und Jugendlichenpsychiatrie und -psychotherapie
- durch den Erwerb der Zusatzbezeichnung Psychoanalyse
- durch den Erwerb der Zusatzbezeichnung »Psychotherapie – fachgebunden«

Für die psychotherapeutische Tätigkeit in freier Praxis ist eine Facharztqualifikation erforderlich, entweder in einem der drei »P-Fächer« oder in einem Facharzt der unmittelbaren Patientenversorgung, z. B. Allgemein- oder Innere Medizin, Gynäkologie, Orthopädie etc. über die Zusatzbezeichnung »Psychotherapie – fachgebunden«. Die meisten Aus- und Weiterbildungsinstitute bieten auch für Ärzte eine curricular gestaltete, theoretische psychotherapeutische Weiterbildung an, obwohl dieses Format nicht zwingend vorgeschrieben ist. Umfang und Inhalte der Theorieweiterbildungen sowie die geforderten Qualifikationsnachweise wie Erstgespräche, Selbsterfahrung, Balintgruppe, Entspannungstraining, Behandlungsstunden unter Supervision etc. für die unterschiedlichen Weiterbildungsgänge sind der (Muster-)Weiterbildungsordnung der Bundesärztekammer zu entnehmen (vgl. auch Rudolf 2013b, S. 404 f). In allen Fällen bildet eine Prüfung vor einer von der Landesärztekammer bestellten Kommission den Abschluss der Weiterbildung.

11.2 Ausbildung zum Psychologischen Psychotherapeuten

Die Berechtigung zum Zugang zur Psychotherapieausbildung wird mit dem Diplom- oder dem Masterabschluss des Psychologiestudiums erlangt. Früher war ein konsekutiver Bachelor-Master-Studiengang mit Schwerpunkt in Klinischer Psychologie gefordert. Seit 2018 reicht der Masterabschluss in Psychologie. Die Institute entscheiden dann, ob die Voraussetzungen des einzelnen Bewerbers ihren Anforderungen genügen. Bei ausländischen Studienabschlüssen muss eine Gleichwertigkeitsprüfung durch das Landesprüfungsamt oder der Zentralstelle für ausländische Studienabschlüsse (ZAS) in Bonn erfolgen. Masterabschlüsse in Psychologie, die an einer Fachhochschule erlangt wurden, sind nur dann gültig, wenn die Fachhochschule über einen universitären Status verfügt. Die Ausbildung findet an staatlich anerkannten Ausbildungsinstituten statt, die z. T. privatwirtschaftlich geführt werden. Die Ausbildung erfolgt schwerpunktmäßig in Tiefenpsychologisch fundierter Psychotherapie, in Analytischer Psychotherapie oder in Verhaltenstherapie, differenziert für die Behandlung Erwachsener sowie die Behandlung Kinder und Jugendlicher. Die unterschiedlichen Bestandteile der Ausbildungen bestehend aus theoretischer und praktischer Ausbildung, praktischer Tätigkeit, Selbsterfahrung, Supervision sowie eigenen Ausbildungsleistungen außerhalb der institutsinternen Curricula sind in einem bundesweit gültigen

Gesetz (PsychThG; Bundesministerium für Gesundheit 1999) festgeschrieben. Insgesamt müssen 4.200 Ausbildungsstunden nachgewiesen werden, um sich zur Approbationsprüfung anmelden zu können. Die Abschlussprüfung besteht aus einem schriftlichen bundeseinheitlichen Teil und einer mündlichen Prüfung, der vor einer vom Landesprüfungsamt genehmigten Kommission stattfindet.

11.3 Fortbildung für Ärztliche und Psychologische Psychotherapeuten

Jeder tätige Ärztliche und Psychologische Psychotherapeut unterliegt nach Abschluss der Aus- bzw. Weiterbildung einer gesetzlich vorgeschriebenen Fortbildungsverpflichtung. Die in diesem Rahmen akzeptierten Fortbildungsveranstaltungen müssen von den Landesärzte- bzw. den Landespsychotherapeutenkammern akkreditiert und mit einer bestimmten Punktzahl ausgewiesen werden. In fünf Jahren müssen 250 Fortbildungspunkte erreicht werden. Inzwischen gibt es in Deutschland einer Reihe von Psychotherapietagen bzw. -wochen (z. B. in Lindau, Lübeck, Erfurt, Langeoog), die sich bei vielen Psychotherapeuten großer Beliebtheit erfreuen. Nicht nur in Fachvorträgen, sondern auch in Seminaren und Kursen können hier Kenntnisse und psychotherapeutische Kompetenzen aktualisiert und vertieft werden. Eine weitere Form der Fortbildung erfolgt häufig in sog. Qualitätszirkeln, die z. B. aus sich regelmäßig treffenden Intervisionsgruppen besteht und die von der Landesärzte- bzw. Psychotherapeutenkammer akkreditiert und mit der Vergabe von Fortbildungspunkten verbunden sind.

11.4 Zukünftige Entwicklungen

Seit einigen Jahren drängt das Bundesministerium für Gesundheit (BMG) aus gewichtigen Gründen insbesondere in Verbindung mit Problemen der Zugangsberechtigung, die aus den durch den Bologna-Prozess veränderten Studienstrukturen resultieren, auf eine Überarbeitung des Psychotherapeutengesetzes (PsychThG), das seit 1999 die Ausbildung der Psychologischen Psychotherapeuten regelt. Nach intensiven, sehr kontrovers geführten Diskussionen über mögliche Reformmodelle kam es im November 2014 auf dem 25. Deutschen Psychotherapeutentag zu einer Einigung. Mit einer Mehrheit von zwei Dritteln sprach sich der Berufsstand für eine »Approbation nach einem wissenschaftlichen Hochschulstudium auf Masterniveau« aus. In einem seit Herbst 2016 vorliegenden Eckpunktepapier gibt das BMG seine Entscheidung bekannt, eine Direktausbildung in Psychotherapie, wie sie die Psychotherapeutenschaft beschlossen hat, anzustreben und formuliert Ziele eines Ausbildungskonzeptes:

- das bisherige hohe Ausbildungsniveau sicherzustellen und weiter zu entwickeln,
- Theorie und Praxis mit evidenzbasierter Forschung zu verbinden,
- Fakten- und Handlungswissen aus dem Psychologiestudium, aus pädagogischen und medizinischen Studiengängen sowie aus den bisherigen verfahrensorientierten Psychotherapeutenausbildungen zu integrieren,
- Behandlungskompetenzen, die zur eigenverantwortlichen Ausübung psychotherapeutischer Heilkunde befähigen, zu vermitteln und so den Patientenschutz zu sichern,
- verfahrensübergreifende Aspekte und Prinzipien wissenschaftlich anerkannter psychotherapeutischer Verfahren und Methoden einzubeziehen und
- die Besonderheiten altersgruppenspezifischer Behandlungen zu berücksichtigen.

Um diese Ziele zu erreichen, bedarf es eines fünfjährigen Hochschulstudiums mit mindestens 5.200 Stunden, das in zwei Abschnitte unterteilt ist.

Im ersten Abschnitt (1.–3. Studienjahr) sollen vor allem grundlegende psychologische, psychotherapeutische, bezugswissenschaftliche und wissenschaftliche Kompetenzen erworben werden, während im zweiten Studienabschnitt (4.–5. Studienjahr) die Vertiefung psychotherapeutischer, versorgungsrelevanter und wissenschaftlicher Kompetenzen angestrebt wird. Dabei haben die Universitäten oder gleichgestellten Hochschulen sicherzustellen, dass alle wissenschaftlich anerkannten Verfahren in einem vergleichbaren Umfang vermittelt werden. Erst im Rahmen der sog. »berufsqualifizierenden Tätigkeit III« haben sich die Studierenden für ein wissenschaftlich anerkanntes Verfahren zu entscheiden, das aus mindestens drei im Studiengang gelehrten Verfahren ausgewählt werden kann. Am Ende der Ausbildung steht eine staatliche Prüfung (Staatsexamen), die zur Berufszulassung (Approbation) führt. Das Staatsexamen dient der bundeseinheitlichen Feststellung, dass jeder einzelne Berufsangehörige befähigt ist, Patienten entsprechend der Aufgabenstellung des Berufs selbstständig und eigenverantwortlich zu behandeln. Somit würde die Ausbildung von Psychotherapeuten der von Medizinern, Apothekern etc. entsprechen. Vergleichbar mit den Absolventen eines Medizinstudiums, die nach der Approbation eine Facharztweiterbildung durchlaufen, würde sich auch für die Psychotherapeuten eine mehrjährige fachpsychotherapeutische Spezialisierung mit einer verfahrensorientierten und altersgruppenspezifischen Vertiefung im Rahmen einer Weiterbildung anschließen. Der Erwerb des Fachkundenachweises eröffnet die Möglichkeit, einen Antrag auf Zulassung zur Teilnahme an der vertragspsychotherapeutischen Versorgung zu stellen. Laut Koalitionsvertrag 2018 soll das Gesetz in der laufenden Legislaturperiode verabschiedet werden. Nach wie vor bestehen allerdings viele ungeklärte Fragen vor allem in Bezug auf die Inhalte der Ausbildung und besonders im Hinblick auf die Finanzierung.

Diese übersichtsartige Darstellung der bisherigen Planungen zur Implementierung eines Studienganges Psychotherapie an den Universitäten mag ausreichen, um zu veranschaulichen, welche umfassenden Veränderungen auf die vielen zumeist privatgeführten Ausbildungsinstitute zukommen. Entsprechend intensiv, zuweilen auch sehr kontrovers und zugespitzt ist der Diskurs in den Fachgesellschaften, die natürlich auch die (wirtschaftlichen) Interessen ihrer Mitglieder, sprich der Ausbildungsinstitute, berücksichtigen. Als Beispiel für diese Diskussionen sei verwiesen auf die Stellungnahmen der DGPT zum zitierten Eckpunkte-Papier des BMG (http://www.dgpt.de/aus-weiterbildung/debatte-zur-ausbildungsreform-psychthg/, Zugriff am 03.04.2018).

Literatur

Abbass, A., Hancock, J., Hernderson, J., Kisely, S. (2006) Short-term psychodynamic psychotherapies for common mental disorders. Cochrane Data Base Syst Rev 4, CD004687

Abbass, A., Kisely, S. R., Town, J.M., Leichsenring, F., Driessen, E., de Maat, S., Gerber, A., Dekker, J., Rabung, S., Rusalovska, S., Hilsenroth, M., Crowne, E. (2014) Short-term psychodynamic psychotherapies for common mental disorders. Cochrane Database Syst Rev 7: CD004687, doi: 10.1002/14651858.cd004687.pub4

Alexander, F., French, T.M. (1946) Psychoanalytic Therapy. New York: Ronald

Allen, J.G., Fonagy, P., Bateman, A.W. (2011/2016) Mentalisieren in der psychotherapeutischen Praxis. Stuttgart: Klett-Cotta

Altmann, U., Thielemann, D., Strauß, B. (2016) Ambulante Psychotherapie unter Routinebedingungen: Forschungsbefunde aus dem deutschsprachigen Raum. Psychiat Prax 43: 360-366

Altmeyer, M. (2016) Auf der Suche nach Resonanz. Wie sich das Seelenleben in der digitalen Moderne verändert. Göttingen: Vandenhoeck & Ruprecht

Arbeitskreis OPD (Hrsg.) (2006) Operationalisierte Psychodynamische Diagnostik OPD-2. Das Manual für Diagnostik und Therapieplanung. Bern, Göttingen, Toronto, Seattle: Huber

Arbeitskreis OPD (Hrsg.) (2014) Operationalisierte Psychodynamische Diagnostik OPD-2. Das Manual für Diagnostik und Therapieplanung. 3. Auflage. Bern, Göttingen, Toronto, Seattle: Huber

Arbeitskreis PISO (2012) Somatoforme Störungen. Psychodynamisch-InterpersonelleTherapie (PISO). Göttingen: Hogrefe

Argelander, H. (1970) Das Erstinterview in der Psychotherapie: Darmstadt: Wissenschaftliche Buchgesellschaft

Bales, D., van Beek, N., Smits, M., Willemsen, S., Buschbach, J.J., Verheul, R., Andrea, H. (2012) Treatment-outcome of 18 month day-hospital Mentalization-Based-Treatment (MBT) in patients with severe borderline personality disorder in the Netherlands. Journal of Personality Disorders 26(4): 568-582

Balint, M. (1968/2012) Therapeutische Aspekte der Regression: Die Theorie der Grundstörung. 4. Aufl. Stuttgart: Klett-Cotta

Balint, M. (1970) Trauma und Objektbeziehung. Psyche 24: 306-358
Balint, M., Ornstein, P.H., Balint, E. (1972) Focal psychotherapy. An example of applied psychoanalysis. Int J Psychoanal 31: 117-124
Balint, M., Ornstein, P.H., Balint, E. (1973) Fokaltherapie. Ein Beispiel angewandter Psychoanalyse. Frankfurt/M.: Suhrkamp
Bateman, A., Fonagy, P. (1999) Effectiveness of partial hospitalization in the treatment of borderline personality disorder: a randomized controlled trial. Am J Psychiatry 156: 1563-1569
Bateman, A., Fonagy, P. (2004) Psychotherapy for borderline personality disorder – mentalization-based treatment. Oxford: Oxford University Press
Bateman, A., Fonagy, P. (2008) Psychotherapie der Borderline-Persönlichkeitsstörung. Ein mentalisierungsgestütztes Behandlungskonzept. Gießen: Psychosozial
Bateman, A., Fonagy, P. (2009) Randomized controlled trial of outpatient mentalization-based treatment versucs structured clinical management for borderline personality disorder. Am J Psychiatry 166: 1355-1364
Bateman, A., Fonagy, P. (2011) Borderline-Persönlichkeitsstörung und Mentalisierungsbasierte Therapie (MBT). In: Dulz, B., Herpertz, S.C., Kernberg, O.F., Sachsse, U. (Hrsg.) Handbuch der Borderline-Störungen (S. 566-575). 2. Aufl. Stuttgart: Schattauer
Bateman, A., Fonagy, P. (2013) Impact of clinical severity on outcomes of mentalization-based treatment of borderline personality disorder. Br J Psychiatry 203(3): 221-227
Baudisch, P., Schmeling-Kludas, C. (2010) Was spricht für, was gegen bestimmte Alternativen zur ambulanten Durchführung einer Psychotherapie. In: Eckert, J., Barnow, S., Richter, R. (Hrsg.) Das Erstgespräch in der Klinischen Psychologie. Diagnostik und Indikation zur Psychotherapie (S. 399-410). Bern: Hans Huber
Bell, K., Rüger, U. (2012) Psychotherapeutische Versorgung im Rahmen der gesetzlichen Krankenversicherungen und anderer Kostenträger. In: Reimer, C., Rüger, U. Psychodynamische Psychotherapien (S. 271-281). 4. Aufl. Berlin, Heidelberg: Springer
Bellak, L., Small, L. (1972) Kurzpsychotherapie und Notfall-Psychotherapie. Frankfurt/M.: Suhrkamp
Benecke, C. (2014) Klinische Psychologie und Psychotherapie. Ein integratives Lehrbuch. Stuttgart: Kohlhammer
Benecke, C. (2014a) Die Bedeutung empirischer Forschung für die Psychoanalyse. Forum der Psychoanalyse 30: 13-26
Benecke, C. (2015) Operationalisierte Psychodynamische Psychotherapie (OPT). Unveröffentlichtes Manuskript
Benjamin, L. (1974) Structural analysis of social behaviour. Psychol Rev 81: 192-225.
Beutel, M.E., Bahrke, U., Fiedler, G., Hautzinger, M., Kallenbach, L., Kaufhold, J., Keller, W., Negele, A., Rüger, B., Leuzinger-Bohleber, M., Ernst, M. (2016) LAC-Depressionsstudie. Psychoanalytische und kognitiv-verhaltenstherapeutische Langzeittherapien bei chronischer Depression. Psychotherapeut 6: 468-483

Beutler, I.E., Malik, M., Alimohamed, S., Harwood, T.M., Talebi, H., Noble, S., Wong, E. (2004) Therapist varibles. In: Lambert, M. (Hrsg.) Bergin und Garfield`s handbook of psychotherapy and behavior change. (p. 227-306). 5. Aufl. New York: Wiley

Bibring, E. (1954) Psychoanalysis and the psychodynamic psychotherapies. J Am Psychoanal Assoc 2: 745-770

Bion, W. (1962/1990) Eine Theorie des Denkens. In: Spillius, E.B. (Hrsg.) Melanie Klein Heute. Band 1 (S. 225-235). Stuttgart: Klett-Cotta

Boessmann, U. (2004) Psychoanalytisch und tiefenpsychologisch fundierte Berichte an den Gutachter schnell und sicher schreiben. Berlin: Deutscher Psychologen Verlag

Bohleber, W. (2008) Einige Probleme psychoanalytischer Traumatheorien. In: Leuzinger-Bohleber, M., Roth, G., Buchheim, A. (Hrsg.) Psychoanalyse – Neurobiologie – Trauma (S. 45-54). Stuttgart: Schattauer

Bohleber, W. (2014) Auf der Suche nach Repräsentanz – Analytisches Arbeiten an der Schnittstelle von Ungedachtem und seelisch Repräsentiertem. Editorial. Psyche – Z Psychoanal 68: 777-786

Bohleber, W. (2015) Die Traumatheorie in der Psychoanalyse. In: Seidler, G.H., Freyberger, H.J., Maercker, A. (Hrsg.) Handbuch der Psychotraumatologie (S. 123-133). 2. Aufl. Stuttgart: Klett-Cotta

Bollas, C. (1987/2014) Der Schatten des Objekts. 4. Aufl. Stuttgart: Klett-Cotta

Boll-Klatt, A. (2015) »Entwicklung des Diskurses über das Berufsbild des tiefenpsychologischen Psychotherapeuten«. Vortrag Jubiläumsveranstaltung 25 Jahre APH, Hamburg, 20.06.2015

Boll-Klatt, A. (2018a) Die Tiefenpsychologisch fundierte Psychotherapie 2018 – oder: die erstaunliche Entwicklung eines ungeliebten Kindes. Vortrag auf dem Kongress der AGKB. Köln, 7.–10.6.2018

Boll-Klatt, A. (2018b) Somatopsychische Störungen. In: Gumz, A., Hörz-Sagstetter, S. (Hrsg.) Psychodynamische Psychotherapie in der Praxis. Weinheim: Beltz

Boll-Klatt, A., Bohlen, O., Schmeling-Kludas, C. (2005) Passt oder passt nicht? Psychotherapeut 3: 179-185

Boll-Klatt, A., Kohrs, M. (2018) Praxis der psychodynamischen Psychotherapie. Grundlagen – Modelle – Konzepte. 2., aktual. Aufl. Stuttgart: Schattauer © J. G. Cotta'sche Buchhandlung Nachfolger GmbH, Stuttgart

Brandl, Y., Bruns, G., Gerlach, A., Hau, S., Janssen, P.L., Kächele, H., Leichsenring, F., Leuzinger-Bohleber, M., Mertens, W., Rudolf, G., Schlösser, A.M., Springer, A., Stuhr, U., Windaus, E. (2004) Psychoanalytische Therapie. Eine Stellungnahme für die wissenschaftliche Öffentlichkeit und für den Wissenschaftlichen Beirat Psychotherapie. Forum Psychoanal 20: 13-125

Buchholz, M.B., Gödde, G. (2005) Was uns bewegt – Die Rede vom Unbewussten. In: Buchholz, M. B., Gödde, G. (Hrsg.) Macht und Dynamik des Unbewussten Band I (S. 11-28). Gießen: Psychosozial

Buchholz, M.B. (2017) Zur Lage der professionellen Psychotherapie. Nach DSM-5, Neurohype und RCT-Dominanz. Forum Psychoanal 33: 289-310
Bundesärztekammer/BÄK (2010) Musterweiterbildungsordnung. http://www.¬baek.de/page.asp?his=1.128.129&all=true (Zugriff am 05.06.2018)
Bundesministerium für Gesundheit/BMG (1999) Ausbildungs- und Prüfungsordnung für Psychologische Psychotherapeuten. Verordnung entsprechend § 8 des Psychologischen Psychotherapeutengesetzes vom 16. Juni 1998. LBGBI 1311. Abrufbar unter https://www.gesetze-im-internet.de/psychth-aprv/¬BJNR374900998.html (Zugriff am 05.06.2018)
Chambless, D.L., Ollendick, T.H. (2001) Empirical supported psychological interventions. Controversies and evidence. Annu Rev Psychol 52: 685-716
Clarkin, J.F., Yeomans, F.E., Kernberg, O. F. (1999) Psychotherapy for Borderline Personality. New York: Wiley & Sons
Clarkin, J.F., Yeomans, F.E., Kernberg, O.F. (2001) Psychotherapie der Borderline-Persönlichkeit. Manual zur Transference Focussed Psychotherapy (TFP). Stuttgart: Schattauer
Clarkin, J.F., Caligor, E., Stern, B.L., Kernberg, O.F. (2004) Structured Interview of Personality Organization (STIPO). Unpublished Manuscript. Personality Disorders Institute, Weill Medical College of Cornell University New York
Clarkin, J.F., Levy, K.N., Lenzenweger, M.F., Kernberg, O.F. (2007) Evaluating three treatments für borderline personality diorder: a multiwave study. Am J Psychiatry 164: 922-928
Clarkin, J.F., Yeomans, F.E., Kernberg, O.F. (2008) Psychotherapie der Borderline-Persönlichkeit. Manual zur psychodynamischen Therapie. 2. Aufl. Stuttgart: Schattauer
Cremerius, J. (1987) Sabina Spielrein – ein frühes Opfer der psychoanalytischen Berufspolitik. Forum Psychoanalyse 3: 127-142
Cremerius, J. (1993) Die »tendenzlose Analyse« hat es nie gegeben, sie ist ein »Fliegender Holländer«, von denen wir einige konservieren. Z Psychosom Med Psychoanal 51: 215-218
Dahlbender, R.W., Grande, T., Buchheim, A., Schneider, G., Perry, J.C., Oberbracht, C., Freyberger, H. J., Janssen, P.L., Schauenburg, H., Buchheim, P., Doering, S. (2004) Qualitätssicherung im OPD-Interview. Entwicklung eines Interviewleitfadens. In: Dahlbender, R.W., Buchheim, P., Schüßler, G. (Hrsg.) Lernen an der Praxis. OPD und die Qualitätssicherung in der psychodynamischen Psychotherapie. Bern: Huber
Dahm, A. (2008) Geschichte der Psychotherapie-Richtlinien. Geschichtliche Weiterentwicklung der Psychotherapie-Richtlinien und einiger ihrer »Mythen«. Psychotherapeut 53: 397-401
Danckwardt, J.F. (2014) Indikation. In: Mertens, W. (Hrsg.) Handbuch psychoanalytischer Grundbegriffe (S. 420-428). Stuttgart: Kohlhammer

Dantlgraber, J. (1982) Bemerkungen zur subjektiven Indikation für Psychoanalyse. Psyche – Z Psychoanal 36: 191-225

Daudert, E. (2002) Die Reflective Self Functioning Scale. In: Strauß, B., Buchheim, A., Kächele, H. (Hrsg.) Klinische Bindungsforschung (S. 54-67). Stuttgart: Schattauer

Davanloo, H. (1978) Basic principles and techniques in short-term dynamic psychotherapy. New York: SP Medical & Scientific Books

Davanloo, H. (2001) Intensive Short-Term Dynamic Psychotherapy. Selected Papers of Habib Davanloo. New York: John Wiley & Sons

Deneke, F.W. (2013) Psychodynamik und Neurobiologie. Dynamische Persönlichkeitstheorie und psychische Krankheit. Stuttgart: Schattauer

Derogatis, L.R. (1994) SCL-90-R. Symptomcheckliste. Deutsche Version. Weinheim: Beltz Test

Deutsch, H. (1926) Okkulte Vorgänge während der Psychoanalyse. Imago Zeitschrift für Anwendung der Psychoanalyse auf die Geisteswissenschaften 1926; XII

Diederichs, P. (Hrsg.) (2006) Die Beendigung von Psychoanalysen und Psychotherapien. Die Achillesferse der psychoanalytischen Behandlungstechnik? Gießen: Psychosozial

Diekmann, M., Dahm, A., Neher, M. (Hrsg.) (2018) Faber/Haarstrick Kommentar Psychotherapie-Richtlinien. München: Elsevier 11. Aufl.

Dilling, H., Mombour, W., Schmidt, M.H. (Hrsg.) (2000) Internationale Klassifikation psychischer Störungen. ICD-10 Kapitel V (F) – klinisch-diagnostische Leitlinien. 4. Aufl. Bern, Göttingen, Toronto, Seattle: Huber

Dinger, U., Komo-Lang, M., Brunner, F., Herzog, W., Schauenburg, H., Nikendei, C. (2016) Neue Behandlungsformen. Psychosoamtisch-psychotherapeutische Abendklinik als innovatives Versorgungsmodell. Psychotherapeut 61(2): 141-147

Doering, S., Schüßler, G. (2004) Theorie und Praxis der psychodynamischen Diagnostik. Indikationsstellung und Therapieplanung. In: Hiller, W., Sulz, S. Leichsenring, F. (Hrsg.) Lehrbuch der Psychotherapie – Ausbildungsinhalte nach dem Psychotherapeutengesetz (PsychThG) (S. 3-31). München: CIP Medienverlag

Doering, S.(2008) Structured Interview of Personality Organization (STIPO). Deutsche Übersetzung Universität Münster, freier Download unter: https://¬www.meduniwien.ac.at/hp/fileadmin/psychoanalyse/pdf/STIPO-D.pdf

Doering, S., Hörz, S. (2012) Handbuch der Strukturdiagnostik. Stuttgart: Schattauer

Doering, S., Hörz, S., Rentrop, M., Fischer-Kern, M., Schuster, P., Benecke, C., Buchheim, A., Martius, P., Buchheim, P. (2010) Transference-focused psychotherapy vs. treatment by community psychotherapists for borderline personality disorder: randomised controlled trial. Br J Psychiatry 196: 389-395

Doering, S., Burgmer, M., Heuft, G., Menke, D., Baumer, B., Lubking, M., Feldmann, M., Hörz, S., Schneider, G. (2013) Reliability and Validity of the

German Version of the Structured Interview of Personality Organization (STIPO). BMC Psychiatry 113: 120

Draijer, N., van Zon, P. (2016) Übertragungsfokussierte Psychotherapie bei schwer traumatisierten Patienten. In: Egle, T.E., Joraschky, P., Lampe, A., Seiffge-Krenke, I., Cierpka, M. (Hrsg.) Sexueller Missbrauch, Misshandlung, Vernachlässigung. Erkennung, Therapie und Prävention der Folgen früher Stresserfahrungen (S. 555-566). 4. Aufl. Stuttgart: Schattauer

Drieschner, K.H., Lammers, S.M.M., van der Staack, C.P.F. (2004) Treatment motivation: An attempt for clarification of an ambiguous concept. Clin Psychol Rev 23: 1115-1137

Dührssen, A. (1981/2011) Die biographische Anamnese unter tiefenpsychologischem Aspekt. Stuttgart: Schattauer

Dührssen, A. (1988) Dynamische Psychotherapie. Berlin u. a.: Springer

Dührssen, A. (1962) Katamnestische Ergebnisse bei 1004 Patienten nach analytischer Psychotherapie. Z Psychosom Med 8: 94-113

Dührssen, A., Jorswieck E. (1965) Eine empirisch-statistische Untersuchung zur Leistungsfähigkeit psychoanalytischer Behandlung. Nervenarzt 36: 166-169

Dulz, B., Schneider, A. (1996) Borderline-Störungen. Theorie und Therapie. 2. Aufl. Stuttgart: Schattauer

Dulz, B., Jensen, M. (2011) Aspekte einer Traumaätiologie der Borderline-Persönlichkeitsstörung – psychoanalytisch-psychodynamische Überlegungen und empirische Daten. In: Dulz, B., Herpertz, S.C., Kernberg, O.F., Sachsse, U. (Hrsg.) Handbuch der Borderline-Störungen (S. 203-224). 2. Aufl. Stuttgart: Schattauer

Dulz, B., Ramb, C. (2011) Haltende Funktion, technische Neutralität und persönliche Sympathien der Beziehungszentrierten Psychodynamischen Psychotherapie. In: Dulz, B., Herpertz, S.C., Kernberg, O.F., Sachsse, U. (Hrsg.) Handbuch der Borderline-Störungen (S. 584-609). 2. Aufl. Stuttgart: Schattauer

Dulz, B., Rönfeldt, J. (2015) Persönlichkeitsstörungen und Trauma. In: Seidler, G. H., Freyberger, H.J., Maercker, A. (Hrsg.) Handbuch der Psychotraumatologie (S. 310-332). 2. Aufl. Stuttgart: Klett-Cotta

Eagle, M., Wolitzky, D.I. (2011) Systematic empirical research versus clincal case studies: a valid antagonism? Journal of the American Psychoanalytic Association 59: 791-817

Eckert, J. (2000) Schulenübergreifende Aspekte der Psychotherapie. In: Reiner, C., Hautzinger, N., Wilke, E. (Hrsg.) Psychotherapie – Ein Lehrbuch für Ärzte und Psychologen (S. 413-428). Heidelberg: Springer

Eckert, J. (2010) Aufgaben und Ziele klinisch-psychologischer Erstgespräche. In: Eckert, J., Barnow, S., Richter, R. (Hrsg.) Das Erstgespräch in der Klinischen Psychologie – Diagnostik und Indikation zur Psychotherapie (S. 13-34). Bern: Huber

Eckert, J., Biermann-Ratjen, A.M. (1990) Ein heimlicher Wirkfaktor: Die »Theorie« des Therapeuten. In: Tschuschke, V., Czogalik, D. (Hrsg.) Psychotherapie – Welche Effekte verändern? Berlin, Heidelberg, New York, Tokio: Springer

Ehlers, W. (2014) Abwehrmechanismen. In: Mertens, W. (Hrsg.) Handbuch psychoanalytischer Grundbegriffe. 4. Aufl. Stuttgart: Kohlhammer

Ehlers, W., Holder, A. (2009) Psychoanalytische Verfahren. Basiswissen Psychoanalyse. Band 2. Stuttgart: Klett-Cotta

Ehrenthal, J.C., Dinger, U., Schauenburg, H., Horsch, I., Dahlbender, R.W., Gierk, B. (2015) Entwicklung einer Zwölf-Item-Version des OPD-Strukturfragebogens (OPD-SFK). Z Psychosomat Med Psychother 61: 262-274

Eissler, K. (1953) The effects of the structure of the ego on psychoanalytic technique. J Am Psychoanal Assoc 1: 104-143

Elhardt, S. (1974) Zur depressiven Neurosenstruktur. Münch Med Wsch 116: 761-766

Erlich, H.S., Körner, J., Minolli, M., Nedelmann, C., Sandler, A.M. (2003) Was ist psychoanalytische Identität? Forum Psychoanal 19: 363-377

Ermann, M. (1993) Übertragungsdeutungen als Beziehungsarbeit. In: Ermann, M. (Hrsg.) Die hilfreiche Beziehung in der Psychoanalyse (S. 51-67). Göttingen: Vandenhoeck & Ruprecht

Ermann, M. (2001) Praxis der Tiefenpsychologie. Vorlesung 51. Lindauer Psychotherapiewochen. Auditorium Netzwerk (Audiopublikation). Tübingen

Ermann, M. (2004) Die tiefenpsychologisch fundierte Methodik in der Praxis. Die Spezifizierung des psychodynamischen Ansatzes in der Richtlinienpsychotherapie. Forum Psychoanal 20: 300-313

Ermann, M. (2014) Gegenübertragung. In: Mertens, W. (Hrsg.) Handbuch psychoanalytischer Grundbegriffe (S. 294-300). 4. Aufl. Stuttgart: Kohlhammer

Ermann, M. (2016a) Psychosomatische Medizin und Psychotherapie – ein Lehrbuch auf psychoanalytischer Grundlage. 6. Aufl. Stuttgart: Kohlhammer

Ermann, M. (2016b) Prozedurale Faktoren in der psychoanalytischen Behandlung. Übertragung und Enactment aus intersubjektiver Sicht. Forum der Psychoanalyse 32:53-68Ermann, M., Körner, J. (2017) Psychodynamik. Forum Psychoanal 33: 233-234

Euler, S., Walter, M. (2018) Mentalisierungsbasierte Psychotherapie (MBT). Stuttgart: Kohlhammer

Falkai, P., Wittchen, H.U. (Hrsg.) (2015) Diagnostische Kriterien DSM-5. Deutsche Ausgabe. Göttingen: Hogrefe

Fenichel, O. (1945/2005) Psychoanalytische Neurosenlehre. Gießen: Psychosozial Verlag

Ferenczi, S. (1933/1964) Bausteine zur Psychoanalyse III. Bern, Stuttgart: Huber

Ferenczi, S., Rank, O. (1924) Entwicklungsziele der Psychoanalyse. Leipzig: Psychoanalytischer Verlag

First, M.B., Williams, J.B.W., Karg, R.S., Spitzer, R.L. (2015) Structural Clinical Interview for DSM-5-Disorders. SCID-5-CV (Clinician Version). Arlington: American Psychiatric Association Publishing

Fischer, G., Riedesser, P. (1999) Lehrbuch der Psychotraumatologie. 2. Aufl. München: Reinhardt

Fischer-Kern, M., Doering, S., Taubner, S., Hörz, S., Zimmermann, J. Rentrop, M., Schuster, P., Buchheim, P., Buchheim, A. (2015) Transference-focused psychotherapy for borderline personality disorder: change in reflective function. Br J Psychiatry 206: 1-3

Flatten, G., Gast, U., Hofmann, A., Knaevelsrud, C., Lampe, A., Liebermann, P., Maercker, A., Reddemann, L., Wöller, W. (2013) Posttraumatische Belastungsstörung. S3-Leitlinie und Quellentexte. Stuttgart: Schattauer

Fonagy, P., Target, M., Steele, H., Steele, M. (1998) Reflective-Functioning Manual for Apllication to Adult Attachment Interviews (version 5.0). London: University College London

Fonagy, P., Target, M. (2001) Mit der Realität spielen. Zur Doppelgesichtigkeit psychischer Realität von Borderline-Patienten. Psyche – Z Psychoanal 55: 961-995

Fonagy, P., Target, M. (2006) Psychoanalyse und die Psychopathologie der Entwicklung. 2. Aufl. Stuttgart: Klett-Cotta

Frank, R. (2011) Therapieziel Wohlbefinden. Ressourcen aktivieren in der Psychotherapie. 2. Aufl. Heidelberg u. a.: Springer

Fremmer-Bombik, E. (1995) Innere Arbeitsmodelle von Bindung. In: Spangler, G., Zimmermann, P. (Hrsg.) Die Bindungstheorie. Grundlagen, Forschung und Anwendung (S. 109-119). Stuttgart: Klett-Cotta

Freud, A. (1936/1999) Das Ich und die Abwehrmechanismen. 15. Aufl. Frankfurt/M.: Fischer

Freud A. (1969) Wege und Irrwege der Kinderentwicklung. Stuttgart: Klett

Freud, S. (1894a/1999) Die Abwehr-Neuropsychosen, GW I. Frankfurt/M.: Fischer; 59-74

Freud, S. (1895d/1999) Studien über Hysterie. GW I. Frankfurt/M.: Fischer; 75-312

Freud, S. (1898a/1999) Die Sexualität in der Ätiologie der Neurosen. GW I. Frankfurt/M.: Fischer; 491-516

Freud, S. (1900/1999) Die Traumdeutung. GW II/III. Frankfurt/M.: Fischer

Freud, S. (1905a/1999) Bruchstück einer Hysterie-Analyse. GW V. Frankfurt/M.: Fischer; 161-286

Freud, S (1905d/1999) Drei Abhandlungen zur Sexualtheorie. GW V. Frankfurt/M.: Fischer; 27-145.

Freud, S. (1908d/1999) Charakter und Analerotik. GW VII. Frankfurt/M.: Fischer; 203-209

Freud, S. (1910a/1999) Über Psychoanalyse. GW VIII. Frankfurt/M.: Fischer; 1-60

Freud, S. (1910d/1999) Die zukünftigen Chancen der psychoanalytischen Therapie. GW VIII. Frankfurt/M.: Fischer; 104-115

Freud, S. (1912b/1999) Zur Dynamik der Übertragung. GW VIII. Frankfurt/M.: Fischer; 363-374

Freud, S. (1912e/1999) Ratschläge für den Arzt bei der psychoanalytischen Behandlung. GW VIII. Frankfurt/M.: Fischer; 376-387

Freud, S. (1913/1999) Einige Bemerkungen über den Begriff des Unbewussten in der Psychoanalyse. GW VIII. Frankfurt/M.: Fischer; 329-339
Freud, S. (1913c/1999) Zur Einleitung der Behandlung. GW VIII. Frankfurt/M.: Fischer; 453-478
Freud, S. (1915e/1999) Das Unbewußte. GW X. Frankfurt/M.: Fischer; 264-303
Freud, S. (1916/1917a/1999) Vorlesungen zur Einführung in die Psychoanalyse. GW XI. Frankfurt/M.: Fischer
Freud, S. (1919a/1999) Wege der psychoanalytischen Therapie. GW XII. Frankfurt/M.: Fischer; 183-194
Freud, S. (1923b/1999) Das Ich und das Es. GW XIII. Frankfurt/M.: Fischer; 237-289
Freud, S. (1925/1999) Selbstdarstellung. GW XIV. Frankfurt/M.: Fischer; 31-96
Freud, S. (1926d/1999) Hemmung, Symptom und Angst. GW XIV. Frankfurt/M.: Fischer; 111-205
Freud, S. (1923b/1999) Das Ich und das Es. GW XIII. Frankfurt/M.: Fischer; 237-89
Freud, S. (1933a/1999) Neue Folge der Vorlesungen zur Einführung in die Psychoanalyse. GW XV. Frankfurt/M.: Fischer
Freyberger, H.J., Kuwert, P. (2013) Posttraumatische Belastungsstörung. Psychotherapeut 58: 269-275
Freyberger, H.J., Terock, J. (2016) Konzept der komplexen posttraumatischen Belastungsstörung. Psychotherapeut 61: 183-190
Freyberger, H.J. (2016) Indikation zur Gruppenpsychotherapie. Psychotherapeut 61(4): 314-317
Fürstenau, P. (1977) Die beiden Dimensionen des psychoanalytischen Umgangs mit strukturell ich-gestörten Patienten. Z Psychoanaly – Psyche 31: 197-207
Fürstenau, P. (1994) Entwicklungsförderung durch Therapie. Grundlagen der analytisch-systemischen Psychotherapie. 2. Aufl. München: Pfeiffer
Gabbard, G.O. (2010) Long-term psychodynamic psychotherapy. A basic text (Core competences in psychotherapy). 2. Aufl. Washington DC: American Psychiatric Publishing
Gallas, C., Kächele, H., Kraft, S., Kordy, H., Puschner, B. (2008) Inanspruchnahme, Verlauf und Ergebnis ambulanter Psychotherapie. Psychotherapeut 53: 414-423
Gast, U., Osswald, S., Zürndorf, F. (1999) Strukturiertes Klinisches Interview für DSM-IV Dissoziative Störungen (SCID-D). Göttingen: Hogrefe
George, C., Kaplan, N., Main, M. (1985) The Adult Attachment Interview. In: Solomon, J., George, C. (Hrsg.) Attachment disorganization (pp. 462-507). Berkely: University of California
Gergely, G., Watson, J. (1996) The social feedback model of parental affect-mirroring. Int J Psychoanal 77: 1181-1212
Giesers, P., Pohlmann, W. (2010) Die Entwicklung der Neurosenformel in den vier Psychologien der Psychoanalyse. Psyche – Z Psychoanal 64: 643-667

Gill, M.G. (1996) Übertragungsanalyse. Theorie und Technik. Frankfurt/M.: Fischer

Gill, M.G., Hoffman, I.Z. (1982) Analysis of Transference. Bd. 2. Studies of Nine Audio-Recorded Psychoanalytic Sessions. New York: International University Press

Gödde, G. (2005) Freuds »Entdeckung« des Unbewussten und die Wandlung in seiner Auffassung. In: Buchholz, M.B., Gödde, G. (Hrsg.) Macht und Dynamik des Unbewussten. Band I (S. 325-360). Gießen: Psychosozial

Gottwik, G. (Hrsg.) (2009) Intensive Psychodynamische Kurzzeittherapie nach Davanloo. Berlin, Heidelberg: Springer

Grawe, K. (2004) Neuropsychotherapie. Göttingen: Hogrefe

Grawe, K., Grawe-Gerber, M. (1999) Ressourcenaktivierung. Ein primäres Wirkprinzip der Psychotherapie. Psychotherapeut 44: 63-73

Green, A. (2000) Science und Science fiction in der Säuglingsforschung. Z Psychonanl Theor Prax 15: 438-466

Greenson, R.R. (1981/2007) Technik und Praxis der Psychoanalyse. 9. Aufl. Stuttgart: Klett-Cotta

Grünbaum, A. (1988) Die Grundlagen der Psychoanalyse. Stuttgart: Reclam

Hartkamp, N. (2006) Behandlungskonzepte der tiefenpsychologisch fundierten und der analytischen Psychotherapie und ihre Anwendung. In: Hiller, W., Leibing, F., Leichsenring, F., Sulz, S. (Hrsg.) Lehrbuch der Psychotherapie für die Ausbildung zur/zum Psychologischen PsychotherapeutIn und für die ärztliche Weiterbildung. Bd. 2: Psychoanalytische und tiefenpsychologisch fundierte Psychotherapie (S. 63-86). München: CIP-Medien

Hartkamp, N. (2016) Ich-Psychologie. In: Mertens, W. (Hrsg.) Handbuch psychoanalytischer Grundbegriffe (S. 399-402). 4. Aufl. Stuttgart: Kohlhammer

Hartmann, S., Zepf, S. (2004) Verbesserung psychischer Allgemeinfunktionen durch Psychotherapie. Psychotherapeut 49: 27-36

Heigl-Evers, A., Heigl, F. (1973) Gruppenpsychotherapie: interaktionell, tiefenpsychologisch orientiert, Psychoanalytisch. Gruppenpsychother Gruppendyn 7: 132-157

Heigl-Ever, A., Heigl, F., Ott, J. (Hrsg.) (1993) Lehrbuch der Psychotherapie. Göttingen: Vandenhoeck & Ruprecht

Heigl-Evers, A., Heigl, F. (1994) Das Göttinger Modell der Anwendung der Psychoanalyse in Gruppen unter besonderer Berücksichtigung der psychoanalytisch-interaktionellen Methode. Gruppenpsychother Gruppendyn 30: 1-29

Heigl-Evers, A., Ott, J. (2002) Die psychoanalytisch-interaktionelle Methode. 4. Aufl. Göttingen Zürich: Vandenhoek & Ruprecht

Heimann, P. (1950) On countertransference. Int J Psychoanal 31: 81-84

Heimann, P. (1950/1996) Über die Gegenübertragung. Forum der Psychoanalyse 12: 179-184

Henkel, M., Wiens, M., Huber, D., Staats, H., Taubner, S., Wiegand-Grefe, S., Buchholz, M.B., Frommer, J., Benecke, C. (2016) Was berichten Patienten und

Therapeuten über psychoanalytische Langzeittherapie. Analyse von »Rückblicken« in der DPG-Praxisstudie. Psychotherapeut 6: 484-490

Hermer, M. (2012a) Therapeutinnen, die nicht mehr ganz unbekannten Wesen – Teil I: Therapieeffekte. Verhaltenstherapie & psychosoziale Praxis 44: 573-585

Hermer, M. (2012b) Therapeutinnen, die nicht mehr ganz unbekannten Wesen – Teil II: Therapeutische Beziehung. Verhaltenstherapie & psychosoziale Praxis 44: 555-572

Hiller, W., Leibing, F., Leichsenring, F., Sulz, S. (2006) Lehrbuch der Psychotherapie für die Ausbildung zur/zum Psychologischen Psychotherapeutin/en und für die ärztliche Weiterbildung. Bd. 2: Psychoanalytische und tiefenpsychologisch fundierte Psychotherapie. München: CIP-Medien

Hirsch, M. (2004) Psychoanalytische Traumatologie – Das Trauma in der Familie. Stuttgart, New York: Schattauer

Hoffmann, S. O. (2016) Psychodynamische Therapie von Angststörungen. Stuttgart: Schattauer

Hörz, S., Rentrop, M., Fischer-Kern, M., Schuster, P., Kapusta, N., Buchheim, P., Doering, S. (2010) Strukturniveau und klinischer Schweregrad der Borderline Persönlichkeitsstörung. Z Psychosom Med Psychother 56: 136-149

Hörz-Sagstetter, S., Doering, S. (2015) Psychoanalytisch orientierte Therapie der Persönlichkeitsstörungen. Psychotherapeut 60(4): 261-268

Hoffman, I.Z. (2009) Doublethinking our way to »scientific« legitimacy: the desiccation of experience. Journal of the American Psychoanalytic Association 57: 1043-1069

Hoffmann, S. O. (2000) Psychodynamische Therapie und Psychodynamische Verfahren. Psychotherapeut 45: 52-54

Hoffmann, S. O. (2016) Psychodynamische Therapie von Angststörungen – Einführung und Manual für die kurz- und mittelfristige Therapie. Stuttgart: Schattauer

Hoffmann, S. O., Schüßler G. (1999) Wie einheitlich ist die psychodynamisch/psychoanalytisch orientierte Psychotherapie? Psychotherapeut 44: 367-373

Hofmann, A. (2014) EMDR – Praxishandbuch zur Behandlung traumatisierter Menschen. 5. Aufl. Stuttgart: Thieme

Hohage, R. (2011) Analytisch orientierte Psychotherapie in der Praxis. Behandlungsplanung – Kassenanträge – Supervision. 5. Aufl. Stuttgart: Schattauer

Hohage, R., Klöss, L., Kächele, H. (1981) Die therapeutisch-diagnostische Funktion von Erstgesprächen in der psychotherapeutischen Ambulanz. Psyche 35: 544-556

Horowitz, I.M., Strauß, B., Kordy, H. (2000) IIP-D. Inventar zur Erfassung interpersoneller Probleme – Deutsche Version. 2. Aufl. Göttingen: Beltz

Howard, K.I., Kopta S.M., Krause, M., Orlinsky, D.E. (1986) The dose-effect relationship in psychotherapy. Am Psychol 41(2): 159-164

Huber, D., Klug, G. (2015) Zeit in der psychodynamischen Psychotherapie: Psychodynamische Kurz- versus Langzeittherapie. Psychotherapeut 2: 94-101

Huber, D., Klug, G. (2016a) Psychoanalyse der Depression. Verstehen – Behandeln – Forschen (S. 144). Stuttgart: Kohlhammer

Huber, D., Klug, G. (2016b) Münchner Psychotherapiestudie. Psychotherapeut 6: 462-467

Irle, E., Lange, C., Sachsse, U., Weniger, G. (2011) Neurobiologische Veränderungen bei posttraumatischen Zuständen. In: Dulz, B., Herpertz, S.C., Kernberg, O.F., Sachsse, U. (Hrsg.) Handbuch der Borderline-Störungen (S. 134-141). Stuttgart, New York: Schattauer

Jaeggi, E., Gödde, G., Möller, H., Hegener, W. (2003) Tiefenpsychologie lehren und lernen. Stuttgart: Klett-Cotta

Jaeggi, E., Riegels, V. (2009) Techniken und Theorien der tiefenpsychologisch fundierten Psychotherapie. 2. Aufl. Stuttgart: Klett-Cotta

Janssen, P.L., Dahlbender, W., Freyberger, H.J. (1996) Leitfaden zur psychodynamisch diagnostischen Untersuchung. Psychotherapeut 41: 297-304

Janssen, P.L., Rüger, U. (2012) Weiter- und Ausbildung in psychodynamischen Psychotherapieverfahren. In: Reimer, C., Rüger, U. (Hrsg.) Psychodynamische Psychotherapien (S. 283-290). 4. Aufl. Berlin, Heidelberg: Springer

Jørgensen, C.R., Freund, C., Bøye, R., Jordet, H., Andersen, D., Kjøbye, M. (2013) Outcome of mentalization-based and supportive psychotherapy in patients wirh borderline personality disorder: a randomized trial. Acta Psychiatrica Scandinavica 127(4): 305-317

Jungclaussen, I. (2013) Handbuch Psychotherapie-Antrag. Psychodynamisches Verstehen und effizientes Berichtschreiben in der tiefenpsychologisch fundierten Psychotherapie. Stuttgart: Schattauer © J. G. Cotta'sche Buchhandlung Nachfolger GmbH, Stuttgart

Kernberg, O.F. (1981) Structural Interviewing. Psychiatr Clin North Am 4: 169-195

Kernberg, O.F. (1978/1983) Borderline-Störungen und pathologischer Narzißmus. Frankfurt/M.: Suhrkamp

Kernberg, O.F. (1996) Schwere Persönlichkeitsstörungen. Theorie, Diagnose und Behandlungsstrategien. 5. Aufl. Stuttgart: Klett-Cotta

Kernberg, O.F. (1997) Wut und Hass. Stuttgart: Klett-Cotta

Kernberg, O.F. (1999) Psychoanalyse. Psychoanalytische Psychotherapie und supportive Therapie. Aktuelle Kontroversen. Psychother Psychosom Med Psychol 49: 90-99

Kernberg, O.F., Selzer M., Koenigsberg, H.W., Carr, A.C., Appelbaum, A. (1989) Psychodynamic Psychotherapy of Borderline Patients. New York: Basic Books

Kind, J. (2011) Zur Entwicklung psychoanalytischer Borderline-Konzepte seit Freud. In: Dulz, B., Herpertz, S.C., Kernberg, O.F., Sachsse, U. (Hrsg.) Handbuch der Borderline-Störungen (S. 20-34). 2. Aufl. Stuttgart: Schattauer

Klein, M. (1927) Frühstadien des Ödipuskomplexes. In: Klein, M. (Hrsg.) Frühstadien des Ödipuskomplexes – Frühe Schriften 1928–1945 (S. 7-21). Frankfurt/M.: Fischer

Klein, M. (1962/1997) Das Seelenleben des Kleinkindes. Stuttgart: Klett-Cotta
Klauer, T., Schneider, W. (2016) Behandlungsmotivation und Indikation zur Psychotherapie. Psychotherapeut 61(4): 318-326
Klug, G. (2014) Negative therapeutische Reaktion. In: Mertens, W. (Hrsg.) Handbuch psychoanalytischer Grundbegriffe (S. 607-612). Stuttgart: Kohlhammer
Köhler, L. (1998) Anwendung der Bindungstheorie in der psychoanalytischen Praxis. Einschränkende Vorbehalte, Nutzen, Fallbeispiele. Psyche – Z Psychoanal 52: 369-397
König, K. (1982) Der interaktionelle Anteil der Übertragung in Einzelanalyse und analytischer Gruppenpsychotherapie. Gruppenpsychother Gruppendynamik 18: 76-83
Körner, J. (1989a) Arbeit *an* der Übertragung? Arbeit *in* der Übertragung? Forum der Psychoanalyse 5: 209-223
Körner, J. (1989b) Kritik an der therapeutischen Ich-Spaltung. Psyche – Z Psychoanal 43: 385-396
Körner, J. (1990) Übertragung und Gegenübertragung, eine Einheit im Widerspruch. Forum der Psychoanalyse 6: 87-104
Körner, J. (2014) Arbeit »in« der Übertragung, fünfundzwanzig Jahre später. Forum der Psychoanalyse 30: 341-56
Körner, J. (2016) Psychodynamische Interventionen. Göttingen: Vandenhoeck & Ruprecht
Kohut, H. (1976) Narzißmus. Frankfurt/M.: Suhrkamp.
Kohut, H. (1979) Die Heilung des Selbst. Frankfurt/M.: Suhrkamp.
Kopta, S.M., Howard, K.I., Lowry, J.L. (1994) Patterns of symptom recovery in psychotherapy. Consult Clin Psychol 62: 1009-1016
Krause, R. (2012) Allgemeine psychodynamische Behandlungs- und Krankheitslehre. Grundlagen und Modelle. 2. Aufl. Stuttgart: Kohlhammer
Kruse, J., Wöller, W. (2015) Hypothesen und ihre Überprüfung – Initiale und adaptive Diagnostik. In: Wöller, W., Kruse, J. (Hrsg.) Tiefenpsychologisch fundierte Psychotherapie (S. 57-74). 4. Aufl. Stuttgart: Schattauer
Küchenhoff, J. (2009) Der integrative Prozess in der Psychotherapie. Methodenvielfalt – Synergismus – Integration. Schweiz Arch Neurol Psychiatr 160: 12-19
Küchenhoff, J. (2010) Der Wandel psychoanalytischer Therapiekonzepte. Klinische Herausforderungen und theoretischer Fortschritt. In: Münch, K., Munz, D., Springer, A. (Hrsg.) Die Psychoanalyse im Pluralismus der Wissenschaften (S. 83-108). Gießen: Psychosozial
Küchenhoff, J. (2013) Der Sinn im Nein und die Gabe des Gesprächs. Psychoanalytisches Verstehen zwischen Philosophie und Klinik. Velbrück: Weilerstwist
Küchenhoff, J. (2014) Abwehr. In: Mertens, W. (Hrsg.) Handbuch psychoanalytischer Grundbegriffe (S. 7-14). 4. Aufl. Stuttgart: Kohlhammer
Laimböck, A. (2000) Das psychoanalytische Erstgespräch. Tübingen: edition diskord

Lambert, M.J., Ogles, B.M. (2004) The efficacy and effectiveness of psychotherapy. In: Lambert, M.J. (Hrsg.) Bergin and Garfields Handbook of Psychotherapy and Behavior Change (p. 139-193). 5. Aufl. New York: Wiley

Ledoux, J. (2006) Das Netz der Gefühle. Wie Emotionen entstehen. 4. Aufl. München: dtv

Leichsenring, F. (2015) Wie wirksam ist das Verfahren. In: Wöller, W., Kruse, J. (Hrsg.) Tiefenpsychologisch fundierte Psychotherapie (S. 33-43). 4. Aufl. Stuttgart: Schattauer

Leichsenring, F. Rabung, S., Leibing, E. (2004) The efficacy of short-term psychodynamic therapy in specific psychiatric disorders: a meta-analysis. Arch Gen Psychiatry 61: 1208-1216

Leichsenring, F., Rabung, S. (2008) The effectiveness of long-term psychodynamic psychotherapy: a meta-analysis. J Am Med Assoc 300: 1551-1564

Leichsenring, F., Rabung, S. (2011) Long-term psychodynamic psychotherapy in complex mental disorders: update of a meta-analysis. Br J Psychiatry 199: 15-22

Leuzinger-Bohleber, M., Stuhr, U., Rüger, B., Beutel, M. (2003) How to study `the quality of psychoanalytic treatments` and their long-time effects on patient's well-being. Int J Psychanal 84: 263-290

Leuzinger-Bohleber, M., Pfeifer, R. (2013) Embodiment: Den Körper in der Seele entdecken – Ein altes Problem und ein revolutionäres Konzept. In: Leuzinger, M., Emde R.N., Pfeifer, R. (Hrsg.) Embodiment. Ein innovatives Konzept für Entwicklungsforschung und Psychoanalyse (S. 39-74). Göttingen: Vandenhoeck & Ruprecht

Levy, K.N., Meehan, K.B., Kelly, K.M., Reynoso, J.S., Weber, M., Clakin, J.F., Kernberg, O.F. (2006) Change in attachment patterns and reflective function in a randomized control trial of transference-focused psychotherapy für borderline personality disorder. J Consult Clin Psychol 74: 1027-1040

Linden, M., Strauß, B. (Hrsg.) (2012) Risiken und Nebenwirkungen von Psychotherapie. Erfassung, Bewältigung und Risikovermeidung. Medizinisch Wissenschaftliche Verlagsgesellschaft

Lohmer, M. (2013) Die Borderlinepersönlichkeitsstörung. Stuttgart: Schattauer

Luborsky, l. (1995/1999) Einführung in die analytische Psychotherapie. Ein Lehrbuch. 3. Aufl. Göttingen: Vandenhoeck & Ruprecht

Luborsky, I., Kächele, H. (Hrsg.) (1988) Der zentrale Beziehungskonflikt – ein Arbeitsbuch. Ulm: PSZ-Verlag

Luborsky, I., Crits-Christoph, P. (1998) Understanding Transference. The Core Conflictual Relationship Theme Method. 2. Aufl. New York: Basic Books

Malan, D.H. (1965) Psychoanalytische Kurztherapie. Eine kritische Untersuchung. Hamburg: Rowohlt

Margraf, J. (2009) Kosten und Nutzen der Psychotherapie. Berlin: Springer

Mentzos, S. (1996) Neurotische Konfliktverarbeitung. Einführung in die psychoanalytische Neurosenlehre unter Berücksichtigung neuer Perspektiven. Frankfurt/M.: Fischer

Mentzos, S. (2009) Lehrbuch der Psychodynamik. Göttingen: Vandenhoeck & Ruprecht

Mertens, W. (2004a) Von der Theorie zur Praxis: Operationalisierung und die Tiefe von Bedeutungen am Beispiel der OPD-Konfliktachse. Göttingen: Huber

Mertens, W. (2004b) Einführung in die psychoanalytische Therapie. 3. Aufl. Stuttgart: Kohlhammer

Mertens, W. (2005) Psychoanalyse: Grundlagen, Behandlungstechnik und Anwendung. München: Urban & Schwarzenberg

Mertens, W. (2009) Psychoanalytische Erkenntnishaltungen und Interventionen. Stuttgart: Kohlhammer

Mertens, W. (Hrsg.) (2014) Handbuch psychoanalytischer Grundbegriffe. 4. Aufl. Stuttgart: Kohlhammer

Meyer, A.E., Stuhr, U., Wirth, U., Rüster, P. (1988) 12-year follow-up study of the Hamburg short psychotherapy experiment. Psychother Psychosom 49: 192-200

Milrod, B.L., Busch, F., Cooper, A., Shapiro, T. (1997) Manual of Panic-Focused Psychodynamic Psychotherapy. Washington DC: American Psychiatric Press

Multmeier, J., Tenckhoff, B. (2014) Autonomere Therapieplanung kann Wartezeiten abbauen. Dtsch Ärztebl 111(11): 438-440

Müller-Pozzi, H. (2004) Psychoanalytisches Denken. 3. Aufl. Bern: Huber

Nocross, J.C., Lambert, M.J. (2011) Psychotherapy relationships that work II. Psychotherapy 48: 4-8

Nocross, J.C., Wampold, B.E. (2011) Evidence-based therapy relationships: Research conclusions and clinical practices. Psychotherapy 48: 98-102

Orlinsky, D.E. (2008) Die nächsten 10 Jahre Psychotherapieforschung. Eine Kritik des herrschenden Forschungsparadigmas mit Korrekturvorschlägen. Psychother Psychosom Med Psychol 58: 345-354

Parisius, K. (2017) »Fundierte Vielfalt in der psychodynamischen Psychotherapie = Methodenintegration?« Vortrag auf den 46. Lübecker Psychotherapietagen, 15.-19. Okt. 2017, Lübeck

Parisius, K., Sachsse, U. (2014) Exposition und Psychoedukation in der psychodynamischen Therapie. Psychotherapeut 59: 200-205

Peichl, J. (2013) Die inneren Trauma-Landschaften. 2. Aufl. Stuttgart: Schattauer

Pawlik, K. (2006) Psychologische Diagnostik I: Methodische Grundlagen. In: Pawlik, K. (Hrsg.) Handbuch Psychologie. Wissenschaft – Anwendungsfelder – Berufsfelder (S. 563-580). Heidelberg: Springer

Perry, J., Banon, E., Ianni, F. (1999) Effectiveness of psychotherapy for personality disorders. Am J Psycoatry 156: 1312-1321

Peters, M. (2015) Affekt und Bindung in der Psychotherapie Älterer. Psychotherapeut 60: 163-177

Pine, F. (1990) Die vier Psychologien und ihre Bedeutung für die Praxis. Forum Psychoanal 6: 232-249

Rabung, S., Leichsenring, F. (2016) Evidenz für psychodynamische Langzeittherapie. Überblick über vorliegende Reviews. Psychotherapeut 6: 441-446

Racker, H. (1959/1988) Übertragung und Gegenübertragung. München, Basel: Reinhardt
Reddemann, L. (2012) Psychodynamisch Imaginative Traumatherapie. PTT – Das Manual. 7. Aufl. Stuttgart: Klett-Cotta
Reich, W. (1933/1973) Charakteranalyse. Frankfurt/M.: Fischer
Reimer, C., Rüger, U. (Hrsg.) (2000/2012) Psychodynamische Psychotherapien. 4. Aufl. Berlin, Heidelberg: Springer
Reimer, C., Rüger, U. (2012a) Tiefenpsychologisch fundierte Psychotherapie. In: Reimer, C., Rüger, U. Psychodynamische Psychotherapien (S. 59-92). 4. Aufl. Berlin, Heidelberg: Springer
Richter, R. (2010) Das Erstgespräch in der Psychodynamischen Psychotherapie. In: Eckert, J., Barnow, S., Richter, R. (Hrsg.) Das Erstgespräch in der Klinischen Psychologie – Diagnostik und Indikation zur Psychotherapie (S. 36-53). Bern: Huber
Richter, R. (2014) Geleitwort. In: Boll-Klatt, A., Kohrs, M. Praxis der psychodynamischen Psychotherapie. Grundlagen – Modelle – Konzepte. Stuttgart: Schattauer
Richter-Appelt, H. (1996) Sexueller Mißbrauch ist keine Diagnose: Eine kritische Auseinandersetzung mit der aktuellen Diskussion. In: Buchheim, P., Cierpka, M., Seifert, T. (Hrsg.) Sexualität zwischen Phantasie und Realität (S. 77-89). Heidelberg: Springer
Rieba-Hunscha, I. (2005) Das Beenden der Psychotherapie. Trennungen in der Abschlussphase. Stuttgart: Schattauer
Riemann, F. (1961/2009) Grundformen der Angst. München: Reinhardt
Rohde-Dachser, C. (1987) Ausformungen der ödipalen Dreieckskonstellation bei narzißtischen und bei Borderline-Störungen. Psyche-Z Psychoanal 41: 773-799
Roth, G. (2016) Warum nachhaltige therapeutische Veränderungen im Gehirn Zeit brauchen. Psychotherapeut 61(6): 455-461
Rudolf, G. (2002a) Strukturbezogene Psychotherapie. In: Rudolf, G., Grande, T., Henningsen, P. (Hrsg.) Die Struktur der Persönlichkeit (S. 249-271). Stuttgart: Schattauer
Rudolf, G. (2002b) Konfliktaufdeckende und strukturfördernde Zielsetzungen in der tiefenpsychologisch fundierten Psychotherapie. Z Psychosom Med Psychother 48: 163-173
Rudolf, G. (2005) Psychoanalyse und Forschung: Unüberwindbare Gegensätze? In: Poschnik, G. (Hrsg.) Empirische Forschung in der Psychoanalyse (S. 63-76). Gießen: Psychosozial-Verlag
Rudolf, G. (2012) Strukturbezogene Psychotherapie: Leitfaden zur Psychotherapie struktureller Störungen. 3. Aufl. Stuttgart: Schattauer
Rudolf, G. (2013a) Krankheitsdisposition und Symptombildung. In: Rudolf, G., Henningsen, P. (Hrsg.) Psychotherapeutische Medizin und Psychosomatik. Ein einführendes Lehrbuch auf psychodynamischer Grundlage (S. 106-118) 7. Aufl. Stuttgart, New York: Thieme

Rudolf, G. (2013b) Institutionalisierung und Weiterbildung. In: Rudolf, G., Henningsen, P. (Hrsg.) Psychotherapeutische Medizin und Psychosomatik. Ein einführendes Lehrbuch auf psychodynamischer Grundlage (S. 404-406) 7. Aufl. Stuttgart, New York: Thieme

Rudolf, G. (2010/2014) Psychodynamische Psychotherapie. Die Arbeit an Konflikt, Struktur und Trauma. 2. Aufl. Stuttgart: Schattauer

Rudolf, G. (2016) Indikation zur strukturbezogenen Psychotherapie, Psychotherapeut 61(4), 309-313

Rudolf, G., Grande, T., Oberbracht, C. (2000) Die Heidelberger Umstrukturierungsskala. Ein Modell der Veränderung in psychoanalytischen Therapien und seine Operationalisierung in einer Schätzskala. Psychotherapeut 45: 237-246

Rudolf, G., Henningsen, P. (Hrsg.) (2013) Psychotherapeutische Medizin und Psychosomatik. Ein einführendes Lehrbuch auf psychodynamischer Grundlage. 7. Aufl. Stuttgart, New York: Thieme

Rudolf, G., Rüger, U. (2013) Das diagnostische Gespräch aus Sicht des Therapeuten. In: Rudolf, G., Henningsen, P. (Hrsg.) Psychotherapeutische Medizin und Psychosomatik. Ein einführendes Lehrbuch auf psychodynamischer Grundlage (S. 295-302) 7. Aufl. Stuttgart, New York: Thieme

Rüger, U. (2007) Vierzig Jahre Richtlinien – Psychotherapie in Deutschland. Psychotherapeut 52: 216-219

Rüger, U. (2013) Behandlung von Traumafolgestörungen im Rahmen der Richtlinien-Psychotherapie. Psychotherapeut 58: 494-495

Rüger, U., Reimer, C. (2012a) Gemeinsame Merkmale und Charakteristika psychodynamischer Psychotherapieverfahren. In: Reimer, C., Rüger, U. (Hrsg.) Psychodynamische Psychotherapien (S. 3-24). 4. Aufl. Berlin Heidelberg: Springer

Rüger, U., Dahm, A., Dieckmann, M., Neher, M. (Hrsg.) (2015) Faber-Haarstrick Kommentar Psychotherapie-Richtlinien. 10. Aufl. München: Urban & Fischer

Sachsse, U. (Hrsg.) (2013) Traumazentrierte Psychotherapie. Theorie, Klinik, Praxis. 2. Nachdruck. Stuttgart: Schattauer

Sachsse, U. (2009/2013a) Die normale Stressphysiologie. In: Sachsse, U. (Hrsg.) Traumazentrierte Psychotherapie. Theorie, Klinik, Praxis (S. 31-47). 2. Nachdruck. Stuttgart: Schattauer

Sachsse, U. (2009/2013b) Die peri- und posttraumatische Stressphysiologie. In: Sachsse, U. (Hrsg.) Traumazentrierte Psychotherapie. Theorie, Klinik, Praxis (S. 48-58). 2. Nachdruck. Stuttgart: Schattauer

Sachsse, U. (2009/2013c) Trauma-Synthese durch Trauma-Exposition: Allgemeines zur Wirksamkeit und zum therapeutischen Vorgehen. In: Sachsse, U. (Hrsg.) Traumazentrierte Psychotherapie. Theorie, Klinik, Praxis (S. 264-293). 2. Nachdruck. Stuttgart: Schattauer

Sachsse, U. (2009/2013d) Täter-Introjekte und Opfer-Introjekte: Fremdkörper im Selbst. In: Sachsse, U. (Hrsg.) Traumazentrierte Psychotherapie. Theorie, Klinik, Praxis (S. 216-227). 2. Nachdruck. Stuttgart: Schattauer

Sachsse, U. (2013e) Psychodynamische Psychotherapie von Traumafolgestörungen im Rahmen der Richtlinienpsychotherapie. Psychotherapeut 58: 496-502

Sachsse, U., Parisius, K. (2015) Methoden-Integration in Klinik und Praxis. Seminar auf den Lindauer Psychotherapiewochen 12.–24.04.2015

Sack, M., Sachsse, U., Schellong, J. (Hrsg.) (2013) Komplexe Traumafolgestörungen. Diagnostik und Behandlung von Folgen schwerer Gewalt und Vernachlässigung. Stuttgart: Schattauer

Sack, M., Ebbinghaus, R. (2013) Grundlagen der Diagnostik. In: Sack, M., Sachsse, U., Schellong, J. (Hrsg.) Komplexe Traumafolgestörungen. Diagnostik und Behandlung von Folgen schwerer Gewalt und Vernachlässigung (S. 33-41). Stuttgart: Schattauer

Sandler, J. (1976) Gegenübertragung und Bereitschaft zur Rollenübernahme. Psyche – Z Psychoanal 30: 297-307

Sandler, J., Sandler, A.M. (1985) Vergangenheits-Unbewusstes, Gegenwarts-Unbewusstes und die Deutungen der Übertragung. Z Psychoanal – Psyche 39: 800-829

Sasse, H. (2001) Das Gutachterverfahren in der psychotherapeutischen Versorgung. Aktuelle Konflikte und notwendige Weiterentwicklungen. Psychotherapeut 46: 278-285

Sasse, H. (2011) Kritische Studie zum Modellvorhaben der Techniker Krankenkasse »Qualitätsmonitoring in der ambulanten Psychotherapie«. http://www.¬dgip.de/pdf/E_Book_01_Die_Endfassung_Kritische_Studie_2010_Jan_2011.¬pdf (Zugriff am 05.06.2018)

Schauenburg, H., Hildenbrand, G. (2011) Stationäre Psychotherapie und Psychosomatik. In: Adler, R.H., Herzog, W., Joraschky, P., Köhle, K., Langewitz, W., Söllner, W., Wesiack, W. (Hrsg.) Uexküll – Psychosomatische Medizin. Modelle ärztlichen Denkens und Handelns (S. 561-571). 7. Aufl. München, Jena: Urban & Fischer

Schauer, M., Neuner, F., Elbert, T. (2011) Narrative Exposure Therapy. A Short-Term Treatment für Traumatic Stress Disorders. Göttingen: Hogrefe

Scheidt, C.E., Lucius-Hoene, G. (2014) Narrative Bewältigung von Trauma und Verlust. Stuttgart: Schattauer

Schellong, J. (2013) Diagnostische Klassifikation von Traumafolgestörungen. In: Sack, M., Sachsse, U., Schellong, J. (Hrsg.) Komplexe Traumafolgestörungen. Diagnostik und Behandlung von Folgen schwerer Gewalt und Vernachlässigung (S. 42-58). Stuttgart: Schattauer

Schmeling-Kludas, C. (2010) Krankenhausbehandlung oder Rehabilitation. In: Eckert, J., Barnow, S., Richter, R. (Hrsg.) Das Erstgespräch in der Klinischen Psychologie. Diagnostik und Indikation zur Psychotherapie (S. 411-415). Bern: Hans Huber

Schmeling-Kludas, C., Janta, B. (2018) Wer? Wann? Wo? – Indikation. In: Berberich, G., Hölzer, M., Wöller, W. (Hrsg.) Stationäre Psychosomatik und Psychotherapie. Stuttgart: Schattauer

Schneider, G. (2013) Internalisierung und Strukturbildung. In: Schneider, G., Seidler, G.H. Internalisierung und Strukturbildung (Hrsg.) Internalisierung und Strukturbildung. Theoretische Perspektiven und Klinische Anwendungen in Psychoanalyse und Psychotherapie (S. 10-43). 2. Aufl. Gießen: Psychosozial-Verlag

Schneider, G., Seidler, G.H. (Hrsg.) (1995/2013) Internalisierung und Strukturbildung. Theoretische Perspektiven und Klinische Anwendungen in Psychoanalyse und Psychotherapie. 2. Aufl. Gießen: Psychosozial-Verlag

Schneider, W. (1990) Indikationen zur Psychotherapie. Weinheim: Beltz

Schneider, W. (2017) Diagnostik in der Psychoanalyse und in der Tiefenpsychologisch fundierten Psychotherapie. In: Stieglitz, R.D., Freyberger, H.J. (Hrsg.) Diagnostik in der Psychotherapie (S. 49-61). Stuttgart: Kohlhammer

Schneider, W., Freyberger, H.J. (1994) Diagnostik in der Psychotherapie. Psychotherapeut 59: 439-447

Schneider, W., Klauer, T. (2016) Editorial – Aktualität der Indikationsfrage. Psychotherapeut 61(4): 277-278

Schöpf, A. (2014) Einsicht. In: Mertens, W. (Hrsg.) Handbuch der psychoanalytischen Grundbegriffe (S. 202-205). 4. Aufl. Stuttgart: Kohlhammer

Schultz-Hencke, H. (1988) Lehrbuch der analytischen Psychotherapie. 5. Aufl. Stuttgart: Thieme

Schultz-Venrath, U. (2015) Lehrbuch Mentalisieren. Stuttgart: Klett-Cotta.

Seidenstücker, G. (1992) Indikation und Entscheidung. In: Jäger, R.S., Petermann, S. (Hrsg.) Psychologische Diagnostik (S. 478-492). Weinheim: Psychologieverlagsunion

Seidler, G.H., Freyberger, H.J., Maercker, A. (Hrsg.) (2015) Handbuch der Psychotraumatologie. 2. Aufl. Stuttgart: Klett-Cotta

Seligman, M.E.P. (1995) The effectiveness of psychotherapy: The Consumer Reports study. Am Psychol 50: 965-974

Shadish, W.R., Cook, T.D., Campbell, D.T. (2002) Experimental and quasi-experimental designs for generalized cause inference. Bostion: Houghton Mifflin Company

Shapiro, D. (1991) Neurotische Stile. Göttingen: Vandenhoeck & Ruprecht

Shedler, J. (2011) Die Wirksamkeit psychodynamischer Psychotherapie. Psychotherapeut 56: 265-277

Söllner, W., Stein, B. (2011) Konsiliar- und Liaisondienste. In: Adler, R.H., Herzog, W., Joraschky, P., Köhle, K., Langewitz, W., Söllner, W., Wesiack, W. (Hrsg.) Uexküll – Psychosomatische Medizin. Modelle ärztlichen Denkens und Handelns (S. 543-552). 7. Aufl. München, Jena: Urban & Fischer

Spitzer, C., Stieglitz, R.D., Freyberger, H.J. (2015) Fragebogen zu dissoziativen Symptomen (FDS). Ein Selbstbeurteilungsverfahren zur syndromalen Diagnostik dissoziativer Phänomene. Testmanual zur Kurz- und Langform (FDS-20 und FDS). 3. Aufl. Bern: Huber

Statsch, M., Grunde, T., Janssen, P., Oberbracht, C., Rudolf, G. (2015) OPD-2 im Psychotherapieantrag. Bern: Huber

Sterba, W. (1934) Das Schicksal des Ichs im therapeutischen Verfahren. Int Z Psychoanal 20: 66-73

Stern, D.N. (2912) The Boston Change Process Group. Veränderungsprozesse – Ein integratives Paradigma. Frankfurt/M.: Brandes & Apsel

Stoffers, J.M., Völlm, B.A., Rücker, G., Timmer, A., Huband, N., Lieb, K. (2012) Psychological therapies for people with borderline personalitydisorder. Cochrane Database Syst Rev 8: CD005652.doi:10.1002/14651858.CD005652.pub.2

Storck, T., Warsitz, R.P. (2016) Neue Entwicklungen in der allgemeinen psychoanalytischen Psychosomatik. Psychotherapeut 61(1): 66-85

Strachey, J. (1935) Die Grundlagen der therapeutischen Wirkungen der Psychoanalyse. Int Z Psychoanal 21: 486-516

Strauß, B. (2017) Phantasie und Realität in der Psychotherapieforschung. Vortrag auf den 2. Psychodynamischen Tagen auf Langeoog 04.–09.06.2017

Strauß, B., Burgmeier-Lohse, M. (1995) Merkmale der »Passung« zwischen Therapeut und Patient als Determinante des Behandlungsergebnisses in der stationären Gruppenpsychotherapie. Z Psychosom Med 41: 127-140

Strauß, B., Schumacher, J. (Hrsg.) (2004) Klinische Interviews und Ratingskalen. Göttingen: Hogrefe

Strauß, B. (2008) Editorial: Die Zukunft der Psychotherapieforschung – David Orlinskys Vision. Psychother Psychosom Med Psychol 58: 341-342

Streeck, U. (2007) Psychotherapie komplexer Persönlichkeitsstörungen. Grundlagen der psychoanalytisch-interaktionellen Methode. Stuttgart: Klett-Cotta

Streeck, U., Leichsenring, F. (2009) Handbuch psychoanalytisch-interaktionelle Therapie. Behandlung von Patienten mit strukturellen Störungen und mit schweren Persönlichkeitsstörungen. Göttingen: Vandenhoeck & Ruprecht

Strupp, H.H. (1996) Psychodynamische Psychotherapie im Jahr 2010. Psychother Forum 4: 144-151

Subic-Wrana, C., Milrod, B., Beutel, M.E. (2012) Panikfokussierte Psychodynamische Psychotherapie der Panikstörung. Göttingen: Hogrefe

Swift, J.K., Calahan, J.L., Vollmer, B.M. (2011) Peferences. J Cin Psychol 67(2): 155-165

Taubner, S. (2015) Konzept Mentalisieren – Eine Einführung in Forschung und Praxis. Gießen: Psychosozial

Taubner, S., Sevecke, K. (2015) Kernmodell der Mentalisierungsbasierten Therapie. Psychotherapeut 60(2): 169-184

Taylor, D. (2015) Treatment manuals and the advancement of psychoanalytic knowledge: The Treatment Manual of the Tavistock Adult Depression Study. Int J Psychoanal 96: 845-875

Taylor, D., Richardson, L.P. (2005) Treatment manual for Tavistock adult depression study. Individual psychoanalytic psychotherapy for the treatment of chronic refractory and treatment-resistant depression. London

Tenbrink, D. (2002) Technische und praxeologische Aspekte der tiefenpsychologisch fundierten Psychotherapie. Forum Psychoanal 18: 131-142

Terr, L. (1991) Childhood traumas: an outline and overview. Am J Psychiatry 148: 10-20

Terr, L. (1995) Schreckliches Vergessen, heilsames Erinnern. Traumatische Erfahrungen drängen ans Licht. 2. Aufl. München: Knaur

Thomä, H. (2003) Ist es utopisch sich zukünftige Psychoanalytiker ohne besondere berufliche Identität vorzustellen? Forum Psychoanal 20: 133-157

Thomä, H., Kächele, H. (2006) Lehrbuch der psychoanalytischen Therapie. Band 1: Grundlagen. 3. Aufl. Berlin, Heidelberg: Springer

Tress, W. (Hrsg.) (1993) SASB – Strukturale Analyse Sozialen Verhaltens. Ein Arbeitsbuch für Forschung, Praxis und Weiterbildung in der Psychotherapie. Heidelberg: Asanger

Treurniet, N. (1996) Über eine Ethik der psychoanalytischen Technik. Psyche 50: 1-31

Tröndle, P. (2005) Psychotherapie, dynamisch – intensiv – direkt. Lehrbuch zur Intensiven Dynamischen Kurzpsychotherapie. Gießen: Psychosozial

Tuckett D. (2007) Ist wirklich alles möglich? Forum Psychoanal 23: 44-64

Van der Hart, O., Steele, K., Boon, S., Brown, P. (1995) Die Behandlung traumatischer Erinnerungen: Synthese, Bewusstwerdung und Integration. Hypnose und Kognition 12(2): 34-67

Venzlaff, U., Dulz, B., Sachsse, U. (2013) Zur Geschichte der Psychotraumatologie. In: Sachsse, U. (Hrsg.) Traumazentrierte Psychotherapie (S. 5-29). Stuttgart: Schattauer

Von Rad, M., Klug, G., Huber, D. (2001) Unterwegs zum Wirksamkeitsnachweis von Psychoanalysen und Psychotherapien – Sisyphos zwischen therapeutischer Scylla und methodischer Charybdis. Ein Kommentar aus der Sicht der empirischen Psychotherapieforschung. Psyche 55: 311-319

Wampold, B.E. (2001) The great psychotherapy debate: Models, methods and findings. New York: Erlbaum

Weiß, H. (2008) Im Labyrinth der Borderline-Kommunikation. Stuttgart: Klett-Cotta

Winnicott, D.W. (1956/1971/2002) Vom Spiel zur Kreativität. Stuttgart: Klett-Cotta

Wirtz, G., Overkamp, B., Schellong, J. (2013) Instrumente zur strukturierten Diagnostik. In: Sack, M., Sachsse, U., Schellong, J. (Hrsg.) Komplexe Traumafolgestörungen. Diagnostik und Behandlung von Folgen schwerer Gewalt und Vernachlässigung (S. 70-90). Stuttgart: Schattauer

Wissenschaftlicher Beirat Psychotherapie (2004) Stellungnahme zur Psychodynamischen Psychotherapie bei Erwachsenen. Veröffentlichungen des Wissenschaftlichen Beirates Psychotherapie

Wissenschaftlicher Beirat Psychotherapie (2005) nach § 11 PsychThG – Stellungnahme zur Psychodynamischen Psychotherapie bei Erwachsenen. Dtsch Ärztebl 102: A73-75

Wissenschaftlicher Beirat Psychotherapie (2007) Methodenpapier des Wissenschaftlichen Beirats Psychotherapie. Verfahrensregeln zur Beurteilung der wissenschaftlichen Anerkennung von Methoden und Verfahren der Psychotherapie

Wittchen, H.U., Zaudig, M., Fydrich, T. (1997) Strukturiertes Interview für DSM-IV. Göttingen: Hogrefe

Wittmann, W.W., Lutz, W., Steffanowski, A. (2011) Qualitätsmonitoring in der ambulanten Psychotherapie. Modellprojekt der Techniker Krankenkasse – Abschlussbericht. Hamburg

Wöller, W. (2006) Trauma und Persönlichkeitsstörungen. Psychodynamisch-integrative Therapie. Stuttgart: Schattauer

Wöller, W. (2013) Ressourcen- und Traumadiagnostik. Die Erfassung von Ressourcen und psychischen Traumatisierungen. In: Wöller, W. Trauma und Persönlichkeitsstörungen (S. 199-208). 2. Aufl. Stuttgart: Schattauer

Wöller, W., Kruse J. (Hrsg.) (2015) Tiefenpsychologisch fundierte Psychotherapie. 4. Aufl. Stuttgart: Schattauer

Wöller, W., Kruse, J. (2015a) Was ist tiefenpsychologisch fundierte Psychotherapie? Einführung in das Verfahren. In: Wöller, W., Kruse J. (Hrsg.) Tiefenpsychologisch fundierte Psychotherapie (S. 9-18). 4. Aufl. Stuttgart: Schattauer

Wöller, W., Kruse, J. (2015b) Ein tragfähiges Arbeitsbündnis als Basis der therapeutischen Arbeit. In: Wöller, W., Kruse, J. (Hrsg.) Tiefenpsychologisch fundierte Psychotherapie (S. 105-125). 4. Aufl. Stuttgart: Schattauer

Wöller, W., Kruse, J. (2015c) »Ich fühle mich wie gelähmt in der Sitzung« – Wahrnehmung und Nutzung der Gegenübertragung. In: Wöller, W., Kruse, J. (Hrsg.) Tiefenpsychologisch fundierte Psychotherapie (S. 257-275). 4. Aufl. Stuttgart: Schattauer

Wöller, W. Kruse, J. (2015d) Übertragungen analysieren und begrenzen? In: Wöller, W., Kruse, J. (Hrsg.) Tiefenpsychologisch fundierte Psychotherapie (S. 238-256). 4. Aufl. Stuttgart: Schattauer

Wöller, W., Kruse, J. (2015e) Ressourcen nutzen und stärken – Ressourcenorientierung. In: Wöller, W., Kruse, J. (Hrsg.) Tiefenpsychologisch fundierte Psychotherapie (S. 168-180). 4. Aufl. Stuttgart: Schattauer

Wöller, W., Kruse, J. (2015 f) Die Therapie geht zu Ende. In: Wöller, W., Kruse, J. (Hrsg.) Tiefenpsychologisch fundierte Psychotherapie (S. 503-508). 4. Aufl. Stuttgart: Schattauer

Wöller, W. Kruse, J., Albus, C. (2015) Von der Klärung zur Deutung. In: Wöller, W., Kruse, J. (Hrsg.) Tiefenpsychologisch fundierte Psychotherapie (S. 181-195). 4. Aufl. Stuttgart: Schattauer

Wolberg, L.R. (1995) The Technique of Psychotherapy. New York: Jason Aronson

Wurmser, L. (1993) Das Rätsel des Masochismus. Berlin u. a.: Springer

Yeomans, F.E., Clarkin, J.F., Kernberg, O.F. (2017) Übertragungsfokussierte Psychotherapie für Borderline-Patienten. Das TFP-Praxismanual. Stuttgart: Schattauer

Yehuda, R. (2002) Verbindungen zwischen der Neuroendokrinologie der Posttraumatischen Belastungsstörung und aktuellen neuroanatomischen Forschungsergebnissen. In: Streeck-Fischer, A., Sachsse, U. Özkan, I. (Hrsg.) Körper, Seele, Trauma: Biologie, Klinik und Praxis (S. 43-71). Göttingen: Vandenhoek & Ruprecht

Zwiebel, R. (2013) Was macht einen guten Psychoanalytiker aus? Stuttgart: Klett-Cotta

Sachwortregister

A

Abstinenz   14, 28, 47, 128–129
Abwehrmechanismen   51, 56–57, 61, 65, 67, 120, 123, 171
- frühe   64
- reife   159
Adaptivität   157
Affektregulation   74–75, 81, 161, 166, 169, 171, 177, 185, 199
Aktualkonflikt   60
Anamnesefragebögen   108
Äquivalenzmodus   73, 75, 179, 199
Arbeitsbündnis   32, 46, 133, 143, 151
Arbeitsmodell   97
Außenübertragungen   28, 145, 149, 152–153
Autonomie   20, 37, 50, 58, 60, 204

B

Behandlungsende   160
Beziehungserfahrung   131
- korrigierende   149, 167, 173
- positive   28
- zentrale   137, 155
Beziehungsrepräsentanzen   70, 140–141, 144, 147
Bindungstheorie   60, 165, 178, 257

Borderline   68–69, 72, 75, 85, 108, 121, 125, 169–170, 173, 177, 210
Borderline-Persönlichkeitsorganisation   70, 121, 162–163, 170–171

C

Common ground   12
Containment   73, 157

D

Deutungen   132, 150
- genetische   153
Deutungsdreieck   153
Direktausbildung   11
Drei-Instanzen-Modell   55

E

Enactments   64, 164, 223
Erinnerungsspur, unbewusste   39
Erstinterview   91

F

Freie Assoziation   14, 20

273

Sachwortregister

G

Gegenübertragung 18, 20, 22, 28, 33, 47–49, 58, 71, 93, 96, 105, 110, 113–114, 119, 129, 134–136, 144, 151, 155, 159, 171, 174, 180–181, 191, 198, 200, 203–204
- komplementär und konkordant 49

Grundkonflikt 59–61, 141

H

Hilfs-Ich 163, 167

I

Ich-Psychologie 38, 56
Ich-Spaltung, therapeutische 146
Identitätsdiffusion 70, 120–121, 171, 195, 200, 223
Impulskontrolle 171
Indikation
- differenzielle 210
- selektive 211

Internalisierung 65, 71–72, 130–131, 137, 268
Introjektion 57, 64–67, 86

K

Klarifikation 62, 132, 154, 175
Kompromissbildung 42
Konflikt 59, 98, 109–113
- aktualisiert 142
- aktuell wirksamer 22
- in Übertragung und Gegenübertragung 110
- intrapsychisch 13, 27, 50, 52–53, 66, 100, 162
- ödipal 45, 54–56, 59–60, 63, 111–112, 115, 165, 195
- unbewusst 20, 40, 43, 52, 58, 127, 139

Konfliktachse 60, 113
Konfliktpathologie 22, 34, 38, 49, 52, 58, 130, 159
Konfrontieren 132
Kontraindikationen 207, 213, 215

L

Lustprinzip 41

M

Mentalisierung 72, 75, 135, 177, 181–182, 238
Mentalisierungsbasierte Therapie (MBT) 163, 177
Metapsychologie 49

N

Narzissmus 121, 130
Neutralität 14, 28, 47, 128–130
- eingeschränkt 187
- reflektierte 188
- technische 174, 182

O

Objektbeziehungen
- infantile 102
Objektbeziehungstheorie 38, 48, 60, 64, 71
Objektkonstanz 71, 144
Objektverlustängste 224
Operationalisierung 100

P

Pluralität der psychoanalytischen Schulen 13

Posttraumatische Belastungsstörung
  78, 124–125, 164, 184
Primärprozess 41, 71
Projektion 57, 64, 66–67, 70, 96
Projektive Identifizierung 66, 70,
  198
Psychische Struktur 22, 32–33, 62,
  68, 80, 100–101, 107–109, 113,
  115, 117, 119–120, 125, 141, 144,
  162, 164, 166
Psychoanalyse
– tendenzlos 15
Psychoanalytisch-Interaktionelle
  Methode (PIM) 31, 163
Psychodynamische Psychotherapie
  17–20, 35, 101
Psychologien der Psychoanalyse 38
Psychosexuelle Reifung 42
Psychosomatose 81
Psychotherapie-Richtlinien 21, 98
– Kommentar 19, 22, 30, 32, 34,
  116, 158, 207

R

Rationalisierung 26–27, 43, 65, 67,
  160
Reaktionsbildung 43, 57, 65–67
Reaktualisierungen 28, 139
Redekur 39, 44
Regression 28, 42, 57, 142–144, 184
– maligne 224
– unerwünschte 147
Ressourcen 106–107, 126, 157,
  186–187, 211–212

S

Säuglings- und Kleinkindforschung
  72, 165
Schwellensituationen 106, 139

Selbst- und Objektrepräsentanzen
  70, 85–86, 100, 171, 195, 223
Selbst-Objekt-Differenzierung 165,
  169
Selbstpsychologie 38, 60, 68,
  198–199
Spaltung 65–67, 123, 171, 200
Strukturbezogene Psychotherapie
  163–165, 183
Strukturelle Störungen 22–23, 148,
  166, 169, 214
Strukturmodell 55–56
Strukturniveau 64, 96, 108, 115,
  119, 123, 159, 238
Strukturpathologie 22, 34, 38, 47,
  56–57, 62, 70, 72, 123–124, 130,
  165, 185

T

Täterintrojekt 86
Therapievertrag 173
Traumapathologie 38, 76, 83,
  108–109, 124–125, 184, 186
Traumdeutung 41–42
Triebtheorie 38, 56, 63

U

Über-Ich 37, 51, 54–56, 70, 121,
  130, 154
Übertragung 18, 20, 22, 28, 33,
  43–49, 54, 58, 71, 75–76, 92–93,
  105, 133, 135, 144–145, 149–150,
  159, 171, 174, 180–181
– negative 45, 147–148, 150–151
– positive 45, 131
Übertragungsfokussierte
  Psychotherapie (TFP) 122, 163,
  170
Übertragungsmanifestationen
  145–146, 150, 153, 183

275

Sachwortregister

Übertragungsneurose 22, 30, 145, 147, 149–151
Übertragungswiderstand 46, 147
Unbewusste, das 14, 17, 19, 23–25, 27, 36–37, 39–42, 49, 52–54, 67–68, 97–98, 109, 114, 149, 163–164, 183
– dynamisch 13, 38, 41, 100
– nicht verdrängt 68

V

Verarbeitungsmuster 115

Verdrängung 39, 41, 46, 52, 54, 56–57, 65
Verführungstheorie 40, 77
Versagung 50, 129
Verschiebung 49, 51, 56, 146, 149
Versuchung 50
Vorewusste, das 37, 41, 52, 54

W

Widerstand 18, 20, 22, 27–28, 33, 41, 43–44, 46, 131–133, 136, 142–143, 148, 157, 159